DX時代に求められる
内部監査の高度化を目指して

ロジカル内部監査

INTERNAL AUDITING
WITH LOGICAL
THINKING

吉武 一 著

同文舘出版

はじめに

　今般，『ロジカル内部監査―DX時代に求められる内部監査の高度化を目指して―』を出版する運びになった。

　筆者の内部監査との付き合いは，2000年10月に当時の勤務先であった銀行の業務監査部立ち上げへの参画以来であるので，ちょうど20年という節目に本書を上梓できたのは感慨深い。

　筆者が本書を執筆するに至ったのは，内部監査の同志の方々のご助言や励ましによるところが大きい。それは，一般社団法人日本内部監査協会の『月刊監査研究』に時々に投稿していた論文等をまとめて本という形にして公表したらどうか，というようなご助言やご提案であった。

　一方，この20年の間に日本の内部監査は長足の発展を遂げた。さらに，今年度改訂予定のコーポレートガバナンス・コードにおいて内部監査の活用がより明確に記載されるなど内部監査に対する社会的な期待が一層高まっている。また，内部監査を取り巻く環境をみると，企業等の組織体においてデジタル・トランスフォーメーション（DX）化への動き，AIの普及，環境をはじめとするSDGｓ達成に向けての流れの加速化，不正防止と良き企業市民であることへの社会的要求の高まり等，かつてない大きな変化が，迅速に起こりつつある。そして，このような社会の変化や監査対象の変化の中にあっても内部監査が価値を提供し続けるためにはどうあるべきかが問われている。

　このような昨今の環境変化を踏まえつつも，筆者は内部監査には，たとえ社会や監査の対象が変わっても，内部監査として変わらず堅持していかねばならない部分と，社会や監査の対象の変化に連れて内部監査も変わっていかねばならない部分があると考えている。

　そこで，この20年を振り返り，以前からの研究も踏まえたうえで，内部監査の歩みと現状を筆者なりに分析し，内部監査の更なる発展を望んで本書を上梓したものである。

本書の構成については序章を参照されたいが，特に強調したい点を挙げると，筆者は，内部監査人に特に必要とされる能力はロジカル・シンキングに関する能力とコミュニケーション能力と考えており，これらについて第2章から第5章で解説した。

　なお，第2章から第5章は筆者が以前に『月刊監査研究』に投稿した論文をベースにしてDX時代の内部監査に相応しい内容に執筆したものである。

　また昨今の内部監査機能に対する期待が高い分野，新しい課題の分野として，不正を第6章，DXやAIを第7章で新たに解説した。

　社会や環境の変化の激しい時代，それは内部監査人にとって従来以上の努力が要求される時代である。しかしながら同時にそれは，内部監査にとって進歩の機会でもある。組織体の価値の創造や増大に従来以上に貢献する内部監査に進歩させていくために，内部監査人の方々が本書を活用してくださるなら幸いである。

　最後になったが，本書を上梓できたことを多くの方に感謝申し上げたい。内部監査と接する機会に筆者を導いてくれた上司の方々，内部監査について筆者を指導し，ともに議論し，その実践において一緒に汗をかいた先輩，同僚，後輩，学生の方々，家族，お一人お一人に感謝申し上げたい。中でも，筆者の最初の業務監査部立ち上げ参画時から20年間ずっと，内部監査について筆者を啓発しまた励まし続けてくれている一般社団法人日本内部監査協会の土屋一喜専務理事，約15年の親交の中で内部監査人協会（IIA）のいくつかの委員会でご一緒し，筆者に国際的な知見を提供し，共同連載したこともあるIIAのLily Biシニア・バイス・プレジデントには特に名前を挙げて感謝を表したい。

　また，同文舘出版株式会社の青柳裕之取締役，大関温子氏，有村知記氏には本書出版に際して格別のご尽力を賜った。この場を借りて謝意を表したい。

2021年6月

吉武　一

●ロジカル内部監査●目次●

デジタル・トランスフォーメーション時代に求められる
内部監査を目指して

DX時代における内部監査のあり方

第 ② 章

内部監査業務におけるロジカル・シンキング

第 **3** 章

内部監査業務におけるベイズ統計学活用例

第 **4** 章

内部監査業務におけるコミュニケーションの方法（上）
―個別の内部監査実施プロセスにおけるコミュニケーションの方法―

第 **5** 章

内部監査業務におけるコミュニケーションの方法（下）
― 監査結果の報告プロセスにおけるコミュニケーションの方法 ―

第 **6** 章

不正に係る内部監査

第 **7** 章

AIの活用とDX推進に係る内部監査

終章

内部監査新時代の幕開け

For Your Infomation

初出一覧

　本書の元となった論文などの初出は以下の通りである。ただし，大幅な加筆修正が施されている。

第1章：「金融機関における，より効果的かつ効率的内部監査を目指して」『月刊監査研究』2010年，441号，62-78頁。

第2章：「内部監査業務とロジカル・シンキング」『月刊監査研究』2011年，第452号，46-62頁。

第3章：「効果的かつ効率的な監査のためのベイズ統計学活用例」『月刊監査研究』2014年，第485号，7-24頁。

第4章：「効果的かつ効率的な内部監査実施のためのコミュニケーションの方法（上）─個別の内部監査実施プロセスにおけるコミュニケーションの方法─」『月刊監査研究』2014年，第490号，1-30頁。

第5章：「効果的かつ効率的な内部監査実施のためのコミュニケーションの方法（下）─内部監査結果の報告プロセスにおけるコミュニケーションの方法─」『月刊監査研究』2015年，498号，2-38頁。

第6章：書き下ろし。

第7章：書き下ろし。

※図表については，出所の記載がないものは筆者作成を示す。

デジタル・トランスフォーメーション時代に求められる内部監査を目指して

　バブル経済の崩壊以降長期化するわが国経済の停滞，低成長の中，内部監査は，その実効性や効率性のいっそうの向上が求められている。また，昨今のITの著しい発達やデータ処理の流れの中で，内部監査の新しいあり方が求められている。内部監査が会社等の組織体に対して価値を付加させる実効性のある内部監査業務（アシュアランス・サービスやコンサルティング・サービス）をどのようにして提供していくかという課題と，AIの進化等に起因するデジタル・トランスフォーメーション（以下，DX）の動きの中で，組織体の価値増加に留まらず，価値創造への貢献により組織体の目標に役立つ内部監査業務を行うという課題が内部監査には与えられているといえる。

　すなわち，組織体の価値の保全に寄与するだけでなく，より積極的に価値の増加，創造に貢献する内部監査のあり方が求められているのであり，「内部監査新時代」の幕が開こうとしている。

　本書では，上記のような課題に対して，内部監査としてどのように取り組んでいくべきかについて，筆者の研究や体験あるいは見聞した事例等を踏まえて，現在の考えや意見をまとめてみたものである。

本書の構成

　本書の構成は次のとおりである（**図表-序**参照）。

　第1章で，総論として，上記の課題を踏まえてのDX時代に求められている内部監査のあり方について概説し，その内の特に重要な点について第2章以降で，詳細に論説している。

　第2章，第3章では，内部監査における企画力，課題識別力，分析力，判断

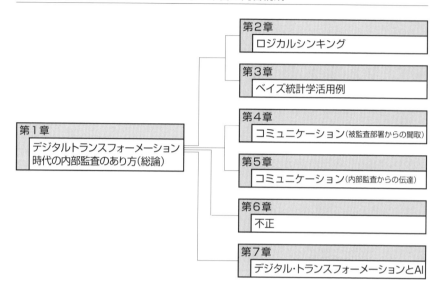

図表-序：本書の内容構成

| 第2章 |
| ロジカルシンキング |

| 第3章 |
| ベイズ統計学活用例 |

| 第1章 |
| デジタルトランスフォーメーション
時代の内部監査のあり方（総論） |

| 第4章 |
| コミュニケーション（被監査部署からの聞取） |

| 第5章 |
| コミュニケーション（内部監査からの伝達） |

| 第6章 |
| 不正 |

| 第7章 |
| デジタル・トランスフォーメーションとAI |

力，意見形成力，伝達力，説得力を高めるロジカル・シンキングと統計学（統計学の中からベイズ統計学）を取り扱っている。

第4章，第5章では，内部監査人のコミュニケーションについて取り扱い，第4章ではヒアリング能力，第5章では伝達能力について論説している。

第6章では，内部監査への期待が高い不正に係る監査について取り扱っており，「行為者の視座」という新しい概念も含め，不正防止管理態勢に係る監査や不正調査について論説している。

第7章では，DXに係る内部監査として，AI等のITの活用に基づく，組織体におけるDXの推進を支援する内部監査のあり方と，内部監査業務自体におけるDXの推進について論説している。

なお，筆者が本書で，ロジカル・シンキング，統計学，コミュニケーション，不正，ITの活用を特に論説すべき事項として選択した理由については，総論である第1章の最後に説明をしている。

第 1 章

DX時代における内部監査のあり方

本章の構成

1．「内部監査の定義」から学ぶ
2．攻めの内部監査
3．ロジカル・シンキング
4．継続的モニタリング
5．統合的監査
6．AI等ITの活用
7．成果の測定
8．他のモニタリング機能との連携

　序章で述べたとおり，社会がDX時代に突入しようとしている昨今，内部監査も時代に適合したあり方が求められてきている。今日までの内部監査の発展を踏まえつつ，内部監査はさらにどのように進化していくべきかについて，本章ではその全体像について論説していく。

　まず，1．IIAの「内部監査の定義」に含まれるいくつかのキー・ワードについて探求することにより，内部監査のあるべき姿について探求していく。

　次に，その学びを踏まえて，内部監査として重要な事項として2．から8．までの事項を抽出して，論説していく流れになっている。

　また，本章は，第2章以降で論説されて各論に対する総論的位置付けの章にもなっている。

1. 「内部監査の定義」 から学ぶ

内部監査人協会 (IIA) は内部監査を次のように定義している。

「内部監査は，組織体の運営に関し価値を付加し，また改善するために行われる，独立にして，客観的なアシュアランスおよびコンサルティング活動である。内部監査は，組織体の目標の達成に役立つことにある。このためにリスク・マネジメント，コントロールおよびガバナンスの各プロセスの有効性の評価，改善を，内部監査の専門職として規律ある姿勢で体系的な手法をもって行う」[1]

内部監査が独立にして，客観的に実施されなければならないことを大前提にして，この定義の中から4つのキー・ワード，「組織体の目標達成に役立つ」，「アシュアランス活動とコンサルティング活動」，「リスク・マネジメント，コントロール およびガバナンスの各プロセス」，「内部監査の専門職として規律ある姿勢で体系的な手法」を抽出し，その意味することについて探求していきたい。

(1) 組織体の目標達成に役立つ

内部監査の独立にして客観的な実施を前提に，この定義において，内部監査の特徴としてまず注目しなければならないのは，「内部監査は，組織体の目標の達成に役立つことにある」[2] という文言である。「内部監査は，組織体の目

図表1-1 「内部監査の定義」のキー・ワード

前提：独立性、客観性の保持

目的：組織体の目標達成に役立つ
内容：アシュアランス活動とコンサルティング活動
範囲：リスク・マネジメント，コントロールおよびガバナンスの各プロセス
方法：内部監査の専門職として規律ある姿勢で体系的な手法

標の達成に役立っているか?」という質問は，内部監査を行う内部監査部門，内部監査人が絶えず自問自答していかねばならない課題である。

　たとえば，内部監査で検印漏れを多数発見したとする。検印漏れ多数として指摘することも可能であるが，それだけの指摘では「組織体の運営に関し価値を付加し，また改善するため」[(3)] にどれだけの意味を成すのかということである。かつては右の書類に記載されている金額と左の書類に記載されている金額の合致を確認し，検印欄に検印していたとする。その後，金額の自動確認システムが導入され目視による突合せが不要となったにもかかわらず，引き続き検印欄があるなら，検印漏れ多数を指摘するより，その検印欄の削除を提案したほうが，組織体の効率的運営の観点からは意味がある。

　このような改善提案を内部監査機能が行うことは，「組織体の運営に関し価値を付加し，また改善する」[(4)] ことに寄与することになる。内部監査機能は，単に「あるべき姿」と「現状」のギャップの発見や問題指摘に留まらず，その影響やその原因分析，さらには適切なときは是正案までを提案できるなら，その存在価値は大きいといえる。

(2)　アシュアランス活動とコンサルティング活動

　IIAの「内部監査の定義」で次に注目したいのは，「内部監査は，…（中略）…アシュアランス及びコンサルティング活動である」[(5)] という文言である。以前のIIAの「内部監査の定義」では，「コンサルティング活動」という文言はなく，「内部監査は…（中略）…評定機能である」[(6)]（アシュアランス活動）というものであった。なぜ，以前の定義では「コンサルティング活動」を「内部監査の定義」に含めず，現在の定義では「コンサルティング活動」を含めているのか? その意図するところを探っていきたい。

　「コンサルティング活動」を含めていなかった理由は，内部監査部門や内部監査人が「コンサルティング活動」を実施した同じ対象に内部監査部門や内部監査人が「アシュアランス活動」を実施する場合に，内部監査の客観性を保てるかの懸念があるからである。エンロンの粉飾決算を監査法人が指摘することができなかったのは同監査法人が同社に対してコンサルティングを提供してい

たためとの指摘があり，現在，米国でも日本でも会計監査業務（保証業務）と
コンサルティング業務の同時提供が制限されている。

　では，なぜIIAは内部監査については，従来の「アシュアランス活動」に加
えて「コンサルティング活動」を加えたのであろうか？　それは，内部監査の
目標が「組織体の目標の達成に役立つことにある」[7]からである。外部監査
である会計監査の目標は，投資家をはじめとするステーク・ホルダーに対する
被監査会社の財務諸表の信頼性の担保にあるが，内部監査の目標は「組織体の
目標の達成に役立つこと」[8]である。組織体の目標の達成は取締役会や経営
者にとってはステーク・ホルダーに対する責任の履行である。取締役会や経営
者がこの責任を果たすためには，リスク・マネジメント等の専門的知識を有し，
アシュアランス活動等を通じて現状をよく知っている内部監査に単に現状の評
価・結論についての情報提供を期待するだけでなく，組織体がより効果的・効
率的に目標を達成するための助言やコンサルティングを期待するのは自然の成
り行きといえるのである。

　すると，実務上は「アシュアランス活動」の客観性を損なわない形でいかに
して「コンサルティング活動」を行うかが課題となる。「コンサルティング活動」
が「アシュアランス活動」の客観性を侵害しないための「安全装置（セーフガ
ード）」としては次の2点がよくいわれている。

　①　内部監査機能が提供するのはあくまで「コンサルティング」であって命
　　　令ではなく，内部監査機能の提案を業務執行部署が実施するかは業務執行
　　　部署の意思決定によること
　②　「コンサルティング活動」を提供した内部監査人は，事実上または外観
　　　上，自己監査となることを避けるため同コンサルティングを提供した業務
　　　に係わるアシュアランス活動を最低1年間は従事しないこと

「アシュアランス活動」の客観性を確保しつつ，「コンサルティング活動」を
どのように提供していくかについて今後も工夫をしていくことは内部監査の進
歩のために有益であると考える[9]。

　筆者は，内部監査人が精神的に客観性を保つための1つの方法として，内部
監査人は，組織体の内部統制の継続的改善，すなわち，PDCAサイクルという
動的視点から考えることも有益であると考えている。たとえば次のケースを想

6

定してみる。内部監査の「アシュアランス活動」により，監査対象プロセスに不備がみつかり，被監査部署は内部監査人の助言（命令ではない）に基づき，プロセスの是正を図ったとする。半年後，フォローアップ監査を実施したところ，同プロセスが有効に機能していないことが確認されたので，内部監査人は，同プロセスの再是正を勧告したら，被監査部署は「私達は前回の内部監査からの助言どおりにプロセスを運営している。もし，そのプロセスが引き続き有効に機能していないと内部監査がいうなら，それは前回の内部監査の助言が誤っていたということですね」というかもしれない。このような場合の内部監査人の対応のあり方であるが，内部統制のPDCAの各フェーズに整理して考えることが内部監査人にとって有効であると考えている。

　助言は行ったがそれを妥当と判断して採用したのは被監査部署である（Pのフェーズ）。さらにその助言を適切に実施したかの要点がある（Dのフェーズ）。次に「仮説と検証」という言葉があるように，実際に実施してみないとわからないこともあり，実施してみたことを適切に検証したかの要点がある（Cのフェーズ）。最後に，検証の結果，改善の必要性が認識されたなら，是正策を適切に実施したかの要点がある（Aのフェーズ）。

　これらの要点について内部監査人は客観的に評価し主張すればよいのである。Pのフェーズの助言と最後の現状の結果だけを結び付けるのではなく，PDCAサイクルを踏まえて現状のプロセスが有効でない原因を評価していくことは，内部監査人が精神的客観性を保つことの助けになる。

(3)　リスク・マネジメント, コントロールおよびガバナンスの各プロセス

　「内部監査の定義」の「リスク・マネジメント，コントロールおよびガバナンスの各プロセスの有効性の評価，改善…（中略）…行う。」[(10)] という文言は，内部監査の監査対象領域を示している。

　それでは，ガバナンス，リスク・マネジメント，コントロールとはそれぞれどのようなものであろうか。

　ガバナンスは，主として取締役会が担う機能であり，組織体内外の状況評価に基づき組織体の基本的枠組み，経営計画の意思決定，方向付けを行い，その

図表1-2　ガバナンス，リスク・マネジメント，コントロール

ガバナンス	評価・意思決定，基本方針・抜本的事項の指示，監視・監督

リスク・マネジメント	リスクを受容可能な範囲に管理（受容可能な範囲内での活用を支援） リスクの受容，回避，共有（移転を含む），低減

コントロール	リスク管理の具体的活動，手段 組織的，人的，技術的，物理的コントロール

実施，執行を経営陣（業務執行取締役，執行役員等）に指示し，経営陣による執行状況を監視・監督していく機能であるといえる。簡単にいうと取締役会等による，意思決定，経営陣への決定事項の執行指示，経営陣の執行状況の監視・監督である。

　これは，わが国の会社法第362条第2項が規定する「取締役会は，次に掲げる職務を行う。一　取締役会設置会社の業務執行の決定，二　取締役の職務の執行の監督，三　代表取締役の選定及び解職」とほぼ相似する**〔FYI1-1〕**。

　リスク・マネジメントとは，取締役会等のガバナンス機関から与えられた組織体の目的を達成するために，目的達成に影響する要因であるリスクを管理することである。リスク・マネジメントには，リスクの識別，分析，評価，そしてリスクへの対応が含まれる[11]。

　コントロールとは，リスク・マネジメントにおいて，リスクが組織体にとって受容可能な水準にまで低減するために実施するすべての活動を意味する。コントロールの例としては，組織・体制を構築し，方針・規程・マニュアル等を整備・運用する組織的コントロール，役職員や業務委託先を管理する人的コントロール，ITを活用して行う技術的コントロール，建物を堅牢（耐火・耐水・耐震等）にしたり入退室を管理する物理的コントロールがある。

　以上をまとめると，ガバナンスの決定・指示事項の履行のためには，目的達成に影響を与えるリスクのマネジメントが必要であり，リスク・マネジメント

を効果的・効率的に行うためには，コントロールが必要である。逆に，コントロールが有効でないと有効なリスク・マネジメントは実現できず，リスク・マネジメントが有効でなく経営陣が組織体の目的達成が困難であると，ガバナンス機関は対応が必要になる。

　したがって，ガバナンス，リスク・マネジメント，コントロールは相互に影響しており，内部監査はガバナンス，リスク・マネジメント，コントロールの各領域を監査すると同時に，それらが組織体において体系的に統合されてどのように機能しているかも監査の対象となる。

For Your Infomation 1-1

ガバナンス

　ガバナンスについて，次のような定義がある。

IIAの「国際基準」：

　用語一覧で「取締役会が，組織体の目標達成に向けて，組織体の活動について，情報を提供し，指揮し，管理し，および監視するために，プロセスと組織構造を併用して実施すること。」[12]と定義している。

ISACAのCOBIT5：

　ガバナンスをEDMモデル【E:Evaluate（評価），D:Direct（方向付け），M：Monitor（モニター）】で下表のように示し，「ガバナンスとは，ステーク・ホルダーのニーズや，条件，選択肢を評価し，優先順位の設定と意思決定によって方向性を定め，合意した方向性と目標に沿ってパフォーマンスや準拠性をモニターすることで，事業体の目標がバランスを取って，合意の上で決定され，達成されることを保証するものである。ほとんどの事業体において，取締役会長のリーダーシップのもと，取締役会がガバナンス全体の実行責任を負う。特に大きく複雑な事業体では，特定のガバナンスの実行責任が，適切なレベルの，特定の組織構造に割り当てられることがある。」[13]と説明している。

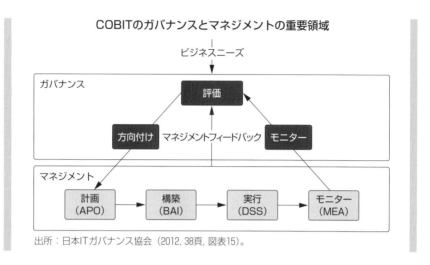

COBITのガバナンスとマネジメントの重要領域

ビジネスニーズ

ガバナンス

評価

方向付け　マネジメントフィードバック　モニター

マネジメント

計画
（APO）→構築
（BAI）→実行
（DSS）→モニター
（MEA）

出所：日本ITガバナンス協会（2012, 38頁, 図表15）。

(4)　内部監査の専門職としての規律ある姿勢と体系的な手法

　内部監査が効果的・効率的であるためには，内部監査の専門職としての規律
ある姿勢で体系的な手法により実施される必要があるが，規律ある姿勢で体系
的な手法で監査を行うために，これからの内部監査にとって次の事項が重要で
あると筆者は考える。

　①攻めの内部監査の実践

　②ロジカル・シンキングとそのツールの活用

　③継続的モニタリングの活用

　④統合的監査の実施

　⑤AIの活用

　⑥成果の測定

　⑦他のモニタリング機能との連携

　この①～⑦については本章で論説していく。

　また，上記の手法等を効果的・効率的に活用していくために，内部監査人は
次の能力（内部監査人としてのコア・コンピテンシー）を保有しておく必要が
ある。

　①ロジカル・シンキングに係る能力（思考力，ツールの知識と運用力）

②コミュニケーションに係る能力（聴く力と伝える力）

③ITに係る知識と運用力

④説得力と連携力（組織体の諸機能を巻き込む力）

　上記①～④のうち，①ロジカル・シンキングに係る能力については第2章と第3章，②コミュニケーションに係る能力については第4章と第5章で取り扱い，③ITに係る知識と運用力の活用については第7章，④説得力と連携力の関連事項については主として本章8.にて解説している。なお，不正防止の観点による内部監査へのステークホルダーからの期待が大きくなっていることから，不正については第6章で取り扱う。

For Your Infomation 1-2

優れた信頼されるアドバイザーの特徴

　IIAの前・事務総長兼CEOのリチャード・F・チャンバースはその著書「信頼されるアドバイザー」の中で内部監査人が信頼されるアドバイザーであるべき必要性を説き，優れた信頼されるアドバイザーの特徴を下図のように示している。

　チャンバースは図の中で，「対人関係上の特徴」として「活力に満ちたコミュニケーター」，「洞察に富んだ人間関係」，「心を揺さぶるリーダー」を，「専門職としての特徴」として「批判的思考の持ち主」，「技術的専門知識」をアドバイザーの特徴として挙げている。内部監査が必要に応じた組織体のさまざまな階層との交流や協働を拠り所にする以上，「対人関係上の特徴」は自明のことと思われるので，「専門職としての特徴」について説明する。チャンバースは「専門職としての特徴」を次のように説明している。「彼ら（内部監査人：筆者注）が信頼性のある評価と解決策を提供しようとするならば，組織が行うビジネスと組織の属する業界の深い知識を持たなければならない。内部監査人は，業務を遂行するのに役立つ多くのツールを持っている。コンピュータ支援監査技法，フレームワーク，基準，ガイダンス等数え上げればきりがない。しかし，これらのツールをどのように，いつ，なぜ使うかを理解することもこの区分に含まれており，理解するためには一定のスキルが必要である。最善の意思決定は，問題を分析し，取り得る解決策を特定して評価し，環境を考慮し，その上で初めて進める，という能力に基づいて行われる。」

　本書でいう，コミュニケーションに係る能力，説得力と連携力，ロジカル・シンキングに係る能力，ITに係る知識と運用力と相通ずるものがある。

優れた信頼されるアドバイザーの特徴

個人的な特徴	倫理的な強靭さ	成果重視	知的好奇心の強さ	寛容さ
対人関係上の特徴	活力に満ちたコミュニケーター	洞察に富んだ人間関係	心を揺さぶるリーダー	
専門職としての特徴	批判的思考の持ち主	技術的専門知識		

出所：堺（2017, 図はp.6, 文章はpp.7-8）。

2. 攻めの内部監査の実践

(1) 攻めの内部監査とは

　攻めの内部監査と守りの内部監査は，対語として使用され始めている。守りの内部監査が組織体においてリスクが顕在化による損失発生防止など，価値の減少防止に貢献する監査を意味するのに対して，攻めの内部監査は組織体の収入（アウトプット）の増加など，価値の増加に役立つ監査を意味している。**図表1-3**においては，図表の左側が守りの監査の領域であり，図表の右側が攻めの監査である。攻めの監査の範疇には，業務の効率化や生産性の向上，収入の増加に寄与する監査に加え，デジタル・トランスフォーメーション推進等による組織体の新しい価値創造に寄与する監査が含まれる。

　図表1-4は，ソーシャル・メディア活用に係る攻めの内部監査の実施に活用したフレームワークの例示である。ソーシャル・メディア活用には情報セキュリティ等のリスクが内存し，それらのリスクのコントロールに役立つ内部監査（守りの内部監査）も必要であるが，そもそもソーシャル・メディア活用は，

図表1-3 攻めと守りの内部監査

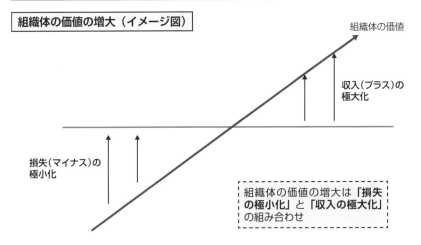

組織体の価値の増大（イメージ図）

組織体の価値

収入（プラス）の極大化

損失（マイナス）の極小化

組織体の価値の増大は「**損失の極小化**」と「**収入の極大化**」の組み合わせ

収入の増加等，組織体の目的の効果的・効率的達成に寄与するためにある。仮にソーシャル・メディア活用に伴うリスクが顕在化しなくとも，この目的達成に寄与していなければ，ソーシャル・メディア活用が成功しているとはいえない。この目的達成に貢献する内部監査を実施するのにトレッドウェイ委員会支援組織委員会（The Committee of Sponsoring Organizations of the Treadway Commission: COSO）の「全社的リスクマネジメント」（"Enterprise Risk Management-Integrated Framework"（以下，COSO ERM（2004年度版））のフレームワークを活用してみたものである。このフレームワークを活用した理由は，戦略に対応して，収入等プラスの効果をもたらす機会と，マイナスの効果を防ぐリスク・コントロールがリンクしていることである。このプラスの効果をもたらす機会に係り，攻めの内部監査を実施することができるのである[14]。

(2) 攻めの内部監査とその注意点

ただし，攻めの内部監査で注意しなければならない点がある。守りの内部監査は評価の規準となる「あるべき姿」が比較的明瞭であるのに対し，攻めの内部監査の場合は評価の規準となる「あるべき姿」が必ずしも明確でない。

図表1-4 COSO ERM（2004年度版）に基づくソーシャルメディア管理態勢

COSO ERMキューブ

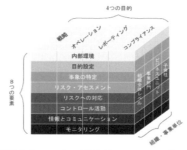

出所：COSO Enterprise Risk Management Framework.

COSO ERMに基づくソーシャルメディア管理態勢

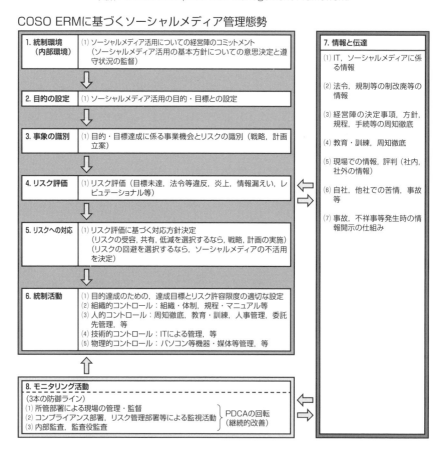

1. 統制環境（内部環境）	(1) ソーシャルメディア活用についての経営陣のコミットメント（ソーシャルメディア活用の基本方針についての意思決定と遵守状況の監督）
2. 目的の設定	(1) ソーシャルメディア活用の目的・目標との設定
3. 事象の識別	(1) 目的・目標達成に係る事業機会とリスクの識別（戦略，計画立案）
4. リスク評価	(1) リスク評価（目標未達，法令等違反，炎上，情報漏えい，レピュテーショナル等）
5. リスクへの対応	(1) リスク評価に基づく対応方針決定（リスクの受容，共有，低減を選択するなら，戦略，計画の実施）（リスクの回避を選択するなら，ソーシャルメディアの不活用を決定）
6. 統制活動	(1) 目的達成のための，達成目標とリスク許容限度の適切な設定 (2) 組織的コントロール：組織・体制，規程・マニュアル等 (3) 人的コントロール：周知徹底，教育・訓練，人事管理，委託先管理，等 (4) 技術的コントロール：ITによる管理，等 (5) 物理的コントロール：パソコン等機器・媒体等管理，等

7. 情報と伝達
(1) IT，ソーシャルメディアに係る情報
(2) 法令，規制等の制改廃等の情報
(3) 経営陣の決定事項，方針，規程，手続等の周知徹底
(4) 教育・訓練，周知徹底
(5) 現場での情報，評判（社内，社外の情報）
(6) 自社，他社での苦情，事故等
(7) 事故，不祥事等発生時の情報開示の仕組み

8. モニタリング活動
（3本の防御ライン） (1) 所管部署による現場の管理・監督 (2) コンプライアンス部署，リスク管理部署等による監視活動 (3) 内部監査，監査役監査 ｝ PDCAの回転（継続的改善）

14

　守りの内部監査においては，内部監査人は「あるべき姿」と「現状」を比較し，差異分析，評価をして，アシュアランス業務では，その評価に基づき結論を形成し，コンサルティング業務でも，「あるべき姿」と「現状」の差異の識別から，改善のための助言提供やコンサルティグをしてきた。

　一方，攻めの内部監査においては，「あるべき姿」が必ずしも明確でない場合に，結論導出の困難性と結論の不確実性に直面する。

　たとえば，営業推進に係る内部監査において，収入増加のための「あるべき姿」は，合理的な保証ができるほどには必ずしも明確ではない。マーケティング手法等はあるが，営業に関連する要因が多すぎて収入が増加するかの合理的な保証は困難な面がある。

　さらにデジタル・トランスフォーメーション（ＤＸ）等は，現状誰しもあるべき姿が明確とはいいがたく，各組織体で「あるべき姿」，あるいは「望む姿」を追求していく段階である。このように「あるべき姿」が不明瞭な状態での攻めの内部監査においては，アシュアランス型の監査はむずかしく，被監査部署と内部監査人が話し合いながら「あるべき姿」，あるいは「望む姿」をともに追求していくコンサルティング型の監査になることが多いと思われる。なおＤＸに係る監査については第7章で論説する。

　この場合に，内部監査人が注意すべきは，いかにして内部監査の客観性を維持するかということである。内部監査人が被監査部署と協議した「あるべき姿」は，実施してみると順調に機能しないことがある。このような状況でもアシュアランス型監査を実施した場合に，内部監査人は客観的な評価や結論を下すことが必要である。前節1．(2) アシュアランス活動とコンサルティング活動（7頁）で示した客観性保持のための「安全装置」を整備・運用することが必要となる。

(3)　効果的な追求方法

　被監査部署も内部監査人も「あるべき姿」，あるいは「望む姿」が不明瞭でそれらをともに追求していく場合には，「ジョハリの窓」が有効な考え方となる1つとなる。「ジョハリの窓」の詳細については，第2章2．(3) と第4章1．(2) にて論説する。

「あるべき姿」や「望む姿」が不明瞭な状況で，被監査部署と内部監査人の協力による問題の真の原因追究や，改善策や解決策についての協議は，被監査部署も内部監査人も認識していない領域の事項をお互いに認識しようとする行為といえる。被監査部署も内部監査人も認識していない領域で価値ある発見や原理を見出すために，被監査部署と内部監査人がともに認知していること，被監査部署だけが認知していること，内部監査人だけが調査や監査により認知していることを持ち寄って分析，協議することが必要である。

3. ロジカル・シンキングとそのツールの活用

(1) 内部監査とロジカル・シンキングの相性

ロジカル・シンキングとは，論理的に物事を考えることであり，よりわかりやすくいえば「関係・構造が客観的にわかるように分ける，まとめる，作り出すことによって，メッセージを得る作業」[15]といえる。現在では，客観的にわかりやすく，事象や情報等を認識し分析し，結論を形成し，メッセージを伝えるというロジカル・シンキングを実践するために数多くの手法やツールが開発され，活用されている。ビジネス等の現場で，これらの手法やツールは，目的達成にとって望ましくない事象や問題の予見や認識を行い，その認識に基づく対応すべき「課題」に対して，その「解決策」を導くために活用されている。

一方，内部監査が監査対象とする内部統制とは，目的達成の阻害要因であるリスクを認識し，リスクへの対応としてコントロールを施していくことにより，リスクを組織体にとって許容範囲内に留めることといえる。

すると，内部統制でいうリスクへの対応という「課題」に対してコントロールという「解決策」を構築する際にも，ロジカル・シンキングで用いる手法やツールを有効に活用できるのではないかという推定が成り立つ。

さらに，内部統制の状況を検証・評価し，結論を出し，必要において助言・

提案等を実施する内部監査業務においても，効果的・効率的に，問題やリスク，コントロールの識別，分析，評価を行い，助言やコンサルティング活動を提供するために，ロジカル・シンキングで用いる諸手法やツールが活用できるとの推定が成り立つ。詳細は第2章で論説するが，そのプロローグとして本章でもロジカル・シンキングの活用について簡単に説明する。

(2) フレームワークの活用

内部監査の基本的機能は監査対象の「あるべき姿」と「現状」を比較してギャップ分析と評価，結論付けを行い，必要に応じて勧告や助言・提言を行うことであるため，評価の基準となる「あるべき姿」を何とするか，あるいは「あるべき姿」をどのように認識するかが重要である。

一般に適切と認められている基準が存在する場合は，たとえば会計監査であれば企業会計審議会が公表している「監査基準」や日本公認会計士協会の「報告書」を，情報システム監査であれば経済産業省の「システム管理基準」等を，そのまま評価の基準として使えるかもしれない。しかしながら，そのような具体的評価の基準が存在しない場合は，何を「あるべき姿」としてとらえればよいのか。IIAの「国際基準」には「コントロール手段を評価するためには妥当な規準が必要となる。…（中略）…妥当でないときには，内部監査人は，経営管理者および取締役会，またはそのいずれかと協議して適切な評価規準を識別しなければならない」(2210．A3)[16]とある。

具体的な評価の基準が存在しない場合，筆者は，さまざまなフレームワークを活用して「あるべき姿」を認識し，被監査部署とそれを共有することが有効であると考えている。フレームワークは監査対象を「もれなく，ダブりなく」，すなわちMECE（Mutually Exclusive and Collective Exhaustive）に，把握し整理するのに有効なツールであるため，フレームワークを活用して対象を適切に認識すれば，それは業務所管部署にとっては管理態勢を効果的・効率的に構築する基礎情報になり得るし，内部監査人にとっては，効果的・効率的に検証・評価する際の基礎情報となり得る。

たとえば，**図表1-5**のCOSO「内部統制の統合的フレームワーク」（以下，内

図表1-5　COSO内部統制のフレームワーク，J-SOXのフレームワーク

COSO内部統制 のフレームワーク

J-SOXのフレームワーク

部統制フレームワーク）は，内部統制をMECEに構築したり，検証するのに有効なフレームワークである。J-SOXでも，「財務報告に係る内部統制の評価及び監査の基準並びに財務報告に係る内部統制の評価及び監査に関する実施基準の改訂について（意見書）」において，COSO「内部統制フレームワーク」を参考にしたフレームワークが示されている。

　組織体で不祥事や事故等が発生した際にも，発生原因の識別や再発防止策を検討する場合に，このフレームワークが有益な1つのツールとなる。また，この検討結果のフレームワークに沿った報告は，全体像が秩序だって整理されているので，報告の受け手にとってもわかりやすい。

(3)　整備と運用

　前説で効果的・効率的な内部監査の実施のためのフレークワークの活用を提案したが，内部監査機能がより有効な勧告や提案・助言を行うために，内部監査活動を通じて得た発見事項や不備の根本的原因を究明することも重要である。この根本的原因の究明に当たってまず確認するのが，不備が内部統制のどのプロセスで発生したものかという確認である。

　ある目標が効果的あるいは効率的に達成されていないとき，コントロールの

図表1-6　整備，運用，実効性の検証

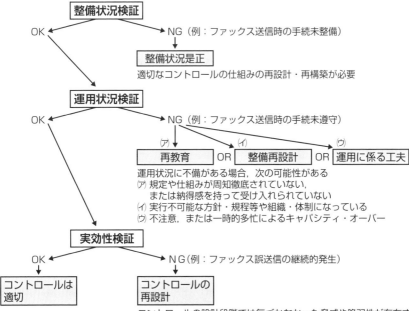

整備状況に問題があるのか，運用状況に問題があるのかを検証することになる。

　図表1-6は，整備・運用の検証プロセスの図示である。検証の順番として，まず整備状況を検証・評価する。方針・規程類の整備状況，組織・体制等の整備状況を検証・評価する。これらが適切に整備されていないなら，何らかのコントロールがあるとしても属人的になりやすく，組織体全体においてのコントロールの共有が困難である。

　次にコントロールの整備は適切であっても，方針・規程類が遵守されていない，あるいは組織・体制が期待されたように機能していない場合，運用に不備があるということになる。コントロールは整備されているのに運用ができていない場合，次の３つの原因が考えられる。１つ目は組織体の構成員にその方針・規程類が周知徹底されていない場合やその規程類の意味や重要性に対する適切

な理解や認識が不足している場合である。この場合，組織体の構成員にその方針・規程類について教育し，周知徹底を図る必要がある。2つ目の原因は，たとえば整備された方針・規程類の要求が高すぎて実行が困難な場合である。この場合は，運用の不備というよりは整備の不備であり，整備のフェーズに戻って実行可能な方針・規程類，組織・体制等に改めるべきである。最後に3つ目は，整備された方針・規程類を現状のままでは運用が困難であるが，体制や人員配置，あるいは実施方法を工夫すれば運用可能な場合である。この場合は運用の工夫を行うべきである。

　整備も運用も適切と評価される場合，最後にコントロールの実効性，有効性を検証しておくことも必要である。整備も運用も適切なのに効果的に目標が達成されていないケースがある。この場合は，目標達成のプロセスのどこかにまだ識別していない不備や脆弱性があると推測されるので，再度，プロセスにおけるリスクの識別と評価を行うことが必要となる。

　ファックスの誤送信防止のためのコントロールについて次の例がある。誤送信防止のため，継続的なファックスの送信先については，原則として事前にファックス番号を登録しておきその登録先に送信する。なお例外的に一見先に送る場合は別の誰か1人に横に立ってもらい入力したファックス番号を確認してもらってから送信するという規則を策定した（コントロールの整備）。ところが，ファックスの誤送信は減少しなかった。内部監査人が現場でファックス送信事務を観察したりビデオで確認すると，ファックスを送る場合に誰かが横に立って確認するということがなされていなかった（コントロールの運用不備）。それで内部監査人が是正を勧告すると，横に立って確認するようになった（コントロールの運用）。ところがファックスの誤送信はまだ減少しなかった（実効性の未達）。よく観察してみると，横に立っている人はただ立っているだけで，しっかり確認しているとは思えない。そこでファックスの誤送信が発生した場合は，横に立って確認した人の責任を第一義にすることにした。その結果，ファックスの誤送信は減少に向かうようになった（実効性の確認）というものである。

　さらに，調べてみると，横で確認する人の責任を問うようになってから，ファックス番号の事前登録が急増したとのことである。以前は，要請してもあま

り増加しなかったファックス番号の事前登録が，横で確認する人の責任を問うようになってから急増したというのである。この事例は，内部統制は人間の性質をよく踏まえて構築する必要があることを示唆している。

(4) ロジック・ツリーの活用

ロジック・ツリーとは，WHATツリー，WHYツリー，HOWツリーの3つのツリーから構成されるが，本章ではロジック・ツリーを代表してWHYツリーについて紹介する。ロジック・ツリーの詳細は第2章で論説する。

よく「なぜを5回繰り返しなさい」といわれる。このWHYツリーはこのなぜを5回繰り返すことをフレームワーク化したものである。内部監査人の検証により，不備や問題点が発見されたとき，その不備や問題点の真の発生原因を探求していくときにこのフレームワークは有益である。

図表1-7　WHYツリー

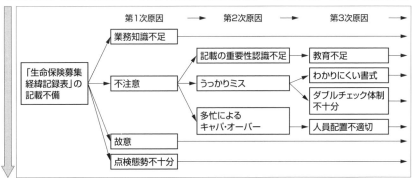

内部監査は，問題発見がすべてか？　企業価値を高める内部監査とは何か
⇒ 問題解決のため，「真の原因」の追及・解明が重要

・問題（事象）の発見に留まらず，その根本的原因の把握と把握プロセスが重要。（「なぜ」の繰り返し）

	第1次原因	第2次原因	第3次原因
「生命保険募集経緯記録表」の記載不備	業務知識不足		
	不注意	記載の重要性認識不足	教育不足
		うっかりミス	わかりにくい書式 / ダブルチェック体制不十分
		多忙によるキャパ・オーバー	人員配置不適切
	故意		
	点検態勢不十分		

・表面的不備の指摘とその是正では「モグラ叩き」に終わってしまう。真因の探求と真因への対処のための勧告が重要。
・必要に応じて，助言・改善策の提案や好事例の紹介を実施。（内部監査の独立性の維持には注意。）
・更に，「できている，できていない」の評価から，「どこまでできている」の評価へ。
　⇒測定基準を持つことで，改善の状況が把握しやすくなる。（「継続的改善への有効なツール」となる。）

図表1-7は，「生命保険募集経緯記録票の記載不備」という問題が発見されたときのWHYツリーを活用した真の発生原因を探っていく事例であり，第一次要因「不注意」について深堀りしている。

　まず「生命保険募集経緯記録票の記載不備」という事象が発見された。その発生原因を探求すると，「業務知識不足」，「不注意」，「故意（故意に記載不備のまま放置）」，「点検態勢不十分」といった原因（第一次要因）が判明した。この第一次要因が１つであるケースは少なく，MECEに（漏れなくダブリなく）検討し，第一次要因をリストアップする。次にこの第一次要因のすべてについて，なぜその要因が発生したかを詰めていく。これは第二次要因の探求である。以下同様にして，「なぜ」を繰り返し，真の原因に突き当たるまで第三次要因，第四次要因と探求していく。

4. 継続的モニタリングの活用

　効果的・効率的な監査のためには，「継続的モニタリング」の態勢を整えておくことも重要である。実は「継続的モニタリング」には２種類があって，１つは24時間・365日，ITを活用して切れ目なく連続して行われる継続的（continuous）なモニタリングであり，もう１つは毎月，毎週，あるいは毎日，同一事項を繰り返して検証・評価する継続的（continual）なモニタリングである。この"continuous"モニタリングと"continual"モニタリングを合わせて，「継続的モニタリング」ということも多い。

　「継続的モニタリング」のもたらすメリットとしては①リスクへの迅速な対応，②全件検証，③個別の問題点の早期発見，④個別内部監査活動の代用，⑤効果的・効率的なフォローアップの５点が考えられる。なお，②以外の①〜⑤はすべて，continuousモニタリングとcontinualモニタリングの２種類の両方でメリットが認められ，②はITを活用したcontinuousモニタリングの代表的メリットである。

① リスク変化への迅速な対応

　継続的なモニタリングにより，リスク変化を早期に気づき迅速な対応が可能となる。たとえばリーマン・ショック前後のように組織体がリスクの激変にさらされていることを認識した場合には，内部監査部門は，年間の内部監査計画の見直しを実施し，適時に適正な個別内部監査を行い，迅速なリスク変化への組織体の対応を支援していくことが必要であろう。

　また，情報システム開発に係る内部監査でも継続的モニタリングはきわめて有効かつ効率的である。不備な点が解消されずに開発が先に進んでいったある時点で個別監査を実施したのでは，開発の後戻りが大きくなることがある。1つのシステム開発の工程でプロジェクトの順調な進行と遅延が繰り返されることは経験することだが，継続的モニタリングを実施していることにより，その進行具合を適時に把握でき，内部監査人はいよいよ危険水域に入るぞという直前に継続的モニタリングから個別内部監査に切り替え，プロジェクトの進行回復のための適切な助言や提案を行うということも可能になる。

② 全件検証

　全件検証はITを利用したcontinuousモニタリングの利点である。CAATTs（Computer Assisted Audit Tools and Techniques）やAI等のITを活用したcontinuousモニタリングにより，リアル・タイムに近い時点での全件検証が可能となる。サンプリングによる試査の場合は，サンプル数やサンプル抽出方法が不適切であったり，抽出したサンプルが母集団の特性を正確に反映しない等のリスクを伴うが，全件検証の場合は，そのようなサンプリングに伴うリスクがない。またITによる検証の場合は，人間が検証を行う場合に伴う検証のブレや錯覚等のリスクが発生しない。不正の検出のためにも全件検証は有効である。ただし，検証を行うための規準の設定が不適切であった場合は，検証結果が不適切となるので注意が必要である。

③ 個別の問題点の早期発見

　個別の問題点の早期発見は，組織体に負の影響を与える望ましくない事項の拡大防止と対応策の実施に有益である。望ましくない事項は一般的には時間の

経過とともに拡大する傾向があり，関係する範囲や関係者も拡大し複雑化し，影響も大きくなることから，対応がいっそうむずかしくなる。

またITを活用した場合は，いわば24時間365日のcontinuousモニタリングが可能となる。たとえば，アンチ・マネーロンダリング管理態勢において，取引ごとにシステム・チェックを掛けることにより，全取引をリアル・タイムで確認することができ，「疑わしき取引」の発生防止や迅速な発見を行うことができるようになる[17]。

アンチ・マネーロンダリング以外でも，例外取引等をリアル・タイムに近い時点で早期に把握できることは，真の原因の把握，問題の拡大防止のために有益である。

④　個別内部監査の代用

本来なら個別内部監査活動を実施したい事項であるが，監査資源の制約等により個別内部監査活動の実施が困難なときに，継続的モニタリングとしての「日常的監視活動」によって一定の水準のアシュアランス機能の提供が可能である〔FYI1-2〕。関連する会議への出席や回覧される稟議書・報告書のレビュー，分析的手続の実施，業務執行部署との適宜のコミュニケーションをとおして，問題点の把握，助言提供等一定の水準のアシュアランスを提供するのである。これらの日常的監視活動の内容についても記録し監査調書と保存しておくことが重要である。

さらに，組織体全体で効率的なモニタリングを行う観点からは継続的なモニタリングにおいても，業務執行部署と内部監査部門の連携が重要である。

図表1-8は，"GTAG 3　Continuous Auditing : Coordinating Continuous Auditing and Monitoring to Provide Continuous Assurance, 2nd Edition"[18]から

〔**F**or **Y**our **I**nfomation 1-3〕
中水準のアシュアランス

　岸牧人氏は論文「中位水準の保証とその考え方」の中で公認会計士によるレビュー等について「情報への関与形態，ないし関与水準に多様化を認め，保証水準を区別することによって，情報ニーズへの多様化への対応を可能ならしめ，現代

の会計士の業務拡大へとつなげたことは周知のとおりである。」と述べられている[19]。
　内部監査機能においても，監査資源の制約から特定のテーマについての個別監査活動を実施しないことより，その監査手法が限定的となったとしても，その監査の範囲や深度等を明示したうえで，内部監査機能が日常的監視活動の中で一定水準のアシュアランス・サービスを提供することは，経営者にとって組織体の目標達成のために有益であると筆者は考えている。

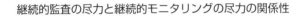

図表1-8　継続的モニタリングによるアシュアランス

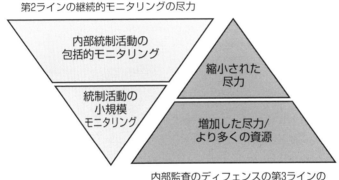

継続的監査の尽力と継続的モニタリングの尽力の関係性

経営者のディフェンスの第1ラインと
第2ラインの継続的モニタリングの尽力

内部統制活動の
包括的モニタリング

統制活動の
小規模
モニタリング

縮小された
尽力

増加した尽力/
より多くの資源

内部監査のディフェンスの第3ラインの
継続的監査の尽力

出所：GTAG3（2015）図表4.

の引用である。GTAG 3は，業務執行部署の継続的モニタリングが脆弱な領域は，内部監査部門が適切な継続的監査活動を実施する必要があるが，業務執行部署が包括的に継続的モニタリングをしている領域では内部監査部門は監査の尽力を減らし，「日常的監視活動」の中で，業務執行部署が適切にモニタリングしているかを監視していくのが適切であるという考え方である。これは，限りあるモニタリング資源を勘案するとき，組織体全体で効率的にモニタリング態勢を構築していくのが合理的であり，そのためには，業務執行部署のモニタリング機能と内部監査部門のモニタリング機能の有機的な連携が必要であるとの考え方に立つものである（FYI1-3）。

⑤　効果的・効率的なフォローアップ

　被監査部署がアシュアランス活動等の指摘・勧告事項等に対して改善プランを作成して是正・改善していることを，継続的にモニタリングしていくことにより，必要に応じて適時により適切に相談や助言に応じることができる。アシュアランス活動は，問題点の指摘で終わるのではなく，被監査部署が是正・改善を行っていくことへの支援も含まれるのである。

For Your Infomation 1-4

継続的アシュアランス（Continuous Assurance），継続的監査（Continuous Auditing），継続的モニタリング（Continuous Monitoring）

Global Technology Audit Guide（GTAG）3 は，継続的アシュアランス，継続的監査，継続的モニタリングを次のように定義している。

　継続的アシュアランス：内部監査によってなされるもので，継続的監査と，ディフェンスの第1ラインと第2ラインによる継続的モニタリングによるテストの組み合わせ[20]。

　継続的監査：技術によって可能となった，継続的な（ongoing）リスクとコントロールの各評価の組み合わせ。

　継続的モニタリング：内部の各コントロールが有効に働いているかどうかを継続的（ongoing basis）に監視するマネジメント・プロセス[21]。

　この定義によると，内部監査によってなされるのは継続的監査で，執行部署（第1ラインと第2ライン）によってなされるのが継続的モニタリングとなるが，たとえばCOSO「内部統制フレームワーク」等では，内部監査をモニタリング活動の1つとしている。また，実務上では，内部監査による継続的監視活動を幅広く継続的モニタリングと呼び，その中で監査要件を満たしているものを継続的監査と呼んでいることもある。したがって，本書では実施者が内部監査部門か執行部署（第1ラインと第2ライン）かによらず，継続的監視活動を継続的モニタリングとして論説する。

　なお，継続的モニタリングにおけるAIの活用については，第7章3.（3）を参照されたい。

5. 統合的監査の実施

統合的監査については，複数の監査の統合についていくつかの組み合わせが考えられる。

たとえば業務監査とIT監査の統合的監査や，本部を監査対象とする本部監査と拠点を監査対象とする拠点監査との統合的監査等である。

(1) 業務監査とIT監査の統合的監査

まず，ここでいう「業務監査」とは，広義の業務監査からIT監査を切り離して，IT監査以外の領域を監査する狭義の業務監査を意味する。

ある部署における情報セキュリティ監査において，紙ベースの情報セキュリティと情報システムベースの情報セキュリティの両方を網羅的に検証・評価する場合，業務を熟知している内部監査人と情報システムに熟知している内部監査人が共同して行うことが重要であり，この場合は，「業務監査」と「システム監査」の統合的監査となる。ほかにもたとえば，アンチ・マネーロンダリング管理では，管理プロセスに情報システムの活用が組み込まれており，アンチ・マネーロンダリング管理態勢に係る監査においても，「業務監査」と「システム監査」の統合的監査が重要になってきている。

なお，統合的監査の視点でリスク評価を行う場合と，情報システムだけに焦点を置いてリスク評価をする場合とでは，リスク評価の結果が異なるケースが出てくることがある。たとえば，システムＡとシステムＢがあり，システムＡは，システムダウン・リスクは大だが，そのプロセスは人的処理で代替可能である。一方，システムＢは，システムダウン・リスクは中だが，人的処理での代替は不可であるとする。このケースで，システムだけを対象としてリスク評価をした場合，システムＡがリスク大でシステムＢがリスク中となるが，業務とシステムを統合して業務プロセス単位でリスク評価をした場合，すなわちシステムＡを活用する業務プロセスＡと，システムＢを活用する業務プロセスＢ

を対象として評価した場合，代替手段のある業務プロセスAのリスクが中で，代替手段のない業務プロセスBがリスク大と評価されることもあり得る。このように，業務とシステムを統合してリスク評価を行う場合とシステムだけを対象としてリスク評価を行う場合とでは，リスク評価の結果が変わることがあり，リスク評価の変化は，監査計画における内部監査の優先順序付けにおいて，また監査実施結果の評価において，影響を与える可能性がある。

業務プロセスにおいてITによる処理と人的処理が一体化した業務処理が一般化する中で，監査においても，業務監査とIT監査を一体として監査する統合的監査の重要性は増大している。

(2) 「本部監査」と「拠点監査」の統合的監査

また，「本部監査」と「拠点監査」を統合的に検証・評価することも重要になってきている。なぜなら，本部は主として管理態勢の仕組みづくり（整備）を行い，拠点ではその実践（運用）が行われるからである。**図表1-9**は，金融商品販売管理態勢についての監査の要点をフレームワークでまとめたものである。方針・規程類，組織・体制等の整備状況は本部を中心に検証・評価し，その運用状況について拠点を中心に検証・評価していくことになる。「指示を出しても守らない拠点が悪い」のか？「守ることができないような指示を出す本部が悪い」のか？ その両方か？ あるいはほかに問題点があるのか？ 本部と拠点を統合的に監査することにより，組織体全体からみた客観的な評価ができ，真の原因を探っていくことが容易となる。さらに，その評価対象プロセスに子会社・関連会社や業務委託先等も含まれる場合は，法的に許容される範囲において，統合的に検証・評価していく必要がある。本部監査機能，拠点監査機能，業務委託先への監査機能，子会社・関連会社の内部監査機能等の有機的な協働，連携が重要になる。

図表1-9　金融商品販売態勢と内部監査

整備	運用	PDCA
○方針，規程等 （適切性，十分性の確保） ・方針の内容と見直し ・規程の内容と見直し ・業務細則の内容と見直し	○方針，規程等 ・適正な遵守	○方針，規程等 ・モニタリング結果，ミス，事故，苦情や要望等の顧客の声，法令等の改正等に基づく定期的，必要に応じた見直しと改善
○組織，体制等 ・統括管理責任者の設置と役割 ・各管理責任者の設置と役割 ・統括部署の役割 ・各部署の役割 ・委員会の設置と役割	○組織，体制等 ・適切な運営，機能発揮	○組織，体制等 ・委員会機能，統括機能，各部機能，管理者機能の有効性，効率性の定期的，必要に応じた見直しと改善
○周知 ・周知方法の確立 ・教育，研修体制の整備	○周知 ・適切な周知の実施 ・適切な教育，研修の実施	○周知 ・周知状況や教育・研修状況，およびその有効性についての定期的，必要に応じた検証と改善
○モニタリング ・業務執行部門によるモニタリング体制の整備 ・ミス，事故，苦情や要望等の顧客の声，の把握と対応のための体制の整備	○モニタリング ・業務執行部門によるモニタリングの実施	○モニタリング ・より効果的，効率的モニタリング実施のための定期的，必要に応じた見直しと改善
本部監査 ＋ **拠点監査**	本部監査 ＋ **拠点監査**	**本部監査** ＋ **拠点監査**

6. AIの活用

　先に継続的モニタリングの重要性と統合的監査の重要性を説明した。それらのモニタリングや監査において重要な働きをするのがITである。ITの内部監査での適用として，CAATTsの活用が従来よりいわれてきた。CAATTsの活用により，内部監査人は異常なデータや取引の識別，データの処理，分析等を効果的・効率的に行うことができる。また，ネットワーク等によりデータを各所から継続的に収集できるなら，内部監査人は，本部にて継続的に監査対象をモニタリングすることができる。

　さらに，CAATTs活用の延長線上で，あるいはCAATTsの能力をはるかに飛び越える程度に，分析や監査を飛躍的に効果的・効率的に行うためにAIの

活用についての研究が進められている。AIは，分析・検証，検知・判断，予測のプロセスでの活用で特に効果が大きいと考えられる。

　AIの特徴として，たとえば次のような点が挙げられる。まずAIは，その認知，分析の範囲と深度が人間とはけた違いに広く深いことが挙げられる。囲碁の世界では，AIのより広く深い分析により新たな定石が生まれたり，定石の評価が変わったりしている。

　また，人間が最終的に分析したり，ロジックを考える場合には，データが多すぎると十分に整理できず分析に制約が生じることがあったが，AIのディープラーニング機能は，データが多種・多様・多量の程より有効な分析ができ，ビッグデータとの組み合わせをより効果的なものしている。

　さらに，このビッグデータとAIの広く深い自己学習効果の組み合わせにより，人間が考えられなかった新たな分析方法を見出すことが可能である。

　このような特徴により，AIはより合理的な判断や予測を示す可能性が高い。

　このようなAIの特徴を踏まえて内部監査人は，AIを監査のどこに用い，AIにどのように，かつどのデータを提供し，AIの分析結果をどのように理解し活用するかが，課題となっている。

　世の中でDXが進もうとしており，内部監査も組織体のDXに貢献する監査を実施するだけでなく，内部監査自身のDXのためにも，AIの活用を検討するべきである。また，組織体の活動が全世界に広がる一方，リモート監査の必要性も求められている観点からも，世界の各所からネットワーク等によりデータを継続的に収集し，探知，分析するAI監査の実施が望まれている。これらDXに係る監査やAIの活用については第7章で説明する。

7. 成果の測定 ―「Yes／No」の評価から「どこまでできているか」の評価へ―

(1) 成熟度モデル

　図表1-10は，COBIT4.1の「ITプロセスの管理とコントロールに関する成熟度モデル」[22] である。このモデルは情報システムガバナンスの成熟度を6つのレベルに分けている。レベル0からレベル5までの6段階で，レベル5が最上位のレベルである。定められたプロセスがあり文書化されているだけではレベル3であり，手続等の遵守状況をモニタリングし，測定を行い管理できるレベル（レベル4）を実現してこそ，どこまでコントロールが機能しているかが評価でき，次の最上位のレベルである，継続的改善による最適化のレベル（レベル5）へと進んでいくことができるのである。したがってこのモデルから，どこまでできているかを測定することの重要性を認識できる。チェック項目を網羅的にカバーし，YesかNoを確認していくチェックリストは有益なツールであるが，YesかNoでの判断には限界がある。あるチェック項目で，ある部

図表1-10　COBIT4.1の「ITプロセスの管理とコントロールに関する成熟度モデル」

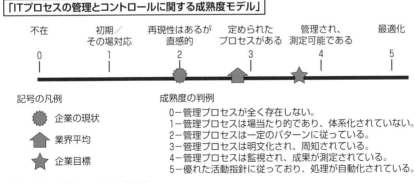

出所：日本ITガバナンス協会（2008）。

分は相応にできているが別の部分はそんなにもできていない場合，単純にYes
かNoの判断はできない。情報システムの開発でもテストを実施したことにな
っているが，テストを実施したはずの領域から不具合が生じることがある。こ
ういった不具合発生の事実は，単にテスト実施の有無を検証するかだけでは不
十分であり，テストの方法，規準，範囲，テストのカバー率等を含め，どこま
でのテストがなされたかまで確認・検証しなければならないことを示唆している。

(2) KGI, KPI

継続的な改善を促進するためには，改善という成果の測定が必要である。内
部統制の状況についても達成状況を数値化して検証・評価していく必要がある。
このとき，どこまでできているかを測定するのに有益な概念がKGI（重要目標
達成指標）とKPI（重要業績評価指標）である。

業務目標とコントロール目標等がどこまでできているか，その達成具合を
KGIとKPIで測っていくのである。KGI，KPIは構造化され，**図表1-11**のイメ
ージのように整理されていく。基本的な組み立ては，一番下位のKPI（複数）
の達成により一番下位のKGI（単数）が達成され，その一番下位のKGI（単数）
1つひとつが集まって，今度は1つ上位のKGI（単数）の達成のためのKPI（複
数）を構成することになる。なお，1番上位は第1次層であり，数字が大きく
なる程下位になっていく。

業務目標達成のためのコントロール目標を構造化し，達成状況をKGIとKPI
を用いて数値にし，見える化することで評価できる。

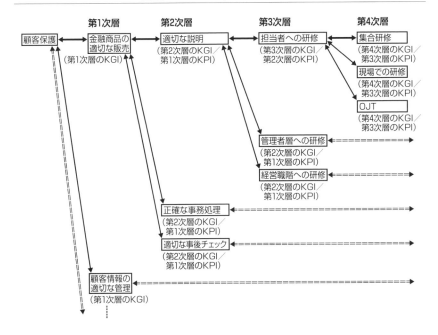

図表1-11　KGI，KPIの関連図

8. 他のモニタリング機能との連携

　組織体の諸活動は迅速かつ広範囲にわたるため，内部監査だけで組織体の諸活動のすべてをモニタリングしていくことは現実的でない。内部監査の独立性を維持しつつ，組織体内の内部統制機能（部署）や内部監査以外のモニタリング機能（部署）と適切に連携していくことが，効果的・効率的なモニタリングにつながる。

　組織体内における主な連携の形態として，わが国でよくいわれるのが3ラインモデル（Three Lines Model）と三様監査である。

(1)　3ラインモデル

①　3ラインモデルとは

　3ラインモデルとは，第1ライン（業務執行の現場における管理・監督），第2ライン（コンプライアンスやリスク管理等の内部統制の統括機能による管理・監視），第3ライン（内部監査部門による監視・監査）の3つのラインが適切に機能し連携するとき内部統制が効果的・効率的に機能するという考えに基づくモデルである。

　IIAの3ラインモデルは，当初「3つのディフェンス・ライン」（"The Three Lines of Defense in Effective Risk Management and Control"）として公表された。このペーパーによると，Three Lines of Defenseが開発された背景には，「21世紀に入り，内部監査，リスク・マネジメント，コンプライアンス，内部統制，品質検査，不正検査等，様々な専門家が出てきている」が，「リスクやコントロール・プロセスが意図したように機能するためには，彼らの義務や役割等が注意深く調整（coordinate）される必要が生じている」との認識があり，この環境下，「組織体の規模や複雑さに関係なく」，「リスクやコントロールの識別を強化し，リスク・マネジメント・システムの有効性を改善させるのに役立つ」モデルとして，3つのディフェンス・ライン・モデルを提唱したとのことである[23]。

②　3つのディフェンス・ライン・モデルにおける内部監査の役割

　ここでIIAは内部監査について，「組織体内において最も高いレベルの独立性と客観性に基づき包括的なアシュアランスを統治機能（governing body）と上級経営陣（senior management）に提供する」[24]機能であると述べている。ここの「包括的」とは，ガバナンス，リスク・マネジメント，内部統制の垂直方向と，業務の有効性，効率性，資産の保全，報告の信頼性とインテグリティ，コンプライアンス等の水平方向のすべての範囲での包括性であり，この点に各々の部署やライン等限定された対象でアシュアランスを行う第2ラインとの違いがある。また，組織体における位置付けから，第2ラインが確保することがで

きない高い独立性を内部監査は確保できる。

　以上を踏まえて，すべての組織体に内部監査は必要であり，内部監査はIIA
の「国際基準」等への適合し，高い独立性と専門性を醸成していくときに効果
的に組織体のガバナンスに寄与していけるとIIAは主張している。

③　３つのディフェンス・ライン・モデルから３ラインモデルへ

　IIAはこの「３つのディフェンス・ライン」をアップデートして2020年７月
に「３ラインモデル」（"THREE LINES MODEL"）を公表した。本書では，
アップデートによる改訂点のうち，次の２つについて言及する。

　１つは，文書の名称から「ディフェンス」の語を取り除いた点である。この
理由について，IIAの担当者は，「リスク・マネジメントは単に悪いことの発
生を止めることではない。内部監査には，価値の保全よりもより大きな役割が
ある。内部監査の使命は（組織体の）価値を高め，保全することである。ディ
フェンスの第３ラインでは限界がある。」（カッコ内は筆者）[25] としている。
これは，前述した攻めの内部監査も重要であるとの認識と相通ずるものである。

　２つ目は，この文書の図表上で経営者と内部監査の関係が，指示，報告等の
ラインではなく，「調整，コミュニケーション，連携，協働」[26] のラインとさ
れたことである。この「調整，コミュニケーション，連携，協働」という内部
監査と最高経営者との関係は，内部監査の独立性をいっそう高める観点から来
ているが，これは，IIAの「実施ガイダンス」1110の「通常，内部監査部門長は，
最高経営者との部門運営上の指示・報告経路を持っている。この指示・報告経
路があることにより，内部監査部門は，職責を果たすのに必要な能力と権限を
得ることができる。」[27] という文言と，内容的に整合しているかの疑問が生じる。

　これについて前述のIIAの担当者は，「この文書（３ラインモデル）は，
IPPFのすべての文書と整合している。内部監査部門は取締役会に対して説明
責任があるが，経営陣に対しても必ず報告しなければならない。これらのレポー
ティングラインは共に，（指示と報告の）双方向でなければならない。この
文書は，独立は孤立を伴うものではないと言っている。取締役会へのラインは，
独立性−経営者と経営者の責任からの独立を確実なものとする。しかしながら，
内部監査部門と経営陣との双方向のコミュニケーションも必要不可欠

（absolutely essential）である。」（カッコ内は筆者注）[28]と述べている。

　内部監査は第3ラインとして，第1ライン，第2ラインとの適切な連携と，また彼らに対する適切な監査の実施によって，取締役会や経営陣の対する責任を果たしていく必要がある。また監査の目的は価値の保全という守りに限定されず，価値の増大のための攻めの監査も求められている。

⑵　三様監査

　三様監査とは，監査役監査，会計監査人監査，内部監査という3種類の形態の監査を指し，ここでもその連携の重要性がいわれている。

　図表1-12は，この3つの形態の監査を，実施者，報告先，監査対象（監査範囲）の観点から比較したものである。この比較表をみると，3つの形態の監査が連携することにより，財務および非財務と組織体の活動範囲全体を監査がカバーすることでき，また株主，取締役会，経営陣というガバナンス，リスク・マネジメント，内部統制の主な行為者のすべてを報告先として含むことができることがわかる。さらに，株主，投資者等のステーク・ホルダー保護のために高度な客観性が要求される会計監査は，外部の専門職である会計監査人が監査をし，組織体の状況を深く知ることが必要な業務監査は，内部で常勤の内部監査人が監査をし，ガバナンスの一翼を担う監査役が，会計監査人および内部監査人の監査と連携しながら自ら株主や取締役に報告する監査役監査を行っていることをこの図表は示唆している。

図表1-12　監査役監査，会計監査人監査，内部監査の比較

	実施者 （By Whom）	主たる報告先 （For Whom）	監査範囲
監査役監査	内部者 （常勤，非常勤）	株主 取締役	財務，非財務
会計監査人監査	外部者 （非常勤）	取締役 監査役	財務
内部監査	内部者 （常勤）	取締役会 経営者	非財務，（財務）

　監査役，会計監査人，内部監査人の３者の連携としては，監査方針，監査計画，監査結果，指摘事項のフォローアップ状況等の相互伝達，および監査目的，監査日程，監査範囲，監査項目等の調整，さらには合同監査の実施等が挙げられ，テーマによっては共同研修会の実施も考えられる。

　ただし，連携において，他者の監査結果をそのまま活用していいということではなく，監査結果を活用する場合はその適切性を確認する必要があり，「他の者の仕事に依拠する場合であっても，内部監査部門長は，内部監査部門として出す結論や意見に十分な根拠を確保することについて責任がある」[29]。詳しくは，IIAの「国際基準」の基準2050の解釈指針を参照されたい。

　また，社外取締役も「会社の持続的な成長と中長期的な企業価値の向上に寄与するように役割・責務を果たすべき」（コーポレートガバナンス・コード原則4-8）であることから，この３者に社外取締役も含めた連携も重要になってきている。不正の行為，法令，定款に違反する重大な事実，あるいは組織体にとって深刻な損害を与える可能性のある状況等を発見した場合は，この３者および社外取締役の連携が有効と考えられる。

　コーポレートガバナンス・コードは，「取締役・監査役は，その役割・責務を実効的に果たすために，能動的に情報を入手すべきであり，必要に応じ，会社に対して追加の情報提供を求めるべきである。」（原則4-13）としたうえで上場会社に「内部監査部門と取締役・監査役との連携を確保」（補充原則4-13③）を求めている。

　また，３ラインモデルと三様監査の両方に実施者として含まれているのは内部監査だけであり，３ラインモデルと三様監査をつなぐ者としても内部監査の役割は重要である。

　なお，日本では監査機関として，指名委員会等設置会社の監査委員会や監査等委員会設置会社の監査等委員会，監査役設置会社の監査役と３種類の機関が認められている。制度設計の違いから監査委員会や監査等委員会と内部監査の関係は直接な指示命令系統であり，監査役と内部監査の関係は連携であると考えられるが，どの監査機関であろうとも，監査機関と内部監査の連携の重要性に変わりはない〔FYI1-4〕（以下，この監査委員，監査等委員，監査役を「監査役等」と表記する）。

監査役監査，内部監査と，取締役の善管注意義務

　取締役会の意思決定における取締役の善管注意義務の履行に係り経営判断の原則が適用されるためには，3つの点が全体として満たされている必要があるといわれることがある。

①法令，定款等に違反していないこと

②適切にして十分な情報に基づき，分析・検討した上での判断であること（意思決定プロセスが著しく不合理でないこと）

③その判断が著しく不合理でないこと（意思決定の内容が著しく不合理でないこと）

　このうち，①法令，定款等に違反していないことは当然として，取締役会が②適切にして十分な情報に基づき判断するためには，組織体のリスク・マネジメントや内部統制に係る情報を監査結果として取締役会に報告する内部監査人の活動はきわめて重要なものとなる。内部監査人によるこのような情報提供は，「ガバナンスに資する内部監査」の一環といえる。

　一方，③その判断の合理性についての監査は，主として，「取締役の職務の執行を監査」する監査役等の役割（会社法381条1項）となる。

(3)　多重ディフェンス・ラインの重要性

　その他，組織体のモニタリング機能としては，ISO監査やその他の検査や監査等の機能がある。組織体において，ESG（Environment: 環境，Social: 社会，Governance: ガバナンス）やSDGs（Sustainable Development Goals: 持続可能な開発目標）の重要性がいわれ，いくつかの取組みが始まっている。これらの取組みに，たとえばISO 14001（環境マネジメントシステム），ISO 45001（労働安全衛生マネジメントシステム），ISO 50001（エネルギーマネジメントシステム）等のISOは関わりを持っている。内部監査が，ESGやSDGsに貢献する監査を行っていく際には，ISO等その他のモニタリング機能との連携を検討することが有益である。

　さらなる連携としてCATTs等の活用によるITモニタリングも有効である。また，現場の声を吸い上げる内部通報の制度を活用することも有益である。

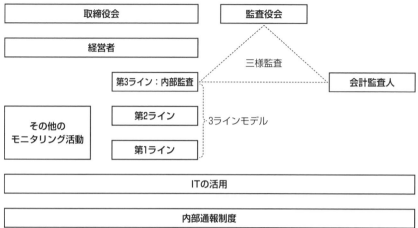

図表1-13　不正管理のための多重ディフェンス・ライン（イメージ図）

3ラインモデル，三様監査，その他のモニタリング活動，ITの活用，内部通報制度の連携

公認不正検査士協会（ACFE）の調査によると，不正発見手段として一番多い
のが，内部通報であり，次が内部監査となっている[30]。

　不正の防止や早期発見のためには，**図表1-13**のように，3ラインモデル，
三様監査，ITによるモニタリング，内部通報制度等の連携による多重ディフ
ェンスにより，多角的にネガティブ情報の収集に努めることが重要である。

　組織体の活動が迅速化し，拡大化し，かつその複雑さが増していく中，内部
監査は効果的，効率的な監査を行っていくために他のモニタリング，あるいは
監視監督機能との適切な連携を進めていくべきである。

　その際に内部監査人に求められる能力は，1.（4）で示した「説得力と連携
力」である。「説得力と連携力」を発揮するためには，ロジカル・シンキング
に基づく明瞭にして論理的な説得が必要であるし，互いの立場を配慮した適切
なコミュニケーションが必要である。また，連携においては，IIAの「国際基
準」2050―連携と依拠の内容に留意する必要がある。

▶ まとめ

本章では，内部監査に係る変化が続く環境の中で，これからの内部監査にとって重要であると考えられることを，まず，「内部監査の定義」から学び，さらに，特に重要になってくると考えられる 7 つの項目，すなわち「攻めの内部監査の実践」，「ロジカル・シンキングとそのツールの活用」，「継続的モニタリングの活用」，「統合的監査の実施」，「AI の活用」，「成果の測定」，「他のモニタリング機能との連携」について説明してきた。

これらの事項は互いに影響し合い，相互に支援することによって，内部監査をより効果的・効率的なものへと導いていく。

さらに，これらの事項を行うために内部監査人に必要とされる能力として，「ロジカル・シンキングに係る能力」，「コミュニケーションに係る能力」，「IT に係る知識と運用力」，「説得力と連携力」を示した。

次章以降で，これらの能力等について説明をしていく。

注

(1) 日本内部監査協会（2017）。
(2) 日本内部監査協会（2017）。
(3) 日本内部監査協会（2017）。
(4) 日本内部監査協会（2017）。
(5) 日本内部監査協会（2017）。
(6) 檜田ほか（1998）。
(7) 日本内部監査協会（2017）。
(8) 日本内部監査協会（2017）。
(9) IIA の内部監査の専門職的実施の国際基準（以下，国際基準）の基準1130.A1を参照のこと。
(10) 日本内部監査協会（2017）。
(11) リスクの対応には，回避，低減，共有（移転を含む），受容がある。
(12) 日本内部監査協会（2017）。
(13) 日本 IT ガバナンス協会（2012，18頁）。
(14) COSO は「COSO ERM（2004年度版）」の改訂版「COSO 全社的リスクマネジメ

ント戦略およびパフォーマンスとの統合」（COSO "Enterprise Risk Management Integrating with Strategy and Performance"（以下，改訂版）を2017年に公表したが，本書では「COSO ERM（2004年度版）」を使用している場合が多い。その理由は2つある。1つの理由は，2004年度版はリスクマネジメントのフレームワークの中に内部統制を内包しているが，改訂版は内部統制を内包していないことである。改訂版は「冗長性を避けるために，両フレームワーク（リスクマネジメントのフレームワークと，後述するCOSO「内部統制の統合的フレームワーク」）に共通した内部統制の特徴は，改訂文書では繰り返されていない。おそらく，最も顕著な特徴は内部統制活動であろう。」と説明しているる（日本内部監査協会ほか，2018，304頁）。内部監査はリスクに対するコントロールの有効性を検証・評価するので，内部統制を内包している「COSO ERM（2004年度版）」のフレームワークのほうが使いやすい。

2つ目はCOSO自身が，「COSO ERM（2004年度版）」のフレームワークを引き続き使用することを認めていることである（日本内部監査協会ほか，2018，296頁）。

(15) 日沖（2008，17頁）。

(16) 日本内部監査協会（2017）。

(17) マネーロンダリングとは，犯罪行為等不正な手段によって得た資金を送金等の取引を繰り返すことにより，その資金から，元来の出所（不正な手段）を隠し（汚れを洗い流し：ロンダリング），正当な手段で得た資金と見せかける行為。

(18) IIA（2015）.

(19) 岸（2010）。

(20) ディフェンスの第1ラインと第2ラインは，本章8.(1)を参照のこと。

(21) IIA（2015，p.3）.

(22) 日本ITガバナンス協会（2008）。

(23) IIA（2013，pp.1-2）.

(24) IIA（2013，p.5）.

(25) Francis Nicholson, Vice President Global Relations, IIAから筆者宛2020年11月11日付けe-mailでの私信。

(26) 日本内部監査協会事務局（2020，4頁）。

(27) 日本内部監査協会（2017）。

(28) Francis Nicholson, Vice President Global Relations, IIAから筆者宛2020年11月11日付けe-mailでの私信。

(29) 日本内部監査協会（2017）。

(30) 日本公認不正検査士協会（2018）。

第 2 章

内部監査業務における
ロジカル・シンキング

本章の構成

1. 内部監査の計画策定プロセスとロジカル・シンキング
2. 内部監査の実施プロセスとロジカル・シンキング
3. 内部監査の結論形成とロジカル・シンキング
4. 内部監査の報告プロセスとロジカル・シンキング

第1章で，効果的・効率的な内部監査実施のために内部監査人に必要な能力として，次の4つを挙げた。

①ロジカル・シンキングに係る能力（思考力，ツールの知識と運用力）
②コミュニケーションに係る能力（聴く力と伝える力）
③ITに係る知識と運用力
④説得力と連携力（組織体の諸機能を巻き込む力）

そのうちの①と②については第2章から第4章で取り扱い，その位置付けは本章冒頭の図表2−1のとおりである。ロジカル・シンキングの能力を発揮し有益な意見形成をするための基になる情報やデータを収集するためには，コミュニケーションが有効な収集手段の1つであり，一方で有益な結論や意見を形成しても，コミュニケーションが悪いと取締役会や経営陣，あるいは被監査部署にその意味するところを適切に伝えられない。効果的・効率的な内部監査の実施のためにロジカル・シンキングの能力とコミュニケーション能力の両方が必要である。

また，ロジカル・シンキングが内部監査の実施に有効なことは第1章で説明した。内部監査業務において，ロジカル・シンキングで用いる諸手法やツールを活用することで，リスクやコントロールの識別，分析，評価，問題点の識別，課題の設定，結論の形成，助言や提案等を効果的・効率的に行うことができる。

本章の構成に示すように，内部監査の計画，実施，結論形成，報告の各プロセスでどのようなロジカル・シンキングのツールが使えるかについて，例を示しながら説明していく構成となっている。

1. 監査計画策定プロセスとロジカル・シンキング

　本章の扉で示したように，ここからは効果的・効率的な内部監査実施のために内部監査人に必要な能力について個別具体的に解説していく。本章以降の位置付けは**図表2-1**を参照されたい。

　さて，筆者はロジカル・シンキングを，論理学の思考法を基に，情報，データの収集，整理，分析，問題の把握と課題の設定，解決策の企画立案，メッセージの発信・伝達等のプロセスで合理的な考え方をするための方法，手法（ノウ・ハウ），適用技術の総体であると，考えている。

　本章では，この理解に基づき，内部監査の計画，実施，結論形成，報告の各プロセスでどのようなロジカル・シンキングのツールをどう活用できるかを説明していく。なお，内部監査のある1つのプロセスで紹介したロジカル・シンキングのツールはそれ以外のプロセスでも活用可能であり，たとえば内部監査の計画プロセスで紹介するロジカル・シンキングのツールの1つであるフレー

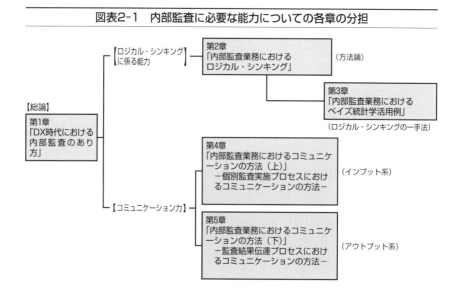

図表2-1　内部監査に必要な能力についての各章の分担

ムワークは，報告プロセス等でも活用ができる。

(1)　基本監査計画におけるリスクの識別：MECEとPESTLE, ERM

①　MECE

　ロジカル・シンキングの代表的な手法の1つにMECEがある。MECEとは"Mutually Exclusive, Collectively Exhaustive"の略で，要は「モレなく，ダブリなく」ということである。多くの事象や情報が複雑に絡み合う状況に接したときに，それらの事象や情報を分類や整理して，全体の構造を明確化する（「構造化する」という）必要があるが，この構造化する際に大事な概念がMECEである。

　内部統制を構築する際も，リスク・ベースの内部監査基本計画（年度／中長期）を立案する際も，リスクを識別することから開始する。その際に重要な概念が，リスクを漏らすことなく，また重複なく識別すること，すなわち，MECEに識別することである。リスクを許容範囲内に収めることが内部統制の目的であり，その支援を行うのが内部監査の目的である以上，リスクの適切な識別がその業務の第一歩であり，リスクの識別に重複や脱落があったりしたら，効果的・効率的な内部統制の構築や内部監査計画の立案は困難となるからである。

②　PESTLE

　組織体のさらされているリスクをMECEに把握する，あるいは組織体全体に係る（全社的）リスクを識別する際に使われるフレームワークの1つとしてPESTLEがある。PESTLEはマーケティングのフレームワークであるPESTの発展形である。**図表2-2**はPESTLEのフレームワークを活用することにより，リスク変化を反映した監査計画を作成している例である。

　外部環境は政治的要因（Politics），経済的要因（Economy），社会的要因（Society），技術的要因（Technology），法的要因（Law），自然的要因（Environment）の要因ごとに，内部環境はプロセス要因（Process），人的要因（Employee），組織的要因（Structure），技術的要因（Technology），文書的要因（Legislation），統制環境的要因（Environment）の要因ごとにリスクの変化を識別し，それを監査計画に反映していくものである。

組織全体に係る（全社的）リスクの識別

外部要因（外部要因のPESTLE）

要因のカテゴリー		具体的要因の例	発現する事象
政治的要因	（Politics）	政権交代，国際紛争	貿易摩擦等への不適切な対応等
経済的要因	（Economy）	景気変動	過剰設備投資等
社会的要因	（Society）	社会的要求の高まり	世論や嗜好，社会的要求水準への対応不十分等
技術的要因	（Technology）	IT技術の発達	サイバー・テロによる情報漏洩等
法的要因	（Law）	法令等の制改廃	会社法改正，会計基準改訂等
環境的要因	（Environment）	自然災害，疫病	災害によるシステム稼働不可等

内部要因（内部要因のPESTLE）

要因のカテゴリー		具体的要因の例	発現する事象
プロセス的要因	（Process）	業務処理方法の変更	製造工程の不適切な変更による不良率の増加等
人的要因	（Employee）	要員の交代	未熟な運用者による誤操作等
組織的要因	（Structure）	組織改正	各部署の役割・権限・責任等の混乱等
技術的要因	（Technology）	システム導入，更改	設計ミスによるシステムの不具合等
文書的要因	（Legislation）	規程等の制改廃	マニュアル不備からの誤処理等
統制環境的要因	（Environment）	統制軽視の企業風土	経営者の業績偏重に基づくコンプライアンス軽視等

For Your Infomation 2-1

PEST, PESTN, PESTLE

　PEST は，主として経営戦略の策定やマーケティングを行う場合に使用され，組織体の外部環境におけるマクロ環境が現在または将来に与える影響について，把握や予測をするためのフレームワークである。「近代マーケティングの父」とうたわれるフィリップ・コトラーが『コトラーの戦略的マーケティング』の中で提唱したもので，マクロ環境を政治（political），経済（economic），社会文化（socio-cultural），技術（technological）の観点から分析することを主張している。

　筆者は，組織体内外のリスクをPEST のフレームワークで分析することを主張し（「内部監査業務とロジカル・シンキング」。詳しくは参考文献を参照），その後PEST に N（Nature: 環境）を加えたPESTN のフレームワークで分析することを主張し，実務でも活用してきた。Nを加えた理由は，外部環境では台風や地震，あるいは疫病の流行等，環境の組織体に与える影響を無視できないことと，内部環境ではCOSO「内部統制フレームワーク」が示すように，内部統制において統

制環境が根本であるからである。

しかしながら，PESTやPESTNにおける外部要因のP：政治の範疇には，政治と法令等の両方が含まれていたものの，昨今の国際紛争や貿易摩擦等の増大する地政学的リスクと，民法，会社法，個人情報保護法等の法令等のリスクはその内容や影響が必ずしも同じでなく別々の範疇で捉えたほうが適当だと考え，PをPolitics（政治）とLaw（法）に分けたものである。

また，内部要因においても方針，規程，マニュアル等の規程類はP：プロセスの中に含めていたが，プロセスは適切でも文書未作成による周知徹底不足，恣意的なプロセスの変更等の発生懸念を踏まえて，PをProcess（プロセス）とLegislation（文書化）に分けることが適切と考えた。

そうすると，同じくマーケティングのフレームワークであるPESTLEと構成要素が同じになることから，筆者もPESTLEの活用を主張するに至った。

デイブ・チャフェイとフィオナ・エリス・チャドウィックは『デジタル・マーケティング：戦略，実行，実践』でPESTLEの構成要素を，政治的影響力（Political），経済的影響力（Economic），社会的影響力（Social），技術的影響力（Technological），法的影響力（Legal），環境的影響力（Environmental）[1]としている。

③　ERM（全社的リスクマネジメント）

次に考えられるのが，内部統制やリスク・マネジメントのフレームワークの活用である（これらのフレームワークについては第1章も参照のこと）。「COSO ERM（2017年度版）」は，「外部環境のカテゴリーと特性」では「政治」，「経済」，「社会」，「技術」，「法規」，「環境」の要素に，「内部環境のカテゴリーと特性」では「資本」，「人材」，「プロセス」，「テクノロジー」の要素に分けて分類している。つまり外部環境の要素はPESTLEとなっている（「COSO ERM（2004年度版）」は事象の分類における外部要因を「経済的要因」，「自然環境要因」，「政治的要因」，「社会的要因」，「技術的要因」と，PESTNと同一の要因にしていたので，COSOも外部要因の構成をPESTNからPESTLEに変更したといえる）。

これらのPESTLEや「COSO ERM（2017年度版）」のフレームワークは組織体全体にさらされているリスクをMECEに識別するためのフレームワークである。

また逆に，フレームワークの活用がMECEな観点からの内部統制の構築や

監査計画の立案のために有効ともいえるのである。

　以上のように，ロジカル・シンキングのいうMECEの概念と内部統制等のフレーム，その両者の統合的活用により，内部監査基本計画策定プロセスにおいて，より効果的・効率的にリスクの識別が可能となるのである。

(2)　個別監査計画における対象の切り口：MECEとさまざまなフレームワーク

　個別監査では，網羅的にかつ効率的にリスク・ベースの監査を行うために，監査対象をまずは網羅的に把握して，何に係るリスクが大きいか，重要かを評価して，監査プログラム（監査手続書ともいう）を策定する。この際，まずはどのような切り口で監査対象をMECEにみていくかが重要である。効果的・効率的監査の観点からリスクの大きさや重要性等の観点から最終的には検証ポイントを絞っていくことはあっても，出発点ではMECEに検証ポイントをリストアップしていかないと，重要な検証ポイントを漏らしたり（効果的でない検証），同じポイントを重複して検証してしまう（効率的でない検証）こととなる。

　MECEに監査対象をみていくための有効な方法の1つがフレームワークの活用である。**図表2-3**は，リスク性金融商品販売に係る内部管理態勢を監査する際の監査のポイントをCOSOの「内部統制フレームワーク」で整理したものである。COSOの「内部統制のフレームワーク」は，目的の達成（この場合は，リスク性金融商品の適切な販売態勢の構築）の合理的保証を提供するものであることから，リスク性金融商品販売の内部管理態勢をMECEに検証していくために，このフレームワークを使用したのである。このように，監査プログラムの検証ポイントをMECEに抽出していく際にもフレームワークの活用が有効である。

　また，1つの監査対象をMECEにみていくときに，MECEにみる場合の切り口は複数ある場合が多く，監査目的に合った切り口やフレームワークを選択することが重要である。たとえば，**図表2-4**①〜⑤は，個人情報保護の状況を検証するときに使えるフレームワークの候補を示したものである。①のフレー

図表2-3 COSOの「内部統制フレームワーク」に基づく，金融商品販売態勢のあり方

統制環境	・「顧客説明」，「顧客サポート等」の「顧客保護等管理」の位置付け ・「顧客保護等管理方針」の整備・周知
リスク評価	・取扱い金融商品の洗い出し ・金融商品自身に係るリスクの識別と評価 ・金融商品取り扱いに係るリスクの識別と評価（⇒統制の要点の識別）
統制活動	・規程，業務細則の整備・運用 ・組織・体制の整備・運用 ・役職員，業務委託先管理
情報と伝達	・方針，規程等の周知・徹底 ・教育，研修の実施 ・ミス，事故，顧客の声の伝達態勢の整備・運用
モニタリング	・現場管理者による点検 ・統括部署，各取引・商品所管部署によるモニタリング
継続的な改善	・上記5つの構成要素の定期的・必要に応じた見直しによる継続的改善

ムワークは部別と整備状況・運用状況のマトリックス，②はCOSO内部統制フレームワーク，③コントロール・ベース（統制の種類別）のフレームワーク，④は情報システムのライフ・サイクルのフレームワーク，⑤はライフ・サイクルとコントロールの種類をクロスさせたフレームワークである。

　どのフレームワークを選択するかは，監査目的によって異なる。リスクを網羅的に識別していく観点からは，④のライフ・サイクルの観点がよいかもしれないし，リスクの識別は終了しており，リスクに対し構築されたコントロールの有効性をみていくコントロール・ベースの監査の場合は，③のコントロールの種類別がよいかもしれない。さらに，リスクとコントロールを対照させてみていく場合には，⑤のライフ・サイクルとコントロールの種類のクロスが有益かもしれない。また，監査結果を簡潔に経営者等に報告する場合は，①の整備・運用の区別がよいかもしれない。さらには①〜⑤以外のフレームワークの活用が有効な場合もあり得る。内部監査人は，より効果的・効率的に監査を実施するために，ツールとしてのフレームワークや基準等を自由に活用することが重要である。

図表2-4　さまざまなフレームワーク（個人情報の管理態勢の有効性検証）

フレームワーク①：部別と整備状況・運用状況のマトリックス

	全社	営業部	業務部	財務部	企画・人事部
整備態勢					
運用態勢					

フレームワーク②：COSO内部統制

	全社	営業部	業務部	財務部	企画・人事部
統制環境					
リスク評価					
統制活動					
情報と伝達					
モニタリング					
継続的改善					

フレームワーク③：コントロール・ベース（コントロールの種類別）

対策	具体例
組織的 コントロール	方針，規程，手順書，等 委員会，最高管理責任者，管理責任者（各部長），管理委員，等 連絡網，安否確認方法の規定，等
人的 コントロール	周知徹底，教育，同意書の徴収， メンタル・ケア，懲戒規定，等 業務委託先管理，等
技術的 コントロール	ID，パスワード管理，生体認証，暗号化，ファイアウォール，不正探知・防止， ログ収集・保存・分析，等 冗長性整備（ミラーリング，バックアップ），等
物理的 コントロール	耐震・耐火・耐水構造，空調設備，電源・回線設備， 入退室管理，監視設備，等 モバイルPC等の固定，施錠場所への管理，等

フレームワーク④：情報，情報システムのライフ・サイクル

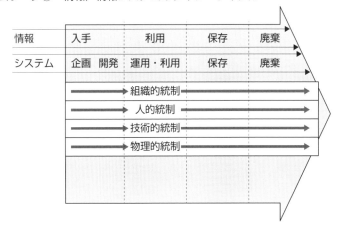

情報	入手	利用	保存	廃棄
システム	企画　開発	運用・利用	保存	廃棄

組織的統制
人的統制
技術的統制
物理的統制

情報資産（情報，システム等媒体）の各ライフ・サイクルにおいて，適切なコントロール（統制）を多面的（組織的，人的，技術的，物理的）に整備・運用していく

フレームワーク⑤：ライフ・サイクルとコントロールの種類をクロス
【全社，部別に作成】

	入手		運用・利用		保存		廃棄	
	リスク	コントロール	リスク	コントロール	リスク	コントロール	リスク	コントロール
組織的コントロール								
人的コントロール								
技術的コントロール								
物理的コントロール								

For Your Infomation 2-2

フェルミ推定

　大がかりな調査をしないとわからない，あるいは実際に調査するのが困難な捉えどころのない値等を，いくつかの手掛かりを元に論理的に推論し，短時間で概算する手法に，物理学者エリンコ・フェルミの名前に由来するフェルミ推定がある。

　概算の手法は次の４つのステップを踏む。

①前提の確認
　・利用できる情報に何があるか
②アプローチの思考と選択
　・マクロ・アプローチ（絞込み方式）かミクロ・アプローチ（積上げ方式）
　　（ミクロ・アプローチをとる際には，MECEに積み上げていくことが重要）
③因数分解
　・利用できる情報の組み合わせを数式化（探求する課題を構成要素に分解）
④検証
　・得た結果の妥当性を確認
　次の表は，大学の学部生の人数をマクロ・アプローチ（絞込み方式）とミクロ・アプローチ（積上げ方式）で概算した例である。

例：日本の大学生（学部生）の総数をフェルミ推定を使って推測	
(1)　前提（使用できる情報） ・日本の人口：約1億2,000万人 ・平均寿命：80歳 ・学生の平均的年齢：18歳～22歳（4年間）	(1)　前提（使用できる情報） ・大学数：780 　うち，国立：86，公立：90，私学：604 ・一校当たりの平均学生数 　国立：約5,100人，公立：約1,500人， 　私学：約3,300人
(2)　使用できるアプローチ ・マクロ・アプローチ（絞込み方式） 　（前提の情報量の少なさから，ミクロ・アプローチ（積上げ方式）は使用困難）	(2)　使用できるアプローチ ・マクロ・アプローチ（絞込み方式） ・ミクロ・アプローチ（積上げ方式）
(3)　因数分解 ・(1)　前提から 　1億2,000万人÷80×4＝600万人…① ・①に高齢化を考慮して7掛けすると 　600万人×0.7＝420万人…② ・②に大学進学率を6割とすると 　420万人×0.6＝252万人	(3)　因数分解 A．マクロ・アプローチ（絞込み方式） 　左と同様で273万人 B．ミクロ・アプローチ 　5,100人×86＋1,500人×90＋3,300人 　＝44万人＋14万人＋199万人 　＝257万人
(4)　検証 ・自分の周りの人を見てみて，50人に1人超が学生か？	(4)　検証 ・自分の周りの人を見てみて，50人に1人超が学生か？
〈実際〉文部科学統計要覧（平成30年度版）によると平成29年の学部大学生数は2,582,670人。 うち，国立：441,921人，公立：133,757人，私学：2,006,992人。	

2. 監査実施プロセスと ロジカル・シンキング

(1) 原因把握とマインド・マップ

　内部監査実施プロセスで，検証を実施し，問題を発見した場合に，その抜本的解決策を提案するには，その問題発生の根本的原因を把握することが不可欠である。この際にもロジカル・シンキングの手法の活用が有効である。

　金融商品販売に係る交渉記録において，いくつかの交渉記録未作成あるいは記載不備といった問題を発見したとしよう。**図表2-5**は，交渉記録の未作成・記載不備の発生原因をマインド・マップの手法を用いて識別したものである。マインド・マップとは，「表現したいコンセプトの中心となるキーワードを全体図の中央に置いて，そこから放射状にキーワードやイメージをつなげていくことで，アイデアや発想を発展させていく図解表現方法」[(2)]である。**図表2-5**では，「交渉記録の未作成・記載不備」を中央に置き，その考えられる原因を1つ出しては，それを始点に考えられる原因を次から次へと推定し，図上に記載したものである。この作業をマインド・マッピングという。この作業はある程度原因を識別したら，その原因をいくつかのカテゴリーに分け，カテゴリーごとにさらに原因を追究していくものである。

　マインド・マップは，何か問題があればすぐに発生原因を決めつけるのでなく，問題の発生原因を幅広く探っていく場合に有効なツールであり，このマッピングのプロセスで当初思っていなかった原因を識別できることもある。

　また，問題に対する解決策を実施しても効果が上がらない場合，まだ認識していない原因があることが考えられ，その際にも問題発生原因の再識別のためこのマインド・マップを活用できる。このようにマインド・マップは，先入観や思い込みにとらわれず，ゼロベース思考で物事を考えていくために有効な手法である。

　ただし，このマインド・マップは問題の発生原因等，課題や要因の洗い出し

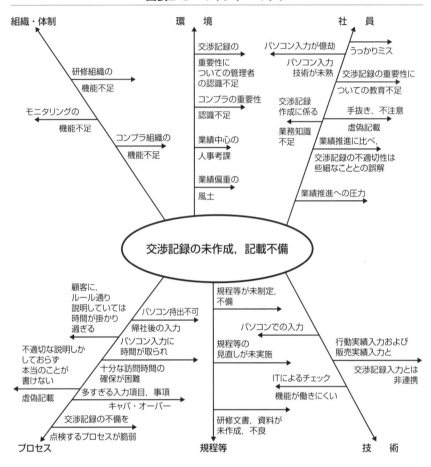

図表2-5　マインド・マップ

には有効ではあるが，フレームワークや構造化の枠組みに当てはめずに自由な発想で洗い出しを行うため，その洗い出しをMECEに実施したかの検証や，課題や要因の絞り込みや構造化はできていない。したがって，内部監査において，真の原因を探求していくのに先立ち，マインド・マップ作成後に要因の識別がMECEかの確認や課題構造化等が必要である。これらの確認や構造化，さらには真の原因の追究には次に論説するロジック・ツリーの活用が有効である。

(2)　原因追求とロジック・ツリー

　洗い出した，リストアップした課題や要因等を整理し，分析していく際に，またその課題や要因から最底辺にある真の課題や原因を識別する際に，そして識別され構造化された課題や原因の解決策を立案する際に有効となるツールがいわゆるロジック・ツリーである。主なロジック・ツリーはWHATツリー，WHYツリー，HOWツリーの3つである。

①　WHATツリー

　WHATツリーは，物事や課題を要素に分解し，整理し，構造化するツールである。

　図表2-6は，リスク性金融商品販売に係る交渉記録の未作成や不備についてマインド・マッピングでリストアップした諸原因を，WHATツリーにより整理し，構造化したものである。先ほど内部監査において，真の原因を探求していくのに先立ち，マインド・マップ作成後に要因の識別がMECEかの確認や課題構造化等が必要であると論説したが，洗い出した諸要素や諸要因について，MECEかの確認を行い，適切に整理し，把握する際には，WHATツリーの活用が有効である。**図表2-5**のマインド・マップもWHATツリーにより整理，構造化することにより，PESTLEのプロセス要因である（P），人的要因（E），組織的要因（S），技術的要因（T），文書化要因（L），統制環境的要因（E）の6つすべてのカテゴリーから諸要因が識別されMECEな観点からの識別であることが確認される。また，このWHATツリーの場合には6つのカテゴリー（観点）ごとに真の原因を追究していくことが合理的である。

②　WHYツリー

　WHYツリーとは，問題の真の原因を探求するツールである。

　先ほどのWHATツリーで整理した6つの観点の中から社員の問題，「人的要素」に焦点を絞って真の原因を追究したのが**図表2-7**である。第1章でWHYツリーはなぜを5回繰り返すことをフレームワーク化したものと記した

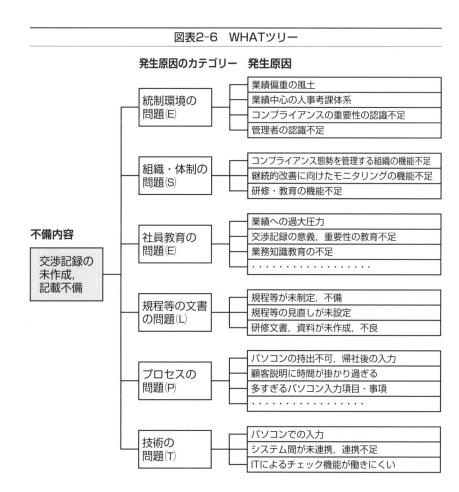

図表2-6　WHATツリー

発生原因のカテゴリー　発生原因

不備内容

交渉記録の
未作成,
記載不備

統制環境の
問題(E)
- 業績偏重の風土
- 業績中心の人事考課体系
- コンプライアンスの重要性の認識不足
- 管理者の認識不足

組織・体制の
問題(S)
- コンプライアンス態勢を管理する組織の機能不足
- 継続的改善に向けたモニタリングの機能不足
- 研修・教育の機能不足

社員教育の
問題(E)
- 業績への過大圧力
- 交渉記録の意義,重要性の教育不足
- 業務知識教育の不足
- ・・・・・・・・・・・・・・・・・・

規程等の文書
の問題(L)
- 規程等が未制定,不備
- 規程等の見直しが未設定
- 研修文書,資料が未作成,不良

プロセスの
問題(P)
- パソコンの持出不可,帰社後の入力
- 顧客説明に時間が掛かり過ぎる
- 多すぎるパソコン入力項目・事項
- ・・・・・・・・・・・・・・・・・・

技術の
問題(T)
- パソコンでの入力
- システム間が未連携,連携不足
- ITによるチェック機能が働きにくい

が，WHYツリーはまさしく，まず観察できる，あるいは考えられる原因や要因を第1次要因として記載し，次にその第1要因が発生する原因は何かと追究することによって第2次要因を探求し，以降順次「なぜ」を繰り返すことにより，観察された現象や課題の真の問題点を探求していくフレームワークである。なお，各段階（たとえば第1次要因）において要因が1つであるケースは少なく，各要因をリストアップし，要因ごとに真の原因を追究していく。WHYツリーは真因分析の代表的ツールである。

　図表2-7では，第5次要因で「営業店責任者の業績偏重の姿勢」，「業績偏重

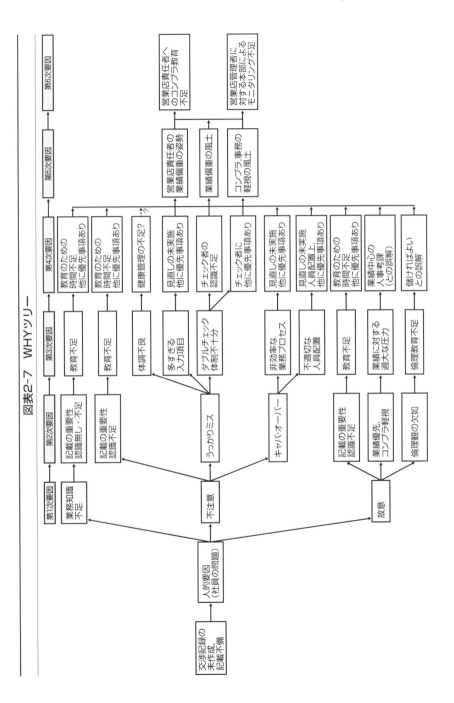

図表2-7 WHYツリー

第6次要因 / 第5次要因 / 第4次要因 / 第3次要因 / 第2次要因 / 第1次要因

営業店責任者へのコンプラ教育不足

営業店管理者に対する本部によるモニタリング不足

営業店責任者の業績偏重の姿勢

業績偏重の風土

コンプラ事務の軽視の風土

教育のための時間不足 他に優先事項あり

教育のための時間不足 他に優先事項あり

健康管理の不足？

見直しの未実施 他に優先事項あり

チェック者の認識不足

チェック者に他に優先事項あり

見直しの未実施 他に優先事項あり

見直しの未実施 人員配置上、他に優先事項あり

教育のための時間不足 他に優先事項あり

業績中心の人事考課（との誤解）

儲ければよいとの誤解

教育不足

体調不良

多すぎる入力項目

ダブルチェック体制不十分

非効率な業務プロセス

不適切な人員配置

教育不足

業績に対する過大な圧力

倫理教育不足

記載の重要性認識無し・不足

記載の重要性認識不足

うっかりミス

キャパオーバー

記載の重要性認識不足

業績優先、コンプラ軽視

倫理観の欠如

業務知識不足

不注意

故意

人的要因（社員の問題）

交渉記録の未作成、記載不備

第2章　内部監査業務におけるロジカル・シンキング

57

の風土」,「コンプライアンス,事務の軽視の風土」といった統制環境の問題に
原因が収斂してきており,その原因(第6次要因)として「営業店責任者への
コンプライアンス教育不足」,「本部の営業店管理者に対するモニタリング不足」
といった営業店というより本部側の原因まで洗い出されている。

③　HOWツリー

　先のWHYツリーで真の原因を把握したあと,その対策を講じる必要があり,
その対策の有効性(課題の解決策の効果)を紙上で確認する際に有効なツール
がHOWツリーである。**図表2-8**は,**図表2-7**で把握した課題の真の原因に対
する対策,すなわち「営業店責任者へのコンプライアンス教育充実」と「営業
店管理者に対する本部によるモニタリング充実」の有効性を論理的に検証して
いる。この2つの対策を講じることにより,**図表2-7**のWHYツリーの第6次
要因が解決されれば次いで第5次要因が解決され,以降順次,より上位の要因
が解決され,表面上で認識された課題を解決できることを**図表2-8**のHOWツ
リーは示している。WHATツリーとHOWツリーの活用により,課題の真の
問題点に対する対策の系統だった立案とその効果の紙上確認を効果的・効率的
に行うことができる。このケースでは,内部監査で発見された営業店の課題の
真の問題点は実は本部にあったことがマインド・マップとロジック・ツリーの
活用により把握できたことになる。なお,マインド・マップとロジック・ツリ
ーの連携については,**図表2-9**を参照されたい。

(3)　真因追求とジョハリの窓(The Johari Window)

　問題の真の原因を把握するために,ロジック・ツリーとは別のロジカル・シ
ンキングのツールとして「ジョハリの窓」の活用を紹介する。
　ジョハリの窓とは,心理学者のJoseph LuftとHarrington Inghamによって
開発された,自分自身と他人との関係をよりよく理解する手法で,両者の名前
から "The Johari window" と呼ばれる。自分自身やその人格を自分自身が認
知していることと認知していないこと,他人が認知していることと認識してい
ないことに分けてリストアップし,ここから,自身に関する自己認知と他人に

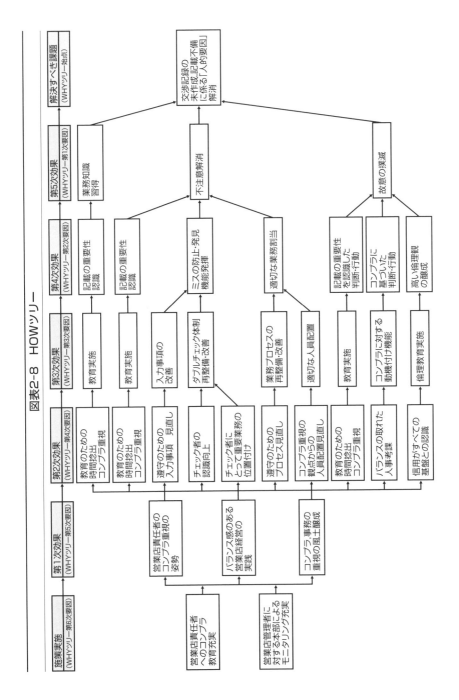

図表2-8 HOWツリー

第2章

内部監査業務におけるロジカル・シンキング

59

図表2-9　マインド・マップとロジック・ツリーの連携

マインド・マップとロジック・ツリー

マインド・マップ	課題，原因などの洗い出し，アイディア出し
WHATツリー	課題，原因などを要素に分解し，構造化
WHYツリー	課題や原因などの探求（根本的な課題や原因などの追究）
HOWツリー	課題や原因などの解決策の整理と紙上確認

マインド・マップとロジック・ツリー

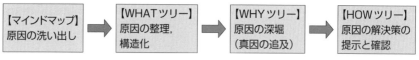

図表2-10　ジョハリの窓

	自分が認識していること	自分が認識できていないこと
他人が認識していること	行動自由の領域（Area of Free Activity）	盲目の領域（Blinded Area）
他人が認識できていないこと	避けられた，または隠された領域（Avoided or Hidden Area）	未知の活動の領域（Area of Unknown Activity）

	営業店責任者が認識していること	営業店責任者が認識できていないこと
部下が認識していること	・交渉記録作成のルール	・部下のルールの背景や重要性理解不足
部下が認識できていないこと	・ルールの背景，重要性	・責任者と部下の間の認識ギャップ ・業績最優先の潜在的意識，風土 ・後回しにし忘れた不備の交渉記録

　よる認知のずれを認識する。この認識は，自分自身をより認知でき，他人との関係をより円滑に導く効果があると主張している。

　図表2-10の左側のマトリックスが「ジョハリの窓」の基本的マトリックスである。マトリックスの左上は自分も他人も認識している領域，左下は自分が認識しているが他人が認識していない領域，右上は他人が認識しているにもかかわらず自分が認識していない領域，右下は自分も他人も認識していない領域である。

60

これを原因の識別に応用したのが，**図表2-10**の右側のマトリックスである。右側のマトリックスは，リスク性金融商品販売の交渉記録作成に係る営業店責任者の認識領域との部下の認識領域のマトリックスである。

一番の課題となる右下の領域であるが，このケースでは，内部監査人が監査活動により営業店責任者も部下も認識していない事項として，「業績最優先の潜在的意識や風土」と「不備処理を後回しにし，処理を忘れてしまった不備のままの交渉記録の存在」の2つの事項をみつけたとする。交渉記録の適切な作成の必要性自体は営業店責任者も部下も認識しているのだが，業務推進最優先の潜在的意識により，部下は自然に交渉記録作成を後回しにし，営業店責任者はそれを無意識に黙認してしまっている可能性が推定される。このような営業店責任者も部下も認識していない事項は，独立した第三者でないとなかなか気付きにくい事項であり，ここは内部監査がその機能を働かせて営業店責任者にも部下にも認識させるべき領域である。

また，後回しにして忘れられてしまった不備の交渉記録を発見するためには，自主点検や監査等の発見的コントロールが機能しなければならない。

このように，マインド・マップやロジック・ツリーの活用に加え，「ジョハリの窓」のようなその他のロジカル・シンキングの手法やツールを活用することにより，発見事項からの推論をより多面的に実施することができる。

また，第7章で説明するように，「あるべき姿」が明確ではなく，被監査部署と内部監査が協働して，それぞれ持っている情報から「あるべき姿」を探求していくような場合にも，「ジョハリの窓」は有益である。

(4)　行動の確実化とAIDMA（アイドマ）

前述の交渉記録の適正な作成のようにやるべきことが明確であるにもかかわらず，取り組めていない場合で，確実な実行を図るときに使えるフレームワークとしてAIDMAがある。AIDMAは，**図表2-11**のとおりAttention（注目），Interest（関心），Desire（欲求），Memory（記憶），Action（行動）の頭文字をとったもので，サミュエル・ローランド・ホールが提唱した消費者の購買活動における心理プロセスである。AIDMAを，先ほどの金融商品に係る交渉記

AIDMA：消費者の購買活動における心理プロセス
・Attention（注目）
・Interest（関心）
・Desire（欲求）
・Memory（記憶）
・Action（行動）

人に行動を確実にしてもらうためには，
まずは一定の注意（Attentionは払ってもらい，
さらに十分な関心（Interestを抱いていただき，
本当でしたいという欲求Desire持っていもらい，
その欲求を持ち続けることで記憶Memoryしていただき，
その結果行動Actionが継続的に行われるようになる。

録の適切な作成に対する心理的プロセスに適用してみる。

　たとえば，「ジョハリの窓」で，営業店責任者も部下も「交渉記録作成のルールがあること」は認識し一定の注意は払っているが（Attention），業績最優先の潜在的意識の下で交渉記録作成の重要性を十分に理解していないことが判明した。その場合にAIDMAに基づき，役職員に対して，金融機関として顧客説明を適切に果たしていくプロセスとしての交渉記録作成の重要性に十分関心を払ってもらい（Interest），説明責任を果たし，信用を維持していくために交渉記録を適正に作成していこうという気に心底からさせ（Desire），その思いを常に抱き続けてもらうことで，交渉記録の適正な作成を常に意識して記憶してもらい（Memory），その結果，交渉記録の適正な作成がなされるようになる（Action），という展開である。

　このような好循環に導くためには，InterestやDesireを強く持ってもらうことが重要であり，そのためには，たとえば営業店責任者や部下の方々に十分な教育をしたうえで，交渉記録の適正な作成の重要性を知的に理解し，心情的に納得し，意識的に認識し（Interest），適正に作成していきたいと望んでいるか（Desire）を定期的に紙に書いて（Memory）自己評価してもらう等の対策が考えられる。

3. 内部監査の結論形成と ロジカル・シンキング

(1) 三段論法

　監査活動を通じて得たさまざまな情報により監査人としての結論を形成していくときに，重要なことは論理構成（推理）の正しさ，因果関係の確かさであり，その有効な論理手法が三段論法と帰納法と演繹法である。

　まず三段論法であるが，三段論法は大前提と小前提から結論を導く論法である。たとえば，**図表2-12**のケース①では「経営上の重要事項（A）は取締役

図表2-12　三段論法

ケース① 【真】
- U≧A：経営上の重要事項(A)は取締役会決議事項(U)
- A≧B：内部統制(B)は経営上の重要事項(A)
- U≧B（B⇒A⇒U）：内部統制(B)は取締役会決議事項(U)
  ∴ U≧A≧Bが成立

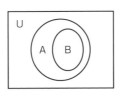

- -

ケース② 【偽】 必ずしもいえない
- U≧A：経営上の重要事項(A)は取締役会決議事項(U)
- U≧B：内部統制(B)は取締役会決議事項(U)
- A≧B：内部統制(B)は経営上の重要事項(A)
  ∴U≧A，U≧Bでは，AとBの関係が不明

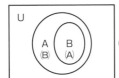 OR 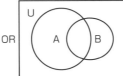 OR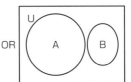

会決議事項（U）」の大前提と「内部統制（B）は経営上の重要事項（A）」という小前提から「内部統制（B）は取締役会決議事項（U）」という結論を導き出している。

　この三段論法で結論を導き出す際に注意しなければならないのは、上記の結論が成立するのは、経営上の重要事項（A）という大前提にも小前提にも共通な概念（中概念または媒概念といわれる）を介して、大前提：取締役会決議事項（U）≧経営上の重要事項（A）と小前提：経営上の重要事項（A）≧内部統制（B）から、取締役会決議事項（U）≧内部統制（B）の関係、すなわち、（U）≧（A）≧（B）が導き出せる場合のみであるということである。一方、**図表2-12**のケース②では2つの前提（U）≧（A）と（U）≧（B）だけでは、（A）と（B）の関係は不明であり、（A）≧（B）のような結論は導出できない。内部監査人は発見事項からの意見形成に当たってはこの点につき注意が必要である。

Ｆor Ｙour Ｉnfomation 2-3

トゥールミン・モデル

　三段論法は代表的な論理形成のアプローチであるが、実際にはこの意見形成のプロセスでは、さまざまな反論が加えられ、それらの反論への対応（追加の裏付け、条件の設定）も加味した結論や意見形成がなされる。このような場合に、トゥールミン・モデルに沿った被監査部署との協議は、ともにあるべき姿を追求する効果的・効率的な方法となり得る。内部監査人がアシュアランス業務を行う際もコンサルティングを行う際も、トゥールミン・モデルに沿って論理を深堀りしていくなら、実務上より説得力のある提案ができるケースがある。

　たとえば、右図のように「顧客情報保護のため、IT対応手段として、ワンタイム・パスワードを導入する」と主張した場合、「ワンタイム・パスワードだけが唯一のIT対応手段ではないだろう」とか、「ワンタイム・パスワードは効果的なツールでも、コストが掛かりすぎないか」という反駁や反論があったとする。

　その場合は、「ワンタイム・パスワードは現状では最も有力なIT対策の1つである」とさらなる裏付けを示したり、「予算の範囲内で、ワンタイム・パスワードを導入する」と、「予算の範囲内」という条件を付けて、結論あるいは提案を示すこととなる[(3)]。

　被監査部署等に対して説得力の高い結論を示し提案を行うためには、トゥールミン・モデルに沿って右図のように結論や提案と事実（データ）との因果関係より明瞭かつ論理的に説得することが有効である。

トゥールミン・モデルの論理のプロセス

【3角ロジック】

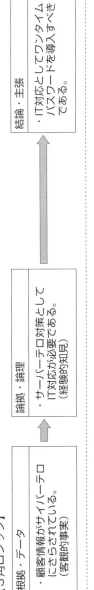

根拠・データ	論拠・論理	結論・主張
・顧客情報がサイバーテロにさらされている。(客観的事実)	・サーバーテロ対策としてIT対応が必要である。(経験的知見)	・IT対応としてワンタイム・パスワードを導入すべきである。

【トゥールミン・モデルの応用】

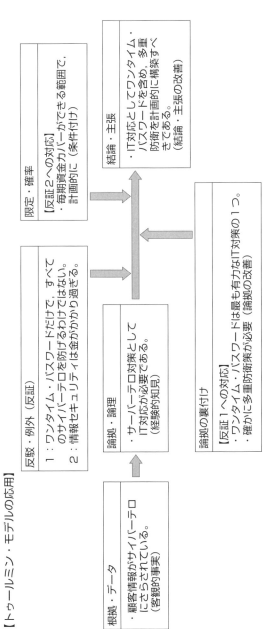

根拠・データ	論拠・論理	結論・主張
・顧客情報がサイバーテロにさらされている。(客観的事実)	・サーバーテロ対策としてIT対応が必要である。(経験的知見)	・IT対応としてワンタイム・パスワードを含め、多重防衛を計画的に構築すべきである。(結論・主張の改善)

反駁・例外(反証)

1:ワンタイム・パスワードだけで、すべてのサイバーテロを防げるわけではない。
2:情報セキュリティは金がかかり過ぎる。

限定・確率

【反証2への対応】
・毎期資金カバーができる範囲で、計画的に(条件付け)

論拠の裏付け

【反証1への対応】
・ワンタイム・パスワードは最も有力なIT対策の1つ。
・確かに多重防衛策が必要(論拠の改善)

出所:Toulmi(2003)に基づき筆者作成。

65

(2) 演繹法と帰納法

　三段論法を踏まえた有効な論理（推理）手法として演繹法と帰納法がある。演繹法とは「全体について真なることは部分についても真理であることを原理とする」(4) ものであり，帰納法とは「個々の事実の知識から全体の知識を推定する」(5) ものである（**図表2-13**）。

　演繹法とは，たとえば**図表2-13**のように，「甲社の内部監査部員（A）はロジカル・シンキングの訓練を受けている（U）」との前提があれば，B1，B2・・・Bn（B）の1人ひとりにロジカル・シンキングの訓練を受けているかを確認しなくとも，「B1，B2・・・Bn（B）は甲社の内部監査部員（A）である」であることさえ確認できれば，「B1，B2・・・Bn（B）はロジカル・

図表2-13　演繹法と帰納法

①演繹法：
- 【前提】甲社の内部監査部員Ⓐはロジカル・シンキングの訓練を受けているⓊ。
- 【認識】B1，B2…BnⒷは甲社の内部監査部員Ⓐである。
- 【帰結】よって，B1，B2…BnⒷはロジカル・シンキングの訓練を受けているⓊ。

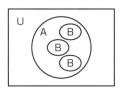

問題は，「前提は信頼に足るものか（『前提が真』との根拠は問題がないか）」ということ

- -

②帰納法：
- 【前提】B1，B2…BnⒷは甲社の内部監査部員Ⓐである。
- 【認識】B1，B2…BnⒷはロジカル・シンキングの訓練を受けているⓊ。
- 【帰結】よって，甲社の内部監査部員Ⓐはロジカル・シンキングの訓練を受けているⓊ。

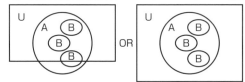

問題は，「Aの構成要素であるBをどれだけ見たら，A≦Uといえるのか」ということ
　⇒実務上は，統計的サンプリングも一つの方法

シンキングの訓練を受けている（U）」の帰結を導き出せるという推理手法である。この場合は，甲社の内部監査部員（A）を媒概念にして，（U）≧（A），（A）≧（B）の前提から（U）≧（B）を導出している。

なお，演繹法の弱点は，「甲社の内部監査部員（A）はロジカル・シンキングの訓練を受けている（U）」との前提はどこから来たかということである。この前提が正しくないなら，帰結は正しいとは限らないので，演繹法を用いる場合は，前提の確かさに注意をする必要がある。

一方，帰納法は，演繹法と逆の推理プロセスを辿る。まず「B1，B2・・・Bn（B）は甲社の内部監査部員（A）である」の前提があり，1人ひとりを確認して「B1，B2・・・Bn（B）はロジカル・シンキングの訓練を受けている（U）」ことを認識した結果，帰結として「甲社の内部監査部員（A）はロジカル・シンキングの訓練を受けている（U）」との結論を導くものである。内部監査においても，監査対象の取引や事項等を1つひとつ確認していき，監査意見を形成していくことが多いが，これは帰納法を適用しているといえる。

しかしながら，集合の概念で考えると，次のような帰納法の弱点が見えてくる。上記の例において，前提と認識から，（U）≧（A）の帰結を導いているが，その過程として前提から（A）≧（B），認識から（U）≧（B）がいえるものの，この不等式からは，（U）と（A）の大小関係はいえず，したがって（U）≧（A）を導出できない。もし，甲社の内部監査部員（A）の全員について確認したのなら，（A）＝（B）になり，この場合には，（U）≧（B）＝（A）が成立し，はじめて「甲社の内部監査部員（A）はロジカル・シンキングの訓練を受けている（U）」と帰結することができる。

上記の例の内部監査部員のように全員あるいは全件を調査できる場合はよいが，内部監査においては，効率性の観点より全件調査が困難な場合が多い。たとえば，J-SOXにおいて，サンプル検査を行った場合，一定の割合で誤謬が生じることを，内部監査人は認識しておく必要がある。

したがって，帰納法を用いる場合には，内部監査人は何件を，あるいは全体に対して何％の割合をどのように抽出し検証したら，どの程度の信頼性をもって結論が下せるかについて関心を払うべきであって，この場合に活用できる手法が統計学におけるサンプル検証の理論である。

統計的サンプリングでサンプルが選べるなら，母集団全体としての統計的結論に具体的な信頼度の割合をもって，主張できることとなる。

For **Y**our **I**nfomation 2-4

演繹法と帰納法の関係

　演繹法の弱点について，三浦俊彦氏は『論理学入門』で「前提がすべて真であるときに結論が必ず真でなければならない。しかし，いままで例として用いてきた論証の前提には，…（中略）…のように全称文がしばしば現れた。…（中略）…。全称命題はたいてい，いくつかの事例の性質を観察することからすべての事例にその性質を付与するもので，帰納的推論にもとづいた一般化である。つまり，演繹論的論証においても，その前提のいくつかは帰納によって得られた認識であることが多い。」（下線は筆者）[(6)] といわれている。

　さらに，帰納的論証において「前提が真である場合，この結論が真である確率は？　正解は，r％。このことを，この論証の『帰納的確率』はr％であるという。するとこのような帰納的論証の特殊な場合が，演繹的推論だと考えられよう。…（中略）…。こうして，帰納的確率が100％の帰納的論証が演繹的論証なのであり…」[(7)] と三浦俊彦教授は述べておられる。

　次に，統計的アプローチを用いる場合の結論形成において勘案する必要があるのが，「積極的保証」と「消極的保証」という考え方である。

　サンプル抽出の方法やサンプルの質や数が適当でない場合は，内部監査人としては，「問題は発見できなかった」等の消極的保証を表明するのが妥当であるし，サンプルが質・量ともに適切な場合は統計上の信頼度を示したうえで「内部統制は有効である」との結論を下すことができるであろう。

　さらに，この点について注意を要するのが不正調査実施の場合である。

　不正調査は，調査対象全部においての不正の有無を決定付ける点において，全体の中から抽出したサンプルを検証する監査（試査）とは異なる。この場合，不正が発見できたなら，「不正があった」と結論付けることができるが，問題は調査において不正が発見できなかった場合に，「不正はなかった」と結論付けることができるかということである。この問題は「悪魔の証明」ともいわれ，監査において不正に係るすべての可能性を調べ尽くすことは不可能あるいはほ

ほ不可能な場合が多い。したがって不正調査において不正が発見できなかった場合は「不正はなかった」と結論付けるより、「不正は発見できなかった」と結論付けるほうが妥当であると考える。

(3) 類似（比論）

監査結論をまとめる際に拠点Aではできているのに拠点Bはなぜできていないのだろうと考えさせられるケースがある。あるいは、被監査部署から他の拠点での好事例を教えてほしいとか、何かよい解決策はないかといった助言や提案等を求められることがある。このような場合に活用でき、かつ活用において注意をしなければならないのが「類似」という考え方である。

類似の基となる推論である比論とは「二個の事物が多くの性質において類似するとき、この事実に基づいて、一方が真なることを他方でも真であろうと推定する推論である。」[8]。

何かを考えたり、評価したりする際に参考となるモデルや実例があれば、それを出発点として効率的に作業を進めていくことができる。すなわちモデルと監査対象の類似点と相違点を明確にしたうえで、検証項目について監査対象をモデルとの比較で評価していくことができる。これは評価に適用できる基準がみつからないようなときに特に有効である。モデルを評価規準としたり、モデルを基に評価規準を作成したりすることができるからである。

しかしながら、安易な類似にならないように次の諸点について注意しなければならない。まず、モデルと監査対象ではすべてが同じというわけではない。拠点Aでは機能した施策が拠点Bでは機能しないことがある。なぜなら、拠点Aと拠点Bでは置かれている環境や拠点の質、規模が違うかもしれない。あるいはそれらが同じであっても拠点内の環境や人材の構成が違うかもしれない。したがって、好事例を紹介する際や解決策を提案する際は、モデルと監査対象の相違点も情報として提供することが必要である。好事例紹介や情報の提供は内部監査の価値発揮のための重要な機能であるが、そのような場合には、業務執行部署がそれらの好事例をそのまま適用できるのか、変更すべき点を変更したうえで適用できるのか等を判断できるように、それらの背景情報等も添えて、

好事例の紹介や情報提案等行うべきである。

4. 報告プロセスとロジカル・シンキング

　IIAの「国際基準」は，監査報告に関して，「伝達は，正確，客観的，明確，簡潔，建設的，完全かつ適時なものでなければならない。」（基準2420－伝達の品質）[10]を要求している。

　この「正確，客観的，明確，簡潔，建設的，完全かつ適時」という監査報告に係る「国際基準」の要求事項のうち，適時以外のすべての要求事項を満たすため，ロジカル・シンキングの手法は有益である。監査報告書のあり方の詳細については第５章4.の書き方を参照されたいが，本章では（１）監査対象の全体像表示，（２）監査結論の合理性担保，（３）建設的監査報告の作成におけるロジカル・シンキングの手法の活用について論説する。

(1)　監査対象の全体像表示

「基準」2420の解釈指針は，達成すべき伝達の品質を「客観的な伝達とは，…（中略）…すべての関連する事実と状況についての公正でバランスのとれた評価の結果…（中略）。明確な伝達とは，…（中略）…すべての重要性が高くか

つ関連する情報を提供…（中略）。完全な伝達とは，…（中略）…非常に重要な事柄を欠くことがなく，改善のための提言と結論を裏付けるすべての重要性が高くかつ関連する情報と発見事項を含む…（中略）。」[11] としている。

　ならば，監査目的を達成するために監査対象を「モレなく，ダブリなく」，すなわちMECEに検証したことを示すのが，上記の網羅性を満たすための出発点であろう。もちろん，解釈指針のいう「すべて」とは監査に係るすべての重要な情報という意味ではあるが，すべての重要な情報を提供していることを示すためには，監査目的の達成に必要な監査範囲をMECEに設定したことを示すことが第一歩である。第1章（図表1-9）でも示した，金融商品販売管理態勢についての監査の要点に係るフレームワークを使用して監査対象や監査範囲の全体像を示すことは，その網羅性（MECEであること）を示すのに有効である。

　また監査報告受領者側にとってもこの図表により監査の全体像を把握でき，また報告の説明を聴いている時もこの図表を参照することにより，全体の中のどこの説明かについて容易に把握でき，監査内容の理解が促進される。このような図表は，監査報告の網羅性だけでなく明確性の達成にも役立つ。

⑵　監査結論の合理性

　同じく「基準」2420の解釈指針で，監査報告の合理性について「『正確な』伝達とは，誤りや歪曲がなく，基礎となる事実に忠実なものである。『客観的な』伝達とは，…（中略）…公正でバランスのとれた評価の結果である。『明確な』伝達とは，容易に理解でき，論理的で，不必要な専門用語を排除し，…（中略）…『完全な』伝達とは，…（中略）…改善のための提言と結論を裏付けるすべての重要性が高くかつ関連する情報と発見事項を含むものである。」[12] とあり，検証結果から監査結論が論理的に形成されていなければならない。監査結論が論理的に導かれていなくては，監査報告が「基礎となる事実に忠実である」ことも，「公正でバランスのとれた」[13] ことも，「論理的」であることも，「提言と結論を裏付けるすべての重要性が高くかつ関連する情報と発見事項を含む」ことも困難であるからである。したがって，前述のようなロジック・ツリーや

帰納法・演繹法等のロジカル・シンキングの手法等を用いて論理的に監査結論を形成することが，監査報告の品質を保つ基礎となる。ロジカル・シンキングとは「関係・構造が客観的にわかるように分ける，まとめる，作り出すことによって，メッセージを得る作業」[14] である。

　監査報告書には，監査報告受領者が監査結論を納得して受け入れるために，この論理的結論形成のプロセスを，適切にかつ簡潔に記載されなければならない。また，論理的結論形成に係るすべての資料は監査調書として保存されなければならない。結論形成のプロセス明示が，監査結果の説得力を保証し，かつ監査の再現性を担保する主要な要素の1つとなる。

(3)　建設的監査報告

　同様に，「基準」2420の解釈指針で，建設的な監査報告について，「内部監査（アシュアランスおよびコンサルティング）の個々の業務の依頼者や，組織体に役立つもので，必要な場合には改善をもたらすものである。完全な伝達とは，対象の読者にとって，…（中略）…，改善のための提言と結論を裏付けるすべての重要性が高くかつ関連する情報と発見事項を含むものである。『適時な』伝達とは，時宜を得たかつ目的にかなうものであって，課題の重大性に応じて，経営管理者が適切な改善措置をとることができるようにするものである。」[15] と述べている。

　建設的な監査報告の実施の1つとして適切な改善案の提案があるが，そのためには，課題の真の原因が把握されていることと，その真の原因への対策案が適切である必要がある。このとき，監査実施プロセスにおいてWHYツリー等に基づき課題の真の問題点や原因が適切に把握されており，またマインド・マッピング等により対策案をできる限りリストアップし，HOWツリー等で対策案の優先順序を検討し，対策案の実効性を紙上確認しているなら，有効である可能性の高い改善案の提案が可能となる。このように監査実施および結論形成プロセスにおけるロジカル・シンキングの実践が，論理的で建設的な監査報告の実施を可能にする。

SWOT分析

　第1章で述べた「攻め」と「守り」という内部監査の両機能を果たすに有効な
ツールとしてSWOT分析のフレームワークが考えられる。SWOTは強み
(Strength)，弱み (Weakness)，機会 (Opportunity)，脅威 (Threat) の英語の頭
文字を取ったもので，この「4つの要因を軸に，事業の評価や目標達成のための
戦略を練るツール」[17]である。組織体や個人等に現在どのような強みや弱みが
あり，現在から将来にかけてどのような機会や脅威があるのかを，内的要素と外
的要素から識別するのに用いる分析ツールである。

　たとえばある事業において，どのような強みがあり，それをどのように活かし
ていくか，どのような弱みがあり，それをどのように克服していくか，どのよう
な機会があり，あるいは機会の発生が予測され，それを活用していくか？　どの
ような脅威があり，あるいは脅威の発生が予見され，それにどのように対応して
いくかをこのフレームワークにおいて検討や評価を行い，その結果に基づいて戦
略や施策等が立案されていく。

　内部監査においても，事業性や新商品の評価，販売部署や子会社の状況，ある
いは人材育成等の監査等に用いることができる。

SWOT分析のフレームワーク

現在の内的要素と 外的要素	強み (Strength) (どのように活かすか)	弱み (Weekness) (どのように克服するか)
現在〜将来の内的要素と 外的要素	機会 (Opportunity) (どのように利用するか)	脅威 (Threat) (どのように対応するか)

まとめ

　本章では，監査計画作成プロセス，監査実施プロセス，監査結論形成プ
ロセス，監査報告プロセスにおけるロジカル・シンキングの手法等の活用
とその有効性について述べた。「内部監査は，組織体の目標の達成に役立
つこと」[16]にあり，目標達成の阻害要因であるリスクへの対応という課
題の解決を支援するものである以上，課題解決の手段であるロジカル・シ

ンキングの手法等は，内部監査の多局面においても活用できることを論説した。

　また，内部監査の業務が，事実把握に基づく論理展開による結論形成と提案であるとすれば，内部監査業務の遂行は，まさにロジカル・シンキングの実践であるともいえる。

　本章において紹介した以外にも，内部監査において活用できるロジカル・シンキングの手法やツール等は多数存在するし，これらの手法やツール等を活用できる内部監査の局面は，本章で紹介した以外にも存在する。すでに多数の内部監査部門や内部監査人のほうが，ロジカル・シンキングの手法やツール等を内部監査の日常業務において活用されている。

注

(1) Chaffey and Ellis-Chadwick（2012, p.124）.
(2) 永田（2008，158頁）。
(3) Toulmi（2003）.
(4) 武市ほか（1974，79頁）。
(5) 武市ほか（1974，79頁）。
(6) 三浦（2008，104頁）。
(7) 三浦（2008，106-107頁）。
(8) 武市（1974，83頁）。
(9) 武市（1974，83頁）。
(10) 日本内部監査協会（2017）。
(11) 日本内部監査協会（2017）。
(12) 日本内部監査協会（2017）。
(13) 原文はbalancedで，「偏りのない」の意味。
(14) 日沖（2008）。
(15) 日本内部監査協会（2017）。
(16) 日本内部監査協会（2017）。
(17) 永田（2009，38頁）。

第3章

内部監査業務における
ベイズ統計学活用例

本章の構成

1. 事後監査と従来の統計学の活用
2. ベイズ統計学とは
3. ベイズ統計学の活用
   補足説明

　前章の3.（2）において，より客観的な意見形成のためには統計学の統計的アプローチの有効性を論説した。

　本章では，内部監査において統計的アプローチが有効であることを具体的な例を取り上げて論説していく。とりわけ筆者が内部監査において適用できる場面が多いと考える「ベイズ統計学」のアプローチの活用を仮想の設例を用いて説明していく。

　1.で従来の統計学の内部監査における有用性を設例でもって示したうえで，2.従来の統計学との差異を意識しつつベイズ統計学を説明し，3.で設例をとおしてベイズ統計学の内部監査における活用の一部を紹介する構成となっている。なお章末に，本章で使用した確率分布に係る証明（期待値や分散，複数の確率分布の関係性に係る証明）を補足説明として記載した。

1. 事後監査と従来の統計学の活用

(1) 従来の統計学の活用例：施策の有効性検証

　従来からの統計学（以下，仮に「非ベイズ統計学」）は事後監査のさまざまな場面において分析のための有益なツールとして活用されてきた。次節以降で説明するベイズ統計学との違いを示すために，本節では非ベイズ統計学の内部監査の活用における特徴を仮想の設例をもって示す。

【設例１：非ベイズ統計学「検定」】

　今，300ヵ店の営業店を保有するＡ銀行において，過去数年平均，その店舗の25％における75ヵ店で一定規模以上の事務ミス（以下，事務ミス）が発生していたとする。そこでＡ銀行では，本部に営業店の内部統制強化のための指導チームを設置し，全営業店の指導に当たらせた結果，その年は事務ミスが発生した営業店数が，全体の20％に当たる60ヵ店にまで，減少したとする。

　この時，この指導チームの設置施策は本当に効果があったのか単なる偶然かについて統計的手法を用いて検証したい。

　このような場合に用いるのが非ベイズ統計学である。

　それでは，上記の設例の検定プロセスを以下に示す。

　まず，検定する帰無仮説**〔FYI3-1〕**と対立仮説を次のとおり立てる。

　帰無仮説：事務ミス発生率は25％である。

　対立仮説：事務ミス発生率は25％未満である。

　題意より，取り扱う事象は事務ミス発生の有無の２通りであることから，事務ミス発生の分布は，「反復試行の定理」**〔FYI3-2〕**より試行回数300回，発生確率0.25の二項分布（300, 0.25）**〔FYI3-3〕**となる。また，上記の二項分布は

「二項分布の正規分布近似」〔**FYI3-4**〕より平均75，分散56.25の正規分布（75,56.25）〔**FYI3-5**〕に近似する。

For **Y**our **I**nfomation 3-1

帰無仮説

　帰無仮説とは，ある仮説（対立仮説）が正しいかどうかを判断するために立てられる仮説で，帰無仮説が否定されることにより対立仮説が証明されることになる。たとえば，ある数字が誤差の範囲かどうかの判断をするのに，誤差の範囲であるという帰無仮説を否定することにより，誤差の範囲でないという対立仮説を証明する。

For **Y**our **I**nfomation 3-2

反復試行の定理

　反復試行の定理とは，ある試行を行った時に事象Aの起こる確率をpとすると，この試行をn回繰り返した時の事象Aの起こる回数xは二項分布B（n, p）に従うという定理。

For **Y**our **I**nfomation 3-3

二項分布

　二項分布は，ベルヌーイ分布ともいわれ，離散型（とびとびの値を取る確率関数）は次の確率関数で表される。$P(x) = {}_nC_x p^x q^{n-x}$（$x = 0, 1, \cdots n$，$0 \leqq p \leqq 1$，$p + q = 1$）

（補足説明3-1参照）

For **Y**our **I**nfomation 3-4

二項分布の正規分布近似

　二項分布の正規分布近似は，ド・モアブル＝ラプラスの定理ともいい，二項分布B（n, p）に従う確率変数xは，nが大きいとき，近似的に平均がnp，分散がnp（1-p）の正規分布N（$np, np(1-p)$）に従うというもの。なお，この近似が適用できるのは次の条件が満たされるときである。すなわち，$p \leqq 0.5$であれば$np > 5$，$p \geqq 0.5$であれば$np(1-p) > 5$の条件である。また二項分布を正規分布の近似に置き換えるのは，計算を容易にするためである。

（補足説明3-2参照）

正規分布

正規分布とは，$f(x) = \dfrac{1}{\sqrt{2\pi}\sigma} e^{\frac{(x-\mu)^2}{2\sigma^2}}$（$x$ は連続型の変数）で表現される確率分布（e の指数部分は $-\dfrac{(x-\mu)^2}{2\sigma^2}$）。

この設例の場合，二項分布の試行回数（n）が300，発生確率（p）が0.25であることから，二項分布が正規分布で近似すると見なせる条件である $p \leqq 0.5$ であれば $np > 5$ を満たすので「二項分布の正規分布近似」より，正規分布の平均と分散は各々，平均＝np＝300×0.25＝75，分散＝np（1-p）＝300×0.25×（1-0.25）＝56.25 となる。

ここで有意水準5％の水準で，対立仮説が事務ミス発生率は25％未満ということにより片側検定[1]を行う。

まず，帰無仮説が正しいという前提で信頼度95％の信頼区間は，

P（平均－1.64×標準偏差＜信頼区間）＝0.95

である（1.64は，標準正規分布表上であらかじめ示されている値の中から片側

図表3-1　帰無仮説「事務ミス発生率は25％」の棄却域（有意水準5％）

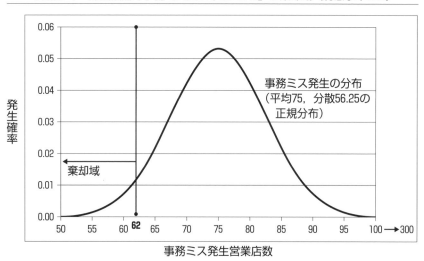

検定で有意水準５％の場合の値。標準正規分布表上では，平均と標準偏差によって変換された値が標準化された値として示されている）。

このとき，帰無仮説が否定される（信頼区間に入らない）領域である棄却域は，

$$棄却域 < 75 - 1.64 \times \sqrt{56.25} = 62.7 \rightarrow 62$$

となる（**図表3-1**参照のこと）。当該年度の事務ミス発生店数は60であり，62より小さく棄却域に入ることから帰無仮説は棄却され，対立仮説が採択される。よって，事務ミス発生率は25％未満になっていると認められ，指導チームの設置は効果があったと結論付けられる。

以上，非ベイズ統計学を活用して，内部統制強化のための指導チーム設置の有効性を検証することができた。設例が示すように，非ベイズ統計学は施策や統制活動の有効性を事後的に検証していくために役立つツールである。

なお，このケースを有意水準１％で検定を行うと，閾値に近いところではあるが，検定値は棄却域に入らず，このデータだけでは指導チームの設置は効果があったと統計上は認めるに至らない。

すなわち，$棄却域 < 75 - 2.33 \times \sqrt{56.25} = 57.25 \rightarrow 57$

当該年度の事務ミス発生店数は60であり，棄却域に入らないことから帰無仮説は棄却されず，対立仮説を認めるには至らないのである。

つまり，95％の確度で判断するなら，指導チームの設置は効果があったと結論付けられるが，99％の確度で判断するなら，指導チームの設置は効果があったと認めるには至らないということになる。99％の確度で指導チームの設置は効果があったか否かを判断するためには，可能な場合にはより多くの個体を検証するなどの方法が考えられる〔**FYI3-6**〕。

しかしながら，95％の確度があっても99％の確度がない限り効果を認めないとすることは逆に「効果あり」についての検出力を弱めることにもなり得ることから，実務上このような場合は，信頼度95％で評価することが妥当な場合が大半と推測される。特に，検出した可能性のある事項が組織体にとって与える影響が大きい場合には，統計上の有意性が認められなくとも，仮に信頼度90％など相当程度の確度が認められるなら，組織体として何らかの対応を行うことが必要な場合もあり得る。

2. ベイズ統計学とは

(1) ベイズの定理

　ベイズ統計学は，18世紀にトーマス・ベイズが「ベイズの定理」を発表したことを起源とする。非ベイズ統計学は，サンプルにみられる特徴をわかりやすく表す記述統計学と，サンプルを分析して母集団について推測する推計統計学から成り立っているが，ベイズ統計学は必ずしもサンプルを必要としない統計学で，常識や経験等に基づく裁量が入る「始めの主観確率」から，新情報を得るたびにその情報を加味して，確率を更新していくことに特徴がある。

　そこで，ベイズ統計学の基となるベイズの定理について説明する。
ベイズの定理の一番の簡略形は，

$$P(A|B) = \frac{P(A) \cdot P(B|A)}{P(B)} \quad (\cdot は乗算の意味)$$

である。

　P（A）は事象Aの発生確率を，P（B）は事象Bの発生確率を，P（A|B）は事象Bの発生のときの事象Aの発生確率を，P（B|A）は事象Aの発生のと

きの事象Bの発生確率を示している。よってこの定理は，事象Bの発生時に同時に事象Aが発生する確率は，事象Aの発生確率とその事象A発生時に同時に事象Bが発生する確率を掛けたものを，事象Bの発生確率で割ったものになることを示している。

この定理の意味は後述することとして，先に何故こういう式になるのか，ベイズの定理を簡単に証明する。

ベイズの定理の証明に先立ち，$P(A \cap B)$，すなわちAとBが同時に発生する確率を求める。$A \cap B$ は事象Aと事象Bが同時に発生しているときであるから，$P(A \cap B)$は，Aが起こる確率に，そのAが起こったときにBも起こる確率の掛け算であるといえる。また反対側からみるとBが起こる確率に，Bが起こったときにAが起こる確率の掛け算でもある。したがって，

$$P(A \cap B) = P(B \cap A) = P(A) \cdot P(B|A) = P(B) \cdot P(A|B) \cdots\cdots ①$$

と記述でき，この式を「乗法定理」という。

①の乗法定理から，

$$P(B) \cdot P(A|B) = P(A) \cdot P(B|A) \cdots\cdots ②を取り出す$$

次に②の両辺を$P(B)$ で割ると，

$$P(A|B) = \frac{P(A) \cdot P(B|A)}{P(B)} \cdots\cdots ③の式が得られる。$$以上がベイズの定理の証明である**(FYI3-7)**。

また，次節2．ベイズ更新以降の説明に関連して，このベイズの定理を記述するアルファベットAとBに統計上の意味を多少持たせるために，AをH（前提条件：Hypothesis）に，BをD（データ：Data）に置き換えると，

$$P(H|D) = \frac{P(H) \cdot P(D|H)}{P(D)}$$

と書き換えることができる。

このベイズの定理においてP(H)は，データを得る前の前提条件Hの成立確率であり，事前確率と呼ばれる。

またP(D|H)は前提条件Hのもとで結果としてのデータDが得られる確率であり，尤度と呼ばれる。そしてP(H|D)はデータD（結果）が得られたときに前提条件Hが成立していた確率であり，事後確率と呼ばれる。

すると，ベイズの定理は，事前確率（前提条件，あるいは原因：P(H)）に
尤度(P(D|H))を加味することにより，事後確率(P(H|D))として確率の精度を
高める（あるいは低める）ということを示している。また，原因（前提条件）
から結果を推定するのとは逆に，結果(P(D|H))から原因（事後確率：P(H|D)）
を推定するプロセスともいえる。

ベイズの定理の一般形

　ベイズの定理の最も簡略形は $P(A|B) = \dfrac{P(A) \cdot P(B|A)}{P(B)}$ ……①からベーズの定理
の一般形を導出してみる。

　まず，①の事象Aにはすべての場合をつくす，A_1，A_2，$\cdots A_n$ のn通りの事象が
あり，かつそれらは互に排反しているとする。すると，$\{A_1 \cap B,\ A_2 \cap B,\ \cdots A_n$
$\cap B\}$ が互に排反しており，かつ $\{A_1 \cap B + A_2 \cap B + \cdots + A_n \cap B\}$ は集合Bとなる
（下のベン図で考えると，A_1 から A_n の各領域がダブっておらず，A_1 から A_n まで
の各領域とBとの共通部分をモレなく合計すると領域Bと一致する）。

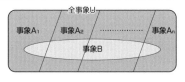

　このとき，分母のP(B)は，
$$P(B) = \sum_{j=1}^{n} P(Aj \cap B) = \sum_{j=1}^{n} P(Aj)P(B|Aj)$$ となる。

　これを（Ｉ）に代入すると，一般的なベイズの定理である

$$P(Ai|B) = \frac{P(Ai) \cdot P(B|Ai)}{\sum_{j=1}^{n} P(Aj)P(B|Aj)} \quad ……②$$

を得る。なお，nが∞でもよい。

　さらに，②をAの動きで数値が変わる関数と考えて，Aを θ，Bをzとおいて，
$P(Ai)$ を $w(\theta i)$，$P(Ai|B)$ を $w'(\theta i|z)$，確率 $P(B|Ai)$ をzの関数として $p(z|\theta i)$ と
書けば，ベイズの定理は，

$$w'(\theta i|z) = \frac{w(\theta i)p(z|\theta i)}{\sum_{j} w(\theta j)p(z|\theta j)} \quad （ただし，1 \leq j \leq n）……③$$

となる。

また，θ が連続的に動くなら，③は積分を用いて，

$$w'(\theta|z) = \frac{w(\theta)p(z|\theta)}{\int_{\Theta}w(\theta)P(z|\theta)d\theta} \quad \cdots\cdots④ となる。$$

（Θは θ 全体の集合を意味する。）

③は θ が離散型確率変数のときのベイズの定理，④は θ が連続型確率変数のときのベイズの定理である。離散型確率変数とは，変数の値を数値で表せるものであり（とびとびの値を取る確率変数），連続型確率変数とは，測定尺度を無限に細かくできる変数（値が途切れないで連続して変わる確率変数）である。ベイズの定理は，データをAIを活用して解析する際にも使用されるアルゴリズムの1つの基にもなっている（第7章2.①参照）。

3. ベイズ統計学の活用

(1) ベイズ統計学活用例1：ベイズの定理の活用と監査対象先の優先付け

非ベイズ統計学が，施策や統制活動の効果等の事後検証に有効なことを前節でみてきたが，ベイズ統計学は意思決定に役立つ統計学であり，予防的な施策立案や統制構築，リスクの顕在化防止のための事前監査に効果的・効率的であることを以下の仮想の設例をとおして具体的に示していきたい。

【設例2：ベイズの定理に基づく監査対象先の優先付け】

前章の営業店指導チームの活躍により，A銀行では全営業店300ヵ店中，事務ミスが発生する営業店が年間60ヵ店まで減少していたとする。内部監査部としては，事務ミスが発生する営業店のいっそうの削減に貢献するべく，事務ミスが発生する可能性のある営業店を優先的に監査できるように年間監査計画を策定したい。

またそのような監査計画策定のために活用できるデータは次のとおりであったとする。A銀行では，3ラインモデルの観点からリスク統括部が各営業

店を臨店検証し評価しており，このリスク統括部は，事務ミスが発生した多くの営業店に対して臨店検証で内部統制を不良と評価していたことと，反対に事務ミスが発生しなかった営業店のほとんどに対して内部統制を良好と評価していたことが，過去のデータでわかっているとする。すなわち，その年に事務ミスが発生した営業店のうち，その8分の6の営業店に対してリスク統括部は内部統制を不良と評価しており，残りの8分の2に対しては内部統制を良好と評価していたというデータがあるとする。またその年事務ミスが発生しなかった営業店のうち，その8分の7の営業店に対してリスク統括部は内部統制を良好と評価しており，残りの8分の1の営業店に対しては内部統制を不良と評価していたとする。A銀行の営業店での事務ミス発生とリスク統括部の営業店の内部統制評価の関係をまとめると，**図表3-2**（統計学では分割表と呼ばれる）のとおりである。

図表3-2　事務ミスの発生店とリスク統括部の評価の関係

	H （事務ミス発生）		H̄ （事務ミス未発生）		計
D（不良と評価）	45ヵ店	(6/8) ③	30ヵ店	(1/8) ⑤	75ヵ店
D̄（良好と評価）	15ヵ店	(2/8) ④	210ヵ店	(7/8) ⑥	225ヵ店
計	60ヵ店	(1/5) ①	240ヵ店	(4/5) ②	300ヵ店

H：全営業店のうち，事務ミスが発生した営業店の数

H̄：全営業店のうち，事務ミスが発生しなかった営業店の数
D：リスク統括部が内部統制を不良と評価した営業店の数

D̄：リスク統括部が内部統制を良好と評価した営業店の数

① 全営業店（300ヵ店）のうち，事務ミスが発生した営業店の比率⇒60/300= 1/5
② 全営業店（300ヵ店）のうち，事務ミスが発生しなかった営業店の比率⇒240/300= 4/5
③ 事務ミスが発生した営業店のうち，リスク統括部が内部統制を不良と評価した営業店の比率
④ 事務ミスが発生した営業店のうち，リスク統括部が内部統制を良好と評価した営業店の比率
⑤ 事務ミスが発生しなかった営業店のうち，リスク統括部が内部統制を不良と評価した営業店の比率
⑥ 事務ミスが発生しなかった営業店のうち，リスク統括部が内部統制が良好と評価した営業店の比率

このような場合に，内部監査部がリスク統括部の臨店検証の結果を有効に活用して，優先的に監査すべき営業店を抽出する時に活用できるのが，ベイズ統計学の入り口である「ベイズの定理」である。以降でベイズの定理を使って，リスク統括部が内部統制を不良と判断した営業店で事務ミスが発生する確率を推定することとする。

① 設例2に対するベイズの定理の活用

まず，ベイズの定理は次のとおりである。

Hを前提条件：Hypothesisに，Dをデータ：Dataと置くと，ベイズの定理の一番の簡略形は，

$$P(H|D) = \frac{P(H) \cdot P(D|H)}{P(D)}$$

である。

まず，A銀行では年間その5分の1に当たる60ケ店で事務ミスが発生していることより，リスク統括部の評価（データ）が加わる前の事前確率P(H)は，そのまま15（20%）となる。

$$P(H) = \frac{1}{5}(=20\%) \quad \cdots\cdots ①$$

次に，全営業店のうち，リスク統括部が内部統制を不良と評価した営業店の確率は，次の計算から4分の1となる。

$$P(D) = \frac{1}{5} \times \frac{6}{8} + \frac{4}{5} \times \frac{1}{8} = \frac{6}{40} + \frac{4}{40} = \frac{10}{40} = \frac{1}{4} \quad \cdots\cdots ②$$

また，事務ミスが発生した営業店のうち，リスク統括部が内部統制を不良と評価した営業店の比率は8分の6であることから，尤度（P(D|H)）は，

$$P(D|H) = \frac{6}{8} = \frac{3}{4} \quad \cdots\cdots ③$$

よって，①，②，③とベイズの定理より，

$$P(H|D) = \frac{(P(H) \cdot P(D|H))}{P(D)} = \frac{\frac{1}{5} \times \frac{3}{4}}{\frac{1}{4}} = \frac{3}{5} = 60.00\% \quad （事後確率）$$

となる。

このように事前の発生確率である事前確率に尤度を加味することにより確率が事後確率へと変化することをベイズ更新といい、この設例の場合、対象を全営業店から、リスク統括部の評価を加味し内部統制不良と評価された営業店に対象を絞ることにより、事務ミス発生確率20％（事前確率）が発生確率60％（事後確率）とベイズ更新され事務ミス発生店の的中率が高まる。

以上より、リスク統括部が内部統制を不良と評価した営業店から事務ミスが発生する可能性が高いことが推定できる。的中率が非常に高いとまではいえないものの、リスク統括部が内部統制を不良と評価した営業店については半分以上の確率で事務ミスが発生していることにより、監査計画策定時に参考にすべきデータであることがわかる。

また一方、同様の計算で、リスク統括部が内部統制を良好と評価した営業店の93％で事務ミスが発生しないことが推定できる。計算は次のとおりである。

まず、全営業店中事務ミスが発生していない営業店が5分の4であることより、事前確率 $P(\overline{H})$ は5分の4（80％）となる。$\overline{H}$ はHでないことを示す。

$$P(\overline{H}) = \frac{4}{5} \ (=80\%) \ \cdots\cdots ④$$

次に、全営業店中、リスク統括部が内部統制を良好と評価した営業店の確率は、次の計算から4分の3となる。なお、$\overline{D}$ はDでないことを示す。

$$P(\overline{D}) = \frac{1}{5} \times \frac{2}{8} + \frac{4}{5} \times \frac{7}{8} = \frac{2}{40} + \frac{28}{40} = \frac{3}{4} \ \cdots\cdots ⑤$$

また、事務ミスが発生しなかった営業店のうち、リスク統括部が内部統制良好と評価した営業店の比率は8分の7であることから、尤度（$P(\overline{D}|\overline{H})$）は、

$$P(\overline{D}|\overline{H}) = \frac{7}{8} \ \cdots\cdots ⑥$$

よって、④、⑤、⑥とベイズの定理より、

$$P(\overline{D}|\overline{H}) = \frac{P(\overline{H}) \cdot P(\overline{D}|\overline{H})}{P(\overline{D})} = \frac{\frac{4}{5} \times \frac{7}{8}}{\frac{3}{4}} = \frac{14}{15} = 93.33\%$$

上記のベイズ更新により、リスク統括部の評価（内部統制良好）を加味し対象を絞ることにより事務ミスが発生しない確率80％（事前確率）が発生しない確率93％（事後確率）へと高まる。

　これによりまず，リスク統括部が内部統制良好と評価した営業店のうち，約7％（＝100％−93％）の営業店からしか事務ミスが発生しないことが推定できる。このことより，内部監査部からみれば，リスク統括部が良好と評価した以外の営業店を重点的に監査していけばよいという判断になる。

　まとめると，これら2つの事後確率，P(H|D)＝60.00％，P($\overline{D}$|$\overline{H}$)＝93.33％から，内部監査部はリスク統括部が内部統制を良好と評価する営業店の監査は後に回し，リスク統括部が内部統制を不良と評価した営業店を優先的に監査していけばよいということである。また，この結論は，内部監査人が統計学を用いないで通常行う専門職的な意思決定と同様の結論であるかもしれないが，ベイズ統計学はそのような内部監査人の意思決定に統計学的根拠を与えるものともいえる。

　上記のケースでは，全ヵ店に対して同様の水準で監査を実施しようとすれば監査資源・監査人員の制約から監査が全体として中途半端に終わってしまう可能性があることから，各営業店のリスクや内部統制の状況に応じて優先的に監査を実施する営業店を選出したり，監査内容に強弱を付ける，いわゆるリスクベースの監査を行うニーズが内部監査部門にあった。このような場合に，ベイズの定理に基づく計算は，リスク統括部が内部統制不良と評価した営業店に対して優先的，重点的に内部監査を実施すれば，内部監査部門は事務ミス防止に効果的・効率的に寄与できることを示している。

　このようにベイズの定理は内部監査部門や経営陣等の意思決定に役立つ。ここに非ベイズ統計学の用法との差の1つが認められ，非ベイズ統計学が前節の設例1で示したように事後的に施策の有効性等の検証に役立つのに対し，ベイズ統計学は事前の予測や意思決定に役立つ統計学といえる。

For Your Infomation 3-8

ベイズ統計学の特徴－結果から原因を推定－

　経営陣が内部統制を強化すべき営業店を推定するのに，優れた判断を行うリスク統括部長や内部監査部門長の評価に従うという行為は，ベイズの定理の特徴である結果(P(D|H))から原因(P(H|D))を推定するプロセスという観点からは次のように考えられる。営業店の内部統制が不良（原因）だからリスク統括部長や内

部監査部長が内部統制不良と評価する（結果）のが業務の流れだが，経営陣としては限りある経営資源の有効活用のために内部統制が不良で事務ミスが発生する可能性が高い営業店をみつけて，その営業店に焦点を当てて内部統制を強化したい。その場合に，経営陣は，業務の流れとは逆方向に，優れた判断を行うリスク統括部長や内部監査部門長の評価（結果）から，実際に内部統制不良で事務ミスが発生する可能性が高い営業店（原因）を推定する行為を行う。このプロセスを，結果(P(D|H))から原因(P(H|D))を推定するプロセスと捉えることができる。

　また，ベイズ統計学は，本文にあるように事前の意思決定に役立つ統計学ではあるが，事後確率から信頼区間を求めることができ，設例1のような事後検証にも活用できる。なお，非ベイズ統計学でも，実務上たとえば将来値予測に回帰分析を活用することもあるが，両者の特徴としてベイズ統計学は「意思決定に役立つ統計学」といえる。

For Your Infomation 3-9

非ベイズ統計学を用いた関連性の検証

　非ベイズ統計学でも，分割表（本章では**図表3-2**）のデータに基づき，χ^2分布を用いての独立性の検定により，営業店に係るリスク統括部による内部統制の評価結果と事務ミス発生には関連性があるかどうかについては検証することはできる。設例2の場合，検定統計量を計算し有意水準1％で検定を行うと，内部統制の評価結果と事務ミス発生の間には関連性がない（各々独立である）という帰無仮説は棄却され，両者の間には関連性があると結論付けられる（設例2の場合，

$$検定統計量 = \chi^2 = \frac{300 \times (45 \times 210 - 15 \times 30)^2}{75 \times 225 \times 60 \times 240} = 100。$$ 一方，自由度1のχ^2分布1％点は

6.635であるから，帰無仮説は棄却される）。

(2) ベイズ統計学活用例2：ガンマ分布とポアソン分布の共役による来店客数の推定

① ガンマ分布とポアソン分布の共役

　来店される顧客に適切な対応を行うために，一定の時間内に来店される顧客数を見積る際にもベイズ統計学は有効である。

　この来店客の見積りにベイズ統計学を活用しようとすると，事後確率あるいは事後確率分布を得るために，事前確率あるいは事前確率分布として何を置き，

同じく尤度として何を置くかが課題となる。

　実は来店客数の推定や客待ち時間の推定を行う場合には，事前確率分布および事後確率分布としてガンマ分布〔FYI3-10〕を使用し，尤度にポアソン分布〔FYI3-11〕を使用することが，計算の容易さから相性のよい組合せとして知られている。このように尤度と相性のよい事前分布をベイズ統計学では共役事前分布〔FYI3-12〕という。ガンマ分布は，事象が起こるまでの時間分布に適用できる確率分布であり，ポアソン分布は，事象の発生がきわめて少ない場合の所与の時間間隔における離散的事象の発生回数（ある事象が単位時間当たりに発生する平均回数）の分布である。

For **Y**our **I**nfomation 3-10

ガンマ分布

　ガンマ分布：$f(x) = \dfrac{\mu^{\alpha}}{\Gamma(\alpha)} \cdot x^{\alpha-1} \cdot e^{-\mu x}$ $(0 \leq x)$ と定義される確率分布である。このとき，期待値（平均）は α / μ で，分散は α / μ^2。ある事象が α 回発生するまでの時間が x の確率密度関数を表す。

For **Y**our **I**nfomation 3-11

ポアソン分布

　ポアソン分布は，$x = 0$，1，2，…，nのとき，$p(x) = e^{-\lambda} \cdot \dfrac{\lambda^x}{x!}$ で，定義される確率分布である。期待値（平均），分散はともに λ。滅多に発生しない現象（多数回実施して，発生した回数がきわめて少ない現象）を取り扱うときに用いる確率関数である。

第3章　内部監査業務におけるベイズ統計学活用例

共役事前分布

　ある事象の発生確率分布（データ）が正規分布，二項分布，あるいはポアソン分布であるとする。ベイズ統計学ではこの発生確率分布を尤度という。

　ベイズ統計学は事前確率に尤度を加味することにより，事後確率の精度を高めるものなので，認知された事前分布と事後分布では分布の形状は変わるが，実際の事象の発生確率自体に変化はなく，事象の分布は同一分布族に属する（同じ関数形）と考えるのが適当である。

　共役事前分布とは，尤度をかけて事後分布を求めると，事後分布の関数形が事前分布の関数形と同じになるような事前分布のことである。したがって，共役事前分布がどの形状の分布になるかは，データを取ってくる母集団の確率分布，あるいは尤度の確率分布によって決定される。事前分布に共役事前分布を持ってくると尤度を掛けた事後分布も同じ関数形となるので，複雑な計算を避けることができ，ベイズ更新も容易となる。

　母集団の確率分布と対応した共役事前分布の組み合わせには次のようなものがある。

母集団の確率分布	共役事前分布
ポアソン分布	ガンマ分布
二項分布	ベータ分布
正規分布（平均）	正規分布

　ガンマ分布とポアソン分布を組み合わせることの内部統制や監査上の具体的な意味合いは，仮想の設例をとおして後ほど説明するが，はじめにベイズの定理を展開していくときに，事前確率分布にガンマ分布を，尤度にポアソン分布を使用した場合の数学的な帰結を最初に示す。

　まず，離散型のベイズの定理より，

$$w'(\theta_i|z) = \frac{w(\theta_i)p(z|\theta_i)}{\sum_j w(\theta_j)p(z|\theta_j)}$$

（ただし，$1 \leqq j \leqq n$）　……①

　ここで，上式①では，θ_iの変化で分子は数値が変わるが，分母は集合全体であることからθ_iがどの値を取ろうが常に共通なので，この１／分母を比例定数

cとすれば，上式①は次のとおり書き直せる。

$w^{\cdot}(\theta_i | z) = c \cdot w(\theta_i) \, p(z | \theta_i)$ ……②

さらに，cを用いず比例記号∝を用いれば，次のとおりとなる。

$w^{\cdot}(\theta_i | z) \propto w(\theta_i) \, p(z | \theta_i)$ ……③

また，ガンマ分布およびポアソン分布はそれぞれ次のとおり定義される。

ガンマ分布：$f(x) = \dfrac{\mu^{\alpha}}{\Gamma(\alpha)} \cdot x^{\alpha-1} \cdot e^{-\mu x}$ ……④

（このとき，期待値（平均）は α / μ で，分散は α / μ^2）

ポアソン分布：$p(x) = e^{-\lambda} \cdot \dfrac{\lambda^x}{x!}$ ……⑤

（このとき，期待値（平均），分散はともに λ である）

上記のベイズの定理③の式に，ガンマ分布④とポアソン分布⑤の数式を入れると次のとおりとなる。

$w^{\cdot}(\theta_i | z) \propto f(x) \cdot p(x)$

$\quad = (\dfrac{\mu^{\alpha}}{\Gamma(\alpha)} \cdot x^{\alpha-1} \cdot e^{-\mu x}) \cdot (e^{-\lambda} \cdot \dfrac{\lambda^x}{x!})$ ……⑥

ここで，計算の容易性の観点からのガンマ分布とポアソン分布の組み合わせのよさが発揮される。すなわち，事前確率（$w(\theta_i)$）であるガンマ分布に尤度（$p(z | \theta_i)$）であるポアソン分布を掛けた時に，事後確率（$w^{\cdot}(\theta_i | z)$）のガンマ分布の期待値と分散を把握するのに，⑥の式の右辺全部を計算する必要がない。ガンマ分布を決定する期待値と分散がそれぞれ α / μ と α / μ^2 である以上，上記⑥式の右辺のうち，x に依存しない定数部分を除いたうえで指数のある部分だけを計算すれば，ベイズ更新された事後確率のガンマ分布の期待値と分散が求められる。

上記⑥式の右辺のうち，指数のある部分は，

$(x^{\alpha-1} \cdot e^{-\mu x}) \cdot (e^{-\lambda} \cdot \lambda^x)$ ……⑦

ここで，事前確率の x は任意の数であるので，事前確率であるガンマ分布の $(x^{\alpha-1} \cdot e^{-\mu x})$ の x を λ とすれば，上記⑦式は，

$(x^{\alpha-1} \cdot e^{-\mu x}) \cdot (e^{-\lambda} \cdot \lambda^x)$

$= (\lambda^{\alpha-1} \cdot e^{-\mu\lambda}) \cdot (e^{-\lambda} \cdot \lambda^x)$

$$= (\lambda^{\alpha-1} \cdot \lambda^x) \cdot (e^{-\mu\lambda} \cdot e^{-\lambda})$$
$$= (\lambda^{\alpha-1+x}) \cdot (e^{-(\mu+1)\lambda}) \quad\cdots\cdots⑧$$

となる。

　ここで，④と⑧の定数のλとeの指数部分に注目すると，事前確率のガンマ分布に尤度であるポアソン分布を掛けることにより，事前確率λの指数αがα⇒α+xに，同様にeの指数μがμ+1にベイズ更新されていることがわかる。

　すなわち，

　λの指数：$\alpha-1 \Rightarrow (\alpha-1)+x$

つまりα⇒α+x

　eの指数：$\mu \Rightarrow \mu+1$ 　$\cdots\cdots⑨$

とベイズ更新されている。

　さらに，上記はポアソン分布を1回だけ加味したものだが，一般化し試算をn回実施した（基本単位ごとのデータがn個ある）とすると，上記⑨は，

　λの指数：α⇒α+x

　eの指数：$\mu \Rightarrow \mu+n$ $\cdots\cdots⑩$

と書き換えられる（なお，後述の設例3では，xは似た地域にある営業店での来店総客数について，5分間単位でn回（72回）調査した回数（試行回数）を意味する）。

　一方，ガンマ分布の期待値（平均値）はα／μで，分散はα／μ²であることから，上記から，尤度としてのポアソン分布を乗算することにより事前確率分布におけるαがα+xに，μがμ+nにベイズ更新された以上，事後確率のガンマ分布の期待値α／μも，分散α／μ²もそれぞれ，α+x／μ+nとα+x／(μ+n)²にベイズ更新されることとなる。

　期待値α／μ　→　α+x／μ+n

　分散α／μ²　→　α+x／(μ+n)² $\cdots\cdots⑪$

　以上を踏まえて，次の設例3により，上記展開により導出した⑪の活用方法を説明していく。

【設例3：ガンマ分布とポアソン分布の共役による来店客数の推定】

　A銀行がある郊外に営業店甲を新設することになったことに伴い，内部監査部では営業店甲の予定配置人員数の適切性を監査することとなり，ハイ・テラーの配置予定人員数の適切性を検証することとした。ハイ・テラーとは，口座開設や諸届といった対応に時間がかかる事項以外の，預金の出し入れといった通常の対応を行う業務である。来店客数に対してハイ・テラーの人員が不足すると顧客を長時間待たせることとなり，顧客満足度が下がり，場合によっては苦情の原因にもなり得る。そこで内部監査人は，いわゆる五十日（月末，5日，10日といった5日ごとに特別に混雑が予想される日）を除いた，通常の営業日の来店客数を推測し，その結果からハイ・テラーへの配置予定人数の適切性を評価することとした。

②　ベイズ統計学を活用しない従来の手法：フェルミ推定の活用

　このように来店客数を推測する場合，従来よく使われる手法の1つに，ロジカル・シンキングの手法の1つであるフェルミ推定[2]があり，営業店を新設するエリアの人口等の情報から論理的に来店客数を推測する。

　この営業店甲の営業地域の人口は約3万人だとする。郊外店舗のため都市部へ通勤する人が多く，この地域での主取引層は主婦やシルバー層であると推測される。1世帯が平均3人で構成されているとすると，この地域の世帯数は1万世帯。各家族に来店可能性の高いシルバー層が必ずしもいるとも限らず，共働きの可能性等も勘案すると，1世帯に同営業店へ訪問する可能性の高い人は，1世帯当たり1人と推測。その来店対象者は通常ATM等を利用するため，ハイ・テラーを訪問する可能性は，経験的に3ヵ月に1回。

　また，ハイ・テラーでの1人当たりの平均対応時間は5分である。すると，次のとおりフェルミ推定の手法に基づき次のように因数分解できる。

　ハイ・テラー訪問対象者数：

　　1人×1万世帯＝10,000人

　1ヵ月当たり訪問者数：

　　10,000÷3ヵ月＝3,333人→3,300人

1日当たり訪問者数：

　3,300÷22営業日＝150人

5分当たりの訪問者数：

　150人÷6時間÷12＝2.08人→2人

　（60分÷5分＝12）

以上のフェルミ推定から，5分間での平均来店客数は2人と推定する。

　また，ハイ・テラーでの1人当たりの平均対応時間は5分であることから，ハイ・テラーに2人の社員を配置しておけば，多少のばらつきはあるものの客待ち時間をほぼゼロにすることができると結論付けられる。

③　ベイズ統計学の活用：ガンマ分布とポアソン分布の共役

　フェルミ推定により5分間での平均来店客数は2人との推定ができたが，ベイズ統計学を活用するとその推定をより確度の高いものにできる。

　まず，フェルミ推定から得られた5分間での平均来店客数2人は，あくまで推定であるので多少の幅を持たせて，ばらつき（分散）はプラスマイナス0.5人と予想する。そこでベイズ統計学では，このフェルミ推定から推定した平均来店客数2人，ばらつき0.5人をそのまま期待値[3]2.0人，分散0.5人のガンマ分布の事前確率とする。

　ここで，先ほどの式④ガンマ分布 $f(x)=\dfrac{\mu^{\alpha}}{\Gamma(\alpha)}\cdot x^{\alpha-1}\cdot e^{-\mu x}$ にあてはめると，この期待値は $\alpha／\mu$ で，分散は $\alpha／\mu^2$ であることから，$\alpha／\mu=2.0$，$\alpha／\mu^2=0.5$の方程式を解くと，$\alpha=8$，$\mu=4$が得られる。

　ここで，この新設予定店甲の適正配置人数を決定するために，新設予定店甲に似た地域にある営業店乙でハイ・テラーへの来店客数を調査し，データを入手したとする。この調査データによるとその営業店では，午前9時から午後3時までの6時間，5分単位で72回の調査をしたところ，来店客総数160人，5分ごとの平均2.2人であった。

　そこでその営業店乙でのデータからの5分ごとの平均来客数2.2人から，期待値2.2のポアソン分布を尤度とする。すると先ほどの式⑩から，事前確率のガンマ分布の α と μ は，尤度であるポアソン分布との乗法により，事後確率では，

$\alpha + x = 8 + 160 = 168$ （∴160人の来店）

$\mu + n = 4 + 72 = 76$ （∴（5分単位で）72回の試行）

となる。

　すると，新しい期待値および分散は先ほどの式⑪から，

　期待値：$\alpha + x \diagup \mu + n = 168 \diagup 76 = 2.2$（人），

　分散：$\alpha + x \diagup (\mu + n)^2 = 168 \diagup 5{,}776 = 0.0291$

よって，標準偏差は$\sqrt{0.0291} = 0.17$（人）

となる。

　これにより，ガンマ分布の事前確率である期待値2.0人，標準偏差0.71人（分散0.5人）が事後確率の期待値2.2人，標準偏差0.17人にベイズ更新される。これにより，振れがより少なく期待値を見積もれることがわかる（**図表3-3**を参照）。この場合は，やはりハイ・テラーに人員2人を配置し，必要に応じて窓口に出る応援要員を1人確保しておくことが適切となる。

　以上，予定配置人員数の適切性検証のためのベイズ統計学の活用を紹介した。

図表3-3　来店客数のベイズ更新

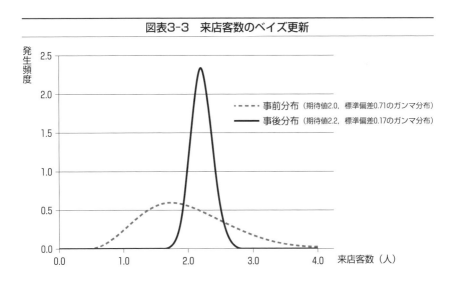

(3) ベイズ統計学活用例3：ナイーブベイズフィルター

① メールチェック

　上記でみてきたような施策立案，内部統制構築，あるいは内部監査計画策定のための意思決定への活用以外のベイズ統計学の活用例として，情報漏えいの防止の手段の1つとしてのメールチェックでの活用がある。

　組織体外に送信されるメールをチェックし，情報漏えい目的の可能性の高いメールを抽出することによって，情報漏えいメールの送出を防ぐ仕組みがある。この仕組みにおいて，情報漏えいの可能性のあるメールを効果的・効率的に抽出するのに活用されるのがベイズの定理を応用したナイーブベイズフィルターという論理である[4]。

　具体的な設例は以下のとおりである。なお，説明をわかりやすくするため，実務上より検出方法を単純化し，数字も仮のものである。

【設例4：ナイーブベイズフィルターによる情報漏えいメールの検出】

　情報漏えい目的の可能性が高いメールを抽出するために，「情報」，「顧客」，「生年月日」の3つの単語に着目する。過去のデータからこれらの単語は，情報漏えいメールと通常メールに次の割合で含まれることが判明している。

検出語	H_1（情報漏えいメール）	H_2（通常メール）
D1：情報	0.70	0.20
D2：顧客	0.65	0.30
D3：生年月日	0.85	0.03

　また，総発信メール中，情報漏えいメールと通常メールの割合は1：99とする。

---

② ナイーブベイズフィルターの活用

　ベイズ統計学を使ったナイーブベイズフィルターは，上記の条件の下で，メールに含まれるいくつかの単語に着眼して，送出されるメールの中から情報漏えいメールの候補を抽出するのである。設例4の場合は，「情報」，「顧客」，「生

年月日」の３つの単語が入っているメールは，通常のメールより情報漏えいメールである可能性が高いことをベイズの定理から確認できたら，この３つの単語が入っているメールを情報漏えいメールの候補として抽出することとなる。

例からD：D_1，D_2，D_3とすると，３つの単語の揃ったデータDが得られた場合のメールが情報漏えいメールである確率は，P $(H_1|D)$ ＝P $(H_1|D_1, D_2, D_3)$ と表現でき，３つの単語の揃ったデータDが得られた場合のメールが通常メールである確率は，P $(H_2|D)$ ＝P $(H_2|D_1, D_2, D_3)$ と表現できる。

また，ベイズの定理より，

$$P (H_1|D) = \frac{P(D|H_1) \cdot P(H_1)}{P(D)} \quad \cdots\cdots ①$$

$$P (H_2|D) = \frac{P(D|H_2) \cdot P(H_2)}{P(D)} \quad \cdots\cdots ②$$

となる。

ここで，P $(H_1|D)$ とP $(H_2|D)$ を比較して，P $(H_1|D)$ の数値のほうがP $(H_2|D)$ の数値よりも大きいということは，３つの単語の揃ったメール（設例4の場合は，「情報」，「顧客」，「生年月日」の３つの単語が入っているメール）は，通常メールより情報漏えい目的のメールである可能性が高いということになる。

整理すると，情報漏えい目的の可能性が高いメールである判定条件は，

可能性の判定	判定条件
情報漏えいメール	P $(H_1|D)$ ＞ P $(H_2|D)$
通常メール	P $(H_1|D)$ ＜ P $(H_2|D)$

であり，

また，上記①と②よりこの判定条件は，

可能性の判定	判定条件
情報漏えいメール	$P(D|H_1) \cdot P(H_1) > P(D|H_2) \cdot P(H_2)$
通常メール	$P(D|H_1) \cdot P(H_1) < P(D|H_2) \cdot P(H_2)$

と書き換えられる〔**FYI3-13**〕。

さらに，

$P (D | H_1) = P (D_1, D_2, D_3 | H_1)$

$= P (D_1 | H_1) \cdot P (D_2 | H_1) \cdot P (D_3 | H_1) \quad \cdots\cdots ③$

$$P\ (D\ |\ H_2)\ =\ P\ (D_1,\ D_2,\ D_3\ |\ H_2)$$

$$=\ P\ (D_1\ |\ H_2)\ \cdot\ P\ (D_2\ |\ H_2)\ \cdot\ P\ (D_3\ |\ H_2)\ \ \cdots\cdots④$$

であるから，③と④により判定条件は，

可能性の判定	判定条件
情報漏えい メール	$P\ (D_1\ |\ H_1)\ \cdot\ P\ (D_2\ |\ H_1)\ \cdot\ P\ (D_3\ |\ H_1)\ \cdot\ P\ (H_1)\ >$ $P\ (D_1\ |\ H_2)\ \cdot\ P\ (D_2\ |\ H_2)\ \cdot\ P\ (D_3\ |\ H_2)\ \cdot\ P\ (H_2)\ \cdots\cdots⑤$
通常メール	$P\ (D_1\ |\ H_1)\ \cdot\ P\ (D_2\ |\ H_1)\ \cdot\ P\ (D_3\ |\ H_1)\ \cdot\ P\ (H_1)\ <$ $P\ (D_1\ |\ H_2)\ \cdot\ P\ (D_2\ |\ H_2)\ \cdot\ P\ (D_3\ |\ H_2)\ \cdot\ P\ (H_2)\ \cdots\cdots⑥$

この最終の判定条件に基づき，本件のデータを当てはめると，

判定条件⑤の左辺

$$=\ P\ (D_1\ |\ H_1)\ \cdot\ P\ (D_2\ |\ H_1)\ \cdot\ P\ (D_3\ |\ H_1)\ \cdot\ P\ (H_1)$$

$$=0.70\times0.65\times0.85\times0.01=0.0038675\cdots\cdots⑦$$

判定条件⑤の右辺

$$=\ P\ (D_1\ |\ H_2)\ \cdot\ P\ (D_2\ |\ H_2)\ \cdot\ P\ (D_3\ |\ H_2)\ \cdot\ P\ (H_2)$$

$$=0.20\times0.30\times0.03\times0.99=0.0017820\cdots\cdots⑧$$

よって，

$$0.0038675\ （⑦）\ >\ \ 0.0017820\ （⑧）$$

であるから，判定条件より「情報」,「顧客」,「生年月日」の 3 つの単語がすべて含まれているメールは情報漏えいメールの可能性が高いと判定する。

　このようにして，情報漏えいの可能性のあるメールを抽出し，実際に情報漏えいメールであるかどうか，担当者が点検することとなる。

　このように，組織体から発信されるメールの全件を目視して確認することが効率性の観点から困難な場合，ベイズの定理を応用したナイーブベイズフィルターという論理を活用することにより情報漏えいの可能性をあるメールを効率的に抽出することができるのである〔FYI3-14〕。

For **Y**our **I**nfomation 3-13

判定条件の補足説明（情報漏えいメールと通常メール）

情報漏えいメール：

P（H₁｜D）＞P（H₂｜D）は①と②から，$\dfrac{P(D|H_1)\cdot P(H_1)}{P(D)}＞\dfrac{P(D|H_2)\cdot P(H_2)}{P(D)}$ となり，両辺に分母と同じP（D）を掛けると，P（D｜H₁）・P（H₁）＞P（D｜H₂）・P（H₂）が導出される。

通常メール：

上記の情報漏えいメールと同様の方法で導出。

まとめ

以上，内部監査業務においてベイズ統計学が活用できる例について設例をとおして紹介してきた。

ベイズ統計学は，当初十分なサンプル検証ができていない場合でも，後から得たデータを加味して，確率をより正確なものに更新していくことに特徴があるので，より生活や組織体の活動の実務に適用した統計学である。

筆者は，統計学が効果的・効率的な内部統制の整備・運用や内部監査の実施のためにいっそう活用されるべきと考えている。中でも予防的内部統制，予防的内部監査の観点から，意思決定に役立つベイズ統計学はますます活用されていくべきであると考えている。

本章では，ベイズ統計学が工夫により，いっそうさまざまな局面で活用されることを願い，その理論的根拠である数式展開をできるだけ示した。また，コンピュータの原理を知らなくてもコンピュータを活用して有益な研究がなされているように，統計に関する数式部分を飛ばして，本章のベイズ統計学活用の設例を応用しそのまま内部統制構築や内部監査の現場で

さまざまに活用することも可能である。いずれにしろ，ベイズ統計学の活用は，効果的・効率的な内部監査実施のための新しい手法に成ってきている。

　また，内部監査のアカウンタビリティの観点から考えると，ベイズ統計学は内部監査の結果に基づき下した判断や結論に対していっそうの客観性を付与できる統計学的根拠を与えることとなり，また説明も数字で示せるためより明瞭と成り得る。

　第7章で論説するようにビッグデータのAIによる活用が開始されているが，AIが機械学習を行い，データ解析を行うアルゴリズムの1つとしてもベイズ統計学の手法はますます使用されていくと考えている。

///

注

(1) 仮説検定には，片側検定，両側検定がある。図表のように廃棄する領域（廃棄域）を片側だけに設けた検定が片側検定であり，両側に設けた検定が両側検定である。

　片側検定を使用するのは，分析者が分布の右か左か，どちらかの方向に関心がある場合や，2つの対象においてどちらの対象がもう一方の対象に比べて，大あるいは小といえるか等，どちらかの方向での差が認められているかを問われている場合である。

　一方，両側検定を用いるのは，分析者が分布の両側の隔たりに関心がある場合，2つの対象において，どちらかの方向性までは求めずただ両者に違いがあるかが問われている場合である。

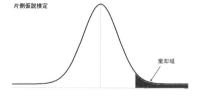

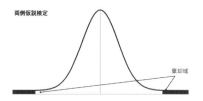

(2) フェルミ推定の詳細は第2章FIY2-2を参照のこと。

(3) 期待値の代わりに平均（値）としてもよいが，ここでの数値は実績値ではなく，確率に基づく推定による数値なので期待値としている。

(4) 単語間の関係をすべて独立と仮定して判定する単純な方法なので，「ナイーブ」（naive）という。

補足説明：本章に関連する確率分布に係る証明等

【補足説明3-1】 二項分布の期待値（平均）と分散

(1) 二項分布の確率関数：

$P(x) = {}_nC_x p^x q^{n-x}$ （$X=0,1,\cdots,n$, $0 \leq p \leq 1$, $p+q=1$）

(2) 期待値（平均）：

$\mathrm{E}(X) = np$

期待値（平均）$\mathrm{E}(X)$ は，その定義より次のとおり求められる。

$\mathrm{E}(X) = \sum_{x=0}^{n} x \cdot {}_nC_x p^x q^{n-x}$　（注意1）

$\qquad = \sum_{x=1}^{n} x \dfrac{n!}{x!(n-x)!} p^x (1-p)^{n-x}$　（$\because$ x$=0$のとき，$x \cdot {}_nC_x p^x q^{n-x} = 0$）

$\qquad = \sum_{x=1}^{n} \dfrac{n!}{(x-1)!(n-x)!} p^x (1-p)^{n-x}$

$\qquad = np \sum_{x=1}^{n} \dfrac{(n-1)!}{(x-1)!(n-x)!} p^{x-1} (1-p)^{n-x}$　……①　（$\because n! = n \cdot (n-1)!$）

ここで，$\dfrac{(n-1)!}{(x-1)!(n-x)!} p^{x-1}(1-p)^{n-x}$ は，${}_{n-1}C_{x-1} p^{x-1} q^{(n-1)-(x-1)}$ であり，

$p+q=1$であることから，これの全体集合である $\sum_{x=1}^{n} {}_{n-1}C_{x-1} p^{x-1} q^{(n-1)-(x-1)} = 1$　……②
（注意2）

よって，②を①に代入すると，

$\mathrm{E}(X) = np \sum_{x=1}^{n} \dfrac{(n-1)!}{(x-1)!(n-x)!} p^{x-1} (1-p)^{n-x} = np \sum_{x=1}^{n} {}_{n-1}C_{x-1} p^{x-1} q^{(n-1)-(x-1)}$

$\qquad = np \cdot 1$

$\qquad = np$　……③

> （注意1）$\mathrm{E}(X)$ は関数を表す f（x）とは違い，期待値（平均）を表す記号である。
> 　　　　　紛らわしいが，慣習上，期待値を$\mathrm{E}(X)$と表記する。
> （注意2）二項定理（$p+q=1$）より
> 　　　　　$(p+q)^n = \sum_{x=0}^{n} {}_nC_x p^x q^{n-x}$ から，
> 　　　　　$(p+q)^{n-1} = 1^{n-1} = 1 = \sum_{x=1}^{n} {}_{n-1}C_{x-1} p^{x-1} q^{(n-1)-(x-1)}$
> 　　　　　を導出することもできる。

(3) 分散：

$\mathrm{V}(X) = np(1-p)$

分散$\mathrm{V}(X)$はその定義より次のとおり求められる。なお，μは平均。

$\mathrm{V}(X) = \mathrm{E}[(X-\mu)^2]$　　（注意3）

$\qquad = \mathrm{E}[X^2 - 2\mu X + \mu^2]$

$\qquad = \mathrm{E}[X^2] - 2\mu \mathrm{E}[X] + \mu^2 \mathrm{E}[1]$　……④

ここで，E[X] = μ，E[1] = 1であるから，これを④に代入すると，

$$
\begin{aligned}
V(X) &= E[X^2] - 2\mu E[X] + \mu^2 E[1] \\
&= E[X^2] - 2\mu^2 + \mu^2 \\
&= E[X^2] - \mu^2 \\
&= E[X^2] - E[X]^2 \quad \cdots\cdots ⑤
\end{aligned}
$$

この⑤式から二項分布の分散を求めていく。

$$
\begin{aligned}
V(X) &= E[X^2] - E[X^2] \\
&= E[X^2 - X + X] - E[X^2] \\
&= E[X(X-1) + X] - E[X^2] \\
&= E[X(X-1)] + E[X] - E[X^2] \quad \cdots\cdots ⑥
\end{aligned}
$$

ここで，

$E[X(X-1)]$

$= \sum_{x=0}^{n} x(x-1) \cdot nCxP^x(1-p)^{n-x}$

$= \sum_{x=2}^{n} x(x-1) \dfrac{n!}{x!(n-x)!} p^x(1-p)^{n-x}$ （∵ x = 0 または 1 のとき，$x(x-1) \cdot nCxP^xq^{n-x} = 0$）

$= \sum_{x=2}^{n} \dfrac{n!}{(x-2)!(n-x)!} p^x(1-p)^{n-x}$

$= n(n-1)p^2 \sum_{x=2}^{n} \dfrac{(n-2)!}{(x-2)!(n-x)!} p^{x-2}(1-p)^{n-x} \cdots\cdots ⑦$ （∵ $n! = n \cdot (n-1) \cdot (n-2)!$）

⑦の $\sum_{x=2}^{n} \dfrac{(n-2)!}{(x-2)!(n-x)!} p^{x-2}(1-p)^{n-x}$ は $_{n-2}C_{x-2} \cdot p^{x-2}(1-p)^{n-x}$ の全体集合であるから，

$\sum_{x=2}^{n} \dfrac{(n-2)!}{(x-2)!(n-x)!} p^{x-2}(1-p)^{n-x} = 1$

これを⑦に代入すると

$E[X(X-1)]$

$= n(n-1)p^2 \sum_{x=2}^{n} \dfrac{(n-2)!}{(x-2)!(n-x)!} p^{x-2}(1-p)^{n-x}$

$= n(n-1)p^2 \quad \cdots\cdots ⑧$

となる。

この⑧を⑥に代入すると，分散は

$$
\begin{aligned}
V(X) &= E[X(X-1)] + E[X] - E[X]^2 \\
&= n(n-1)p^2 + np - (np)^2 \quad (\because E[X] = np) \\
&= -np^2 + np \\
&= np(1-p)
\end{aligned}
$$

[
（注意3）V(X)は関数を表す$f(x)$とは違い，分散を表す記号である。
　　　　紛らわしいが，慣習上，期待値E(X)同様，分散をV(X)と表記する。
]

【補足説明3-2】 二項分布の正規分布近似の証明

正規分布近似の証明：

> n, x が十分に大きい自然数である時，
>
> 二項分布の確率関数 $P(x) = {}_nC_x p^x q^{n-x} \fallingdotseq c \cdot e^{\frac{(x-\mu)^2}{2\sigma^2}}$ ＝正規分布の確率関数 $f(x)$

$P(x) = {}_nC_x p^x q^{n-x}$ （ $x = 0, 1, \cdots n$, $0 \le p \le 1$, $p + q = 1$ ）
の自然対数を取ったものを，次のように新たに $g(x)$ とおくと，

$g(x) = log P(x)$

$\qquad = log {}_nC_x p^x q^{n-x}$

$\qquad = log \left\{ \dfrac{n!}{x!(n-x)!} p^x (1-p)^{n-x} \right\}$

$\qquad = log n! - log x! - log (n-x)! + x log p + (n-x) log (1-p)$ ……①

ここで，$h(x) = log x!$ とすると，x は 1, 2, 3 と 1 つずつ変化する飛び飛びの離散値をとるが，前提より x が十分大きな自然数であるため，x が 1 だけ増加してもほんのわずかしか変化しない。

よって，x からみると $\triangle x$ は限りなく小さくなるので，離散値をとる $h(x) = log x!$ の [x, $x + \triangle x$] （$\triangle x = 1$）における平均変化率を，その x （十分大きな自然数）における微分係数とみることができ，これを $h'(x)$ で表すと，

$h'(x) \fallingdotseq \dfrac{h(x) - h(x - \triangle x)}{\triangle x}$

$\qquad = \dfrac{h(x) - h(x-1)}{1}$ （$\because \triangle x = 1$）

$\qquad = log x! - log(x-1)! = log \dfrac{x!}{(x-1)!} = log x$ （$\because h(x) = log x!$）

よって，x が十分に大きな自然数であるとき，

$(log x!)' \fallingdotseq log x$ ……②

この②より，①の式に含まれる $log(n-x)!$ を微分すると，

$\{log(n-x)!\}' \fallingdotseq log(n-x) \cdot (n-x)'$ （$\because Z = n - x$ とおくと，$\dfrac{dy}{dx} = \dfrac{dy}{dz} \cdot \dfrac{dz}{dx} = log Z \cdot Z'$）

$\qquad\qquad = log(n-x) \cdot -1$

$\qquad\qquad = -log(n-x)$ ……③

ここで①の $g(x)$ の x における微分係数は，

$g'(x) = \dfrac{d}{dx} \{log n! - log x! - log(n-x)! + x log p + (n-x) log(1-p)\}$

$\qquad = -(log x!)' - \{log(n-x)!\}' + log p - log(1-p)$ ……④

この④式に②$(log x!)' \fallingdotseq log x$ および③$\{log(n-x)!\}' = -log(n-x)$ を代入すると

$g'(x) = -(log x!)' - \{log(n-x)!\}' + log p - log(1-p)$

$\qquad = -log x + log(n-x) + log p - log(1-p)$ ……⑤

$\qquad = log \dfrac{(n-x)p}{x(1-p)}$

$$= log\frac{p(n-x)}{(1-p)x} \quad \cdots\cdots ⑥$$

　ここで x を連続型変数とみると，
$g(x)$ が極値を取る $g'(x)=0$ のとき，⑥より，

$$g'(x) = log\frac{p(n-x)}{(1-p)x} = 0$$

よって，

$$\frac{p(n-x)}{(1-p)x} = 1$$

$$np - px = x - px$$

$$x = np(=\mu)$$

　また，$0 < p < 1$ で，$0 < x$ であるから，⑥の $g'(x) = log\frac{p(n-x)}{(1-p)x}$ は，

x が 0 超 np 未満の範囲において正の数であり，

$x=np(=\mu)$ のとき，$g'(\mu)=0$ $\cdots\cdots ⑦$ となるので，

$P(x)$ は $x=np$ で極大値をとる。

　さらに，上式⑤ $g'(x) = -logx + log(n-x) + logp - log(1-p)$ を x で微分すると，

$$g''(x) = -\frac{1}{x} - \frac{1}{n-x} = -\frac{n}{x(n-x)} \quad \cdots\cdots ⑧$$

　$(\because |log f(x)|' = \frac{f'(x)}{f(x)}$ で $\frac{d}{dx}log(n-x) = -\frac{1}{n-x}$ ，

また，$logp - log(1-p)$ は定数)

ここで，この x に $\mu(=np)$ を代入すると，

$$g''(x) = -\frac{n}{\mu(n-\mu)} = -\frac{n}{np(n-np)} = -\frac{1}{np(1-p)} = -\frac{1}{npq} = -\frac{1}{\sigma^2} \quad \cdots\cdots ⑨$$

　$(\because$ 二項分布の分散 $\sigma^2 = npq)$

ここで，上式⑦ $x=np(=\mu)$ のとき $g'(\mu)=0$，定式⑨ $g''(\mu) = -\frac{1}{\sigma^2}$ より，

$g(x)$ を $x=\mu$ のまわりにテイラー展開すると，

$$g(x) = g(\mu) + \frac{g'(\mu)}{1!} \cdot (x-\mu) + \frac{g''(\mu)}{2!} \cdot (x-\mu)^2 + \frac{g^{(3)}(\mu)}{3!} \cdot (x-\mu)^3 + \cdots\cdots$$

ここで，

$g'(\mu)=0$，$g''(\mu) = -\frac{1}{\sigma^2}$，$\frac{g^{(3)}(\mu)}{3!}(x-\mu)^3$ は，$x \fallingdotseq \mu$ であることより，

$k = 3, 4, \cdots$ のとき，$\frac{(x-\mu)^k}{k!} \fallingdotseq 0$ と近似

　よって，

$$g(x) \fallingdotseq g(\mu) + \frac{-\frac{1}{\sigma^2}}{2!} \cdot (x-\mu)^2 = g(\mu) - \frac{1}{2\sigma^2} \cdot (x-\mu)^2 \quad \cdots\cdots ⑩$$

また，$g(x) = logP(x)$ であり，上式⑩より，

$$g(x)=logP(x) \fallingdotseq logp(\mu)+\left(-\frac{1}{2\sigma^2} \cdot (x-\mu)^2\right)loge$$

$$=logp(\mu)+loge^{-\frac{(x-\mu)^2}{2\sigma^2}}$$

ここで，$p(\mu)$ は定数であるので，$p(\mu)=c$ とおくと

$$logP(x) \fallingdotseq logp(\mu)+loge^{-\frac{(x-\mu)^2}{2\sigma^2}}$$

$$= logc+loge^{-\frac{(x-\mu)^2}{2\sigma^2}} = logc \cdot e^{-\frac{(x-\mu)^2}{2\sigma^2}} \quad\cdots\cdots⑪$$

この上式⑪より

$$P(x) \fallingdotseq c \cdot e^{-\frac{(x-\mu)^2}{2\sigma^2}} \quad\cdots\cdots⑫$$

一方，正規分布の確率密度関数は $f(x)=c \cdot e^{-\frac{(x-\mu)^2}{2\sigma^2}}$ であるから，上式⑫より，n, x が十分に大きな自然数であるとき，二項分布の確率関数 $P(x)$ は，正規分布の確率関数 $f(x)=c \cdot e^{-\frac{(x-\mu)^2}{2\sigma^2}}$ に近づく（馬場ほか（2012）より一部引用）。

【補足説明3-3】二項分布からポアソン分布を導出

ポアソン分布が，二項分布で，事象発生が少ない特殊な場合であることの証明：

> 期待値（平均値）$\lambda = np$（一定），$n\to\infty$，$p\to 0$ の場合，
> $$p(n,p)={}_nC_xp^xq^{n-x}=e^{-\lambda} \cdot \frac{\lambda^x}{x!}（ポアソン分布の確率関数）$$

ポアソン分布は，二項分布の特殊な場合で事象の発生が少ない次の条件の下で二項分布の数式から導き出される。

ある試行を1回行って，p はある事象発生の確率，q はある事象が発生しない確率（$p+q=1$）で，その試行を n 回行って，そのうち x 回だけその事象が発生する確率は ${}_nC_xp^xq^{n-x}$ であるので，二項分布の確率関数は

$$p(n,p)={}_nC_xp^xq^{n-x}=\frac{n!}{x!(n-x)!}p^x(1-p)^{n-x} \cdots\cdots①$$

である。

一方，二項分布の中で多くの回数を試行してもほとんど事象が発生しない場合の確率分布を前提とし，その確率分布をポアソン分布であることを証明しているので，期待値（平均）$\lambda = np$（一定），$n\to\infty$，$p\to 0$ とおける。

よって，$p=\frac{\lambda}{n}$ を①に代入して展開すると

$$p(n,p)=\frac{n(n-1)(n-2)\cdots(n-x+1)}{x!} \cdot \left(\frac{\lambda}{n}\right)^x\left(1-\frac{\lambda}{n}\right)^{n-x}$$

$$=\frac{n \cdot n(1-\frac{1}{n}) \cdot n(1-\frac{2}{n})\cdots n(1-\frac{x-1}{n})}{x!} \cdot \left(\frac{\lambda}{n}\right)^x\left(1-\frac{\lambda}{n}\right)^n\left(1-\frac{\lambda}{n}\right)^{-x}$$

$$=\frac{n^x \cdot (1-\frac{1}{n}) \cdot (1-\frac{2}{n})\cdots(1-\frac{x-1}{n})}{x!} \cdot \left(\frac{\lambda}{n}\right)^x\left(1-\frac{\lambda}{n}\right)^n\left(1-\frac{\lambda}{n}\right)^{-x}$$

$$= \left(1-\frac{1}{n}\right) \cdot \left(1-\frac{2}{n}\right) \cdots \left(1-\frac{x-1}{n}\right) \cdot \frac{\lambda^x}{x!} \cdot \left(1-\frac{\lambda}{n}\right)^n \left(1-\frac{\lambda}{n}\right)^{-x}$$

$$= \left(1-\frac{1}{n}\right) \cdot \left(1-\frac{2}{n}\right) \cdots \left(1-\frac{x-1}{n}\right) \cdot \frac{\lambda^x}{x!} \cdot \left(1+\frac{1}{-\frac{n}{\lambda}}\right)^{-\frac{n}{\lambda} \cdot -\lambda} \left(1-\frac{\lambda}{n}\right)^{-x}$$

ここでn→∞であるので, $\dfrac{1}{n}, \dfrac{2}{n}, \cdots \dfrac{x-1}{n}$ および $\dfrac{\lambda}{n}$ は,

それぞれ極限値が0となるため,

$$p(n, p) = \frac{\lambda^x}{x!} \cdot \left(1+\frac{1}{-\frac{n}{\lambda}}\right)^{-\frac{n}{\lambda} \cdot -\lambda} (1)^{-x} となる。$$

ここで, $(1)^{-x} = 1$ であり, さらに, $-\dfrac{n}{\lambda}$ を θ と置くと,

$$p(n, p) = \frac{\lambda^x}{x!} \left(1+\frac{1}{\theta}\right)^{\theta \cdot -\lambda} \cdots ②$$

となる。

ここで, n→∞であることから, $\theta = -\dfrac{n}{\lambda} \rightarrow -\infty$

また, ネピアス数eはその定義より,

$$\lim_{\theta \to \pm\infty} \left(1+\frac{1}{\theta}\right)^{\theta} = e$$

これを②に代入すると

$$p(n, p) = \frac{\lambda^x}{x!} \left(1+\frac{1}{\theta}\right)^{\theta \cdot -\lambda} \cdot = \frac{\lambda^x}{x!} \cdot e^{-\lambda} = e^{-\lambda} \cdot \frac{\lambda^x}{x!}$$

となる。

よって, ポアソン分布は二項分布のうちで, 試行回数が多いにもかかわらず事象の発生が少ない特殊な場合の確率分布であることがわかる。

【補足説明3-4】ガンマ分布の期待値と分散

(1) ガンマ分布の確率密度関数:

$$f(x) = \frac{\mu^\alpha}{\Gamma(\alpha)} \cdot x^{a-1} \cdot e^{-\mu x}$$

ここで, $\Gamma(\alpha)$はガンマ関数で,
$$\Gamma(x) = \int_0^\infty t^{x-1} e^{-t} dt \cdots ①$$
$$\Gamma(x+1) = x \Gamma(x) \cdots ②$$
である。

なお, ②$\Gamma(x+1) = x\Gamma(x)$は, ①$\Gamma(x) = \int_0^\infty t^{x-1} e^{-t} dt$より, 次のとおり導出される。
①より,
$$\Gamma(x+1) = \int_0^\infty t^x e^{-t} dt$$
$$= \int_0^\infty t^x (-e^{-t})' dt \ \left(\because e^{-t} = \frac{d}{dt} -e^{-t}\right)$$

$$= \lim_{a \to \infty} [-t^x e^{-t}]_0^a - \int_0^\infty x t^{x-1} \cdot (-e^{-t}) \, dt$$

$$(\because 部分積分の公式 : \int_a^b f(x) g'(x) \, dx = [f(x) g(x)]_a^b - \int_a^b f'(x) g(x) \, dx \ より)$$

$$= -(-x \int_0^\infty t^{x-1} \cdot (e^{-t}) \, dt) \quad (\because \lim_{a \to \infty} [-t^x e^{-t}]_0^a = 0)$$

$$= x \int_0^\infty t^{x-1} \cdot (e^{-t}) \, dt$$
$$= x \, \Gamma(x) \qquad (\because \Gamma(x) = \int_0^\infty t^{x-1} e^{-t} dt)$$

(2) 期待値:

$$E(X) = \frac{a}{\mu}$$

期待値 $E(X)$ は、その定義より次のとおり求められる。

$$E(X) = \int_0^\infty x \cdot f(x) \, dx = \int_0^\infty x \cdot \frac{\mu^\alpha}{\Gamma(\alpha)} \cdot x^{\alpha-1} \cdot e^{-\mu x} \, dx$$

$$= \int_0^\infty \frac{\mu^\alpha x^\alpha}{\Gamma(\alpha)} e^{-\mu x} \, dx$$

$$= \int_0^\infty \frac{t^\alpha}{\Gamma(\alpha)} e^{-t} \cdot \frac{1}{\mu} \, dt \quad (\because t = \mu x)$$

$$= \frac{1}{\Gamma(\alpha)} \frac{1}{\mu} \int_0^\infty t^\alpha e^{-t} dt$$

$$= \frac{1}{\Gamma(\alpha)} \frac{1}{\mu} \cdot \Gamma(\alpha+1) \quad (\because ① より、\Gamma(\alpha+1) = \int_0^\infty t^{(\alpha+1)-1} e^{-t} dt)$$

$$= \frac{1}{\Gamma(\alpha)} \frac{1}{\mu} \cdot \alpha \Gamma(\alpha) \quad (\because ② より、\Gamma(\alpha+1) = \alpha \Gamma(\alpha))$$

$$= \frac{\alpha}{\mu} \cdots\cdots ③$$

(3) 分散:

$$分散 \quad V(X) = \frac{a}{\mu^2}$$

分散 $V(X)$ は、その定義より次のとおり求められる。

$$V(X) = E[X^2] - E[X]^2 \cdots\cdots ④$$

$$E[X^2] = \int_0^\infty x^2 \cdot \frac{\mu^\alpha}{\Gamma(\alpha)} \cdot x^{\alpha-1} \cdot e^{-\mu x} \, dx$$

$$= \int_0^\infty \frac{\mu^{\alpha+1} x^{\alpha+1}}{\Gamma(\alpha) \mu} \cdot e^{-\mu x} \, dx$$

$$= \frac{1}{\Gamma(\alpha) \mu} \int_0^\infty t^{\alpha+1} e^{-t} \cdot \frac{1}{\mu} \, dt \quad (\because t = \mu x)$$

$$= \frac{1}{\Gamma(\alpha) \mu^2} \int_0^\infty t^{\alpha+1} e^{-t} dt$$

$$= \frac{1}{\Gamma(\alpha) \mu^2} \Gamma(\alpha+2) \qquad (\because ① より、\Gamma(\alpha+2) = \int_0^\infty t^{(\alpha+2)-1} e^{-t} dx)$$

$$= \frac{1}{\Gamma(\alpha) \mu^2} (\alpha+1) \alpha \Gamma(\alpha) \quad (\because ② より、\Gamma(\alpha+2) = (\alpha+1) \Gamma(\alpha+1) = (\alpha+1) \alpha \Gamma(\alpha))$$

$$= \frac{(\alpha+1)\alpha}{\mu^2} \quad \cdots\cdots ⑤$$

ここで，④の式に③と⑤を代入すると，

$$V(X) = E[X^2] - E[X^2]$$

$$= \frac{(\alpha+1)\alpha}{\mu^2} - \frac{\alpha^2}{\mu^2}$$

$$= \frac{\alpha}{\mu^2}$$

【補足説明3-5】ポアソン分布の期待値と分散

(1) ポアソン分布の確率関数：

$$p(x) = e^{-\lambda} \cdot \frac{\lambda^x}{x!}$$

(2) 期待値：

$$E[X] = \lambda$$

期待値 $E[X]$ は，その定義より次のとおり求められる。

$$E[X] = \sum_{x=0}^{\infty} x \cdot p(x)$$

$$= \sum_{x=0}^{\infty} x \cdot \frac{e^{-\lambda}\lambda^x}{x!}$$

$$= \sum_{x=1}^{\infty} x \cdot \frac{e^{-\lambda}\lambda^x}{x!}$$

（$\because x$ は 0，1，2，$\cdots$，の整数をとり，$x = 0$ のとき，$x \cdot \frac{e^{-\lambda}\lambda^x}{x!} = 0$）

$$= \lambda \sum_{x=1}^{\infty} \frac{e^{-\lambda}\lambda^{x-1}}{(x-1)!}$$

$$= \lambda \sum_{y=0}^{\infty} \frac{e^{-\lambda}\lambda^y}{y!} \quad \cdots\cdots① \quad （\because y = x-1 とおく）$$

一方，$p(x) \geqq 0$ であり，マクローリン展開により $e^{\lambda} = \sum_{x=0}^{\infty} \frac{\lambda^x}{x!}$ であるので，

$$\sum_{x=0}^{\infty} p(x) = \sum_{x=0}^{\infty} \frac{e^{-\lambda}\lambda^x}{x!}$$

$$= e^{-\lambda} \sum_{x=0}^{\infty} \frac{\lambda^x}{x!}$$

$$= e^{-\lambda} \cdot e^{\lambda} \quad （\because マクローリン展開：\sum_{x=0}^{\infty} \frac{\lambda^x}{x!} = e^{\lambda}）$$

$$= e^0 = 1 \quad \cdots\cdots②$$

ここで，②の $\sum_{x=0}^{\infty} \frac{e^{-\lambda}\lambda^x}{x!} = 1$ を①に代入すると，

$$E[X] = \lambda \sum_{y=0}^{\infty} \frac{e^{-\lambda}\lambda^y}{y!}$$

$$= \lambda \cdot 1 = \lambda$$

(3) 分散

$$V[X] = \lambda$$

　分散 $V[X]$ は，その定義より次のとおり求められる

分散 $V[X] = E[X^2] - (E[X])^2$ ……③

$$E[X^2] = \sum_{x=0}^{\infty} x^2 \cdot \frac{e^{-\lambda} \lambda^x}{x!}$$

$$= \sum_{x=1}^{\infty} x^2 \cdot \frac{e^{-\lambda} \lambda^x}{x!} \qquad (\because x = 0 \text{のとき，} x \cdot \frac{e^{-\lambda} \lambda^x}{x!} = 0)$$

$$= \sum_{x=1}^{\infty} x \cdot \frac{e^{-\lambda} \lambda^x}{(x-1)!}$$

$$= \sum_{x=1}^{\infty} \frac{[(x-1)+1] e^{-\lambda} \lambda^x}{(x-1)!}$$

$$= \sum_{x=1}^{\infty} \frac{(x-1) e^{-\lambda} \lambda^x}{(x-1)!} + \sum_{x=1}^{\infty} \frac{e^{-\lambda} \lambda^x}{(x-1)!}$$

$$= \lambda \sum_{x=1}^{\infty} \frac{(x-1) e^{-\lambda} \lambda^{x-1}}{(x-1)!} + \lambda \sum_{x=1}^{\infty} \frac{e^{-\lambda} \lambda^{x-1}}{(x-1)!}$$

$$= \lambda \sum_{y=0}^{\infty} \frac{y e^{-\lambda} \lambda^y}{y!} + \lambda \sum_{y=0}^{\infty} \frac{e^{-\lambda} \lambda^y}{y!} \quad (\because y = x-1 \text{とおく})$$

$$= \lambda^2 \sum_{y=1}^{\infty} \frac{e^{-\lambda} \lambda^{y-1}}{(y-1)!} + \lambda \qquad (\because y = 0 \text{のとき，} \frac{y e^{-\lambda} \lambda^y}{y!} = y \cdot \frac{e^{-\lambda} \lambda^y}{y!} = 0,$$

$$\text{上式②より} \sum_{y=0}^{\infty} \frac{e^{-\lambda} \lambda^y}{y!} = 1)$$

$$= \lambda^2 \sum_{z=0}^{\infty} \frac{e^{-\lambda} \lambda^z}{z!} + \lambda \qquad (\because z = y-1 \text{とおく})$$

$$= \lambda^2 + \lambda \qquad (\because \text{上式②より} \sum_{z=0}^{\infty} \frac{e^{-\lambda} \lambda^z}{z!} = 1)$$

　この $E[X^2] = \lambda^2 + \lambda$ を上式③に代入すると

$$V[X] = E[X^2] - (E[X])^2$$

$$= \lambda^2 + \lambda - (E[X])^2$$

$$= \lambda^2 + \lambda - \lambda^2 \qquad (\because \text{ポアソン分布の平均} E[X] = \lambda)$$

$$= \lambda$$

第 **4** 章

内部監査業務における
コミュニケーションの方法（上）

―個別の内部監査実施プロセスにおけるコミュニケーションの方法―

本章の構成

1．コミュニケーションとは
2．コミュニケーションの阻害要因
3．コミュニケーションのための対策・工夫
4．コミュニケーションの阻害要因と対策・工夫の関係

　効果的・効率的な内部監査の実施のためには，ロジカル・シンキングの能力とコミュニケーションに係る能力が重要である。コミュニケーションが悪いと，情報やデータを分析し意見形成を行うロジカル・シンキングの能力を有していても，情報やデータの入手は困難であるし，またロジカル・シンキングの手法を用いて有益な結論や意見を形成しても，取締役会，経営陣，被監査部署等にその内容の適切な伝達は困難である。

　内部監査におけるコミュニケーションは，大きくいうと監査対象を検証・評価し，結果をまとめる監査実施プロセスにおけるコミュニケーションと，その結果を取締役，経営陣や被監査部署に伝達する監査結果の報告プロセスにおけるコミュニケーションから成り立っており，本章はその前者である監査実施プロセスにおけるコミュニケーションについての論説である。また，後者の監査結果の報告プロセスについては次章で論説する。

　本章の内容は筆者の内部監査等の現場で行ってきたコミュニケーションの経験に理論的な批判を加えて，内部監査におけるコミュニケーションのあるべき姿を追求したものである。

　まず1．でコミュニケーションとは何かをついて把握し，2．でそのコミュニケーションの阻害要因を抽出し，3．でその阻害要因への対策・工夫を論説し，4．で阻害要因と対策・工夫を対象して整理する構成になっている。

　なお，日本企業の国際展開を踏まえ，クロスカルチュアル・コミュニケーションについても若干は触れていく。

1. コミュニケーションとは

　コミュニケーションは「人間が対人関係のなかで互いの，思想，感情，思考を伝達しあい，理解しあうこと」[1]，「身振り，ことば，文字，映像などの記号を媒介として，知識・感情・意志などの精神内容を伝達しあう人間の相互作用過程をいう。」[2] と定義されており，これらの定義によると，コミュニケーションが発信者，受信者，伝達し理解し合う客体（「知識・感情・意志など」），その客体を発信者から受信者へと媒介するための媒体（「身振り，ことば，文字，映像など」）の4つの要素から成り立っている[3]。

　それではまず，誰が発信者となり，誰が受信者と成り得るのか。内部監査の実施プロセス上では，被監査部署と被監査部署の応対者（以下，応対者），および内部監査部門と内部監査人が各々発信者にも受信者にも成り得る。内部監査実施のプロセスでは，内部監査人が監査対象の把握のためにさまざまな質問を行い，応対者が情報を提供することが中心的な行為であるため，応対者が発信者で，内部監査人が受信者となる時間が多い。一方で，内部監査人が発した質問や助言，あるいは内部監査人が示した資料等により，応対者に新たな発見をすることも相当数ある。そのため，応対者も内部監査人も相互に発信者および受信者に成り得ると理解したほうが現状に即している。さらには，応対者も内部監査人も自らが発したメッセージにより，新しい気付きや認識に導かれることもある**〔FYI4-1〕**。

　この「伝達しあう人間の相互作用過程」を通じて，コミュニケーションの客体としての監査対象の状況について，応対者と内部監査人は認識を共有することとなる。コミュニケーションの方法としては，インタビュー（あるいはヒアリング），アンケート，協議等があるが，本章では監査の中心的手法の1つであるインタビュー形式でのコミュニケーションを中心に論述していく[4]。

インタビューの「男性性」の問題

　社会学者の桜井厚氏が著書「インタビューの社会学」で述べておられる社会学におけるインタビューに関するコメントは，内部監査におけるインタビューにおいても内部監査人が注意すべき点として参考になる。

　桜井氏は英国の社会学者，Ａ・オークレーの，インタビューは教科書では大きく２つに類型化されており，その２つのいずれも女性的というより男性的な観点であるという主張を踏まえて，「インタビューの『男性性』の問題は，２つの点で指摘できる。１つは，インタビュアーと対象者の関係は支配－従属関係で，インタビューは，情報を産出するというより引き出すことに価値が置かれている点である」[5]。

　「インタビューの語り方は，任意のものでも一方的なものでもない。インタビューのコンテクストの展開と連動して，主体は相互行為的に構築される。インタビュアーと語り手双方にとって，主体は語りの源泉となり，次々とどのように質問をし，応えるかの指標となる。」[6]

(2)　共有すべきコミュニケーションの客体

　前節でみたコミュニケーションの４つの要素のうちの，被監査部署と内部監査部門が伝達し理解し合う，あるいは認識を共有するコミュニケーションの客体は，内部監査では監査対象の現状や問題，課題，およびその課題解決方法等である。この共有すべき客体を認識対象という観点からみていくときに役立つツールが第２章で論説したジョハリの窓である。

　ジョハリの窓のフレームワークを内部監査のコミュニケーションに当てはめてみると**図表4-1**のようになる。フレームワークにある大きな四角形は，縦軸を被監査部署が認識しているか認識していないかの切り口，横軸を内部監査人が認識しているか認識していないかの切り口にしたマトリックスで次の４つの領域に分けられている。まず第ⅰ領域は，被監査部署も内部監査人も認識している事項の領域であり，インタビューで新発見がある領域ではない。インタビューのはじめのころにこの領域の事項の話を行い，両者の共通認識事項の確認を行うとともに，共通事項の確認を通じて両者は互いの価値観や思考を理解し，

図表4-1　内部監査におけるジョハリの窓

	内部監査人が認識していること	内部監査人が認識できていないこと
被監査部署が認識していること	第ⅰ領域：共通認識の領域	第ⅱ領域：内部監査人が新たに認識すべき領域
被監査部署が認識できていないこと	第ⅲ領域：内部監査人が情報提供すべき領域	第ⅳ領域：両者で新たに認識すべき領域

距離感を量り，関係の構築に努めることが多い。

　第ⅱ領域は，被監査部署は認識しているが，内部監査人は認識していない事項の領域である。この領域については，インタビュー等を通じて内部監査人は被監査部署から情報を入手することになる。この領域に属する，内部監査人が認識していなかった情報は被監査部署から本調査の段階でも提供されるが，予備調査の段階で多く得られる。

　第ⅲ領域は，内部監査人が認識しているが被監査部署が認識していない事項の領域である。内部監査人が日常的監視活動，経営陣や他部署へのヒアリング，あるいは検証や分析等を行い入手した情報の中で被監査部署が認識していない情報等を指し，これらの情報の中から適切な情報を提供することにより，被監査部署は問題の原因分析や解決策の立案のためのヒントが得られたり，改善に向けての後押しを得ることがある。

　第ⅳ領域は，被監査部署も内部監査人も認識していない事項に関する領域である。被監査部署と内部監査人が協力して問題の真の原因を追究したり，改善策や解決策をともに考えていく協議は，この被監査部署も内部監査人も認識していない領域の事項を，協力して認識しようとしている行為といえる。

　なお，被監査部署は，部門長，中間管理者，担当者等で構成されていて，担当者や中間管理者は認識しているが部門長は認識していないこと，部門長や中間管理者は認識しているが担当者は認識していないこと等，同一部署内で職位や個人等で認識の量と質に差がある場合，その原因の中にその組織的課題が隠れていることもある。

(3) コミュニケーションの客体のさまざまな側面

(2)でコミュニケーションの客体についてマクロ的にみてきたが，次にその客体の中身についてミクロ的にみていく。伝達されるコミュニケーションの客体の内容をみてみると，その客体の内容には**図表4-2**のように次の3つの側面があることがわかる。すなわち，①監査対象に関する事実そのもの，②その事実に関する評価や感情等，③その事実や評価・感情等に関する表現物の側面である。**FYI4-2**を参照されたい。

① 監査対象に関する事実そのもの

コミュニケーションされる客体の一側面としての監査対象そのものの事実についてである。監査対象はその存在や事実そのものが大きすぎたり，多面的すぎて，そのすべてを表現しての伝達が困難なことがあり，また監査対象の全体や部分を表現するにしても，その対象をみる方向によりさまざまに表現されることを内部監査人は認識しておく必要がある。

たとえば監査対象としての内部統制の状況にしても，その整備状況と運用状況という切り口もあれば，組織的統制，人的統制，技術的統制，物理的統制と

図表4-2　コミュニケーションの客体の3側面

```
コミュニケーションの客体

    ⅰ．監査対象に関する事実そのもの

    ⅱ．監査対象の事実に関する
        評価や感情等

    ⅲ．監査対象の事実や評価・感情等に関する
        表現物
```

いう切り口もある。情報システムの機能についても，データの処理速度といった処理能力に関するシステム機能の側面もあれば，取引やデータの処理により何を得るかという処理内容に関する業務機能の側面もある。このような監査対象の多面性から，応対者が伝えようとする監査対象の側面と，内部監査人が聴きたい監査対象の側面でズレが生じる可能性がある。

　なお，内部監査人の聴きたいことではなかったが，忍耐強く聴いたことで，応対者が話したことの中に，重要な事実が含まれている場合がある。

②　監査対象の事実に関する評価や感情等

　応対者が監査対象について話すときの，監査対象の事実そのものに係る応対者の判断，評価，感情等のことである。たとえば，内部監査人が顧客情報管理の状況を尋ねると，「よくできている。なぜなら，……。」といった具合に，監査対象についての事実を語る前に，監査対象についての彼らの評価や感情や思い等が語られることがある。

　前回の内部監査の評価が低かった監査対象を監査する場合，被監査部署は改善面を伝えたいし，内部監査人は改善を認めるにしても改善後の残存リスクが許容範囲内かを判断する情報を聴きたいため，両者の思いにズレが生じることがある。

③　監査対象の事実や評価・感情等に関する表現物

　監査対象に関する事実や評価・感情等についての言葉等による表現物のことであり，これは，上述のコミュニケーションの定義における 4 要素のうちの媒体に関する事項である。

　応対者が内部監査人にメッセージを伝えるとき，その応対者の頭で描いていることを言葉等の媒体を用いて伝えることとなる。この客体を言葉等の媒体に変換することをコード化という。コード化する際，頭で描いていることを 100％正しく言葉等で表現することは困難である。内部監査人は，言葉等，媒体の限界から応対者が伝えたいことを十分には表現できていないことがあることを認識しておくべきである。また言葉等の媒体をとおして受け取った情報を内部監査人が頭の中で具体化するとき，必ずしも応対者が頭の中で描いていたものと同じものを具体化して認識できるとは限らない。顧客情報管理という言葉を

応対者は顧客情報保護をイメージして話したとしても，内部監査人は顧客情報保護に加えて，顧客情報の利活用も含めてイメージしていることもあり得る。

コミュニケーションの客体について，上述のように3つの側面があることを内部監査人は認識しておくことが有益である[7]。

> **For Your Infomation 4-2**
>
> ### 「私たちの生」についての3つの異なる生
>
> 　桜井厚氏は，前述の書で本章の監査対象に相当する「私たちの生」について3つの異なる生があると述べておられる。
> 　「E・ブルナーによると，私たちの生には，それぞれ互に対応しているのだが異なる三つの生がある。生活としての生life as lived，経験としての生life as experienced，そして語りとしての生の三つの生life as toldである（Bruner 1984）。…（中略）…生活としての生（体験）とは現実に起こった出来事のことであり，外的な行動として現れた振る舞いであって，第三者によっても観察可能なものである。…（中略）…それに対し経験としての生（経験）とは，語り手のイメージ，感覚，感情，欲望，思想，意味などをともなって成立するものであるである。…（中略）…そして最後に，語りとしての生（語り）がある。これは日記や自伝や備忘録として文字に記録されるものから講演などのスピーチやインタビューによる口述などがあるが，…（中略）…生活としての生としての外的行動，経験としての生としての内的状態，それらと語りとしての生とのあいだにギャップがないと想定することは，個人が当該の集団や文化の完全なコピーにすぎないことを前提にしないかぎりありえない。」（下線は筆者）[8]

(4)　メッセージの伝達方向性

　前項ではコミュニケーションの客体についてみてきたが，本項ではその客体がメッセージとして伝達される，その伝達の方向性についてみていく。
　コミュニケーションのパターンをメッセージの伝達の方向性で考えると，**図表4-3**のとおり，3種類のパターンが考えられる。

図表4-3　メッセージの伝達方向性

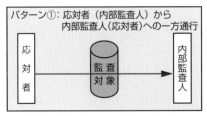

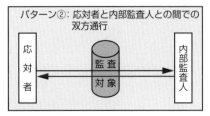

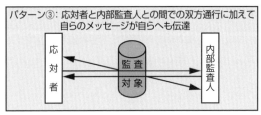

① 応対者（または内部監査人）から内部監査人（または応対者）への一方通行

　これは一番単純なパターンである。たとえば内部監査人のインタビューに応対者が自らの伝えたいことを一方的に話す状況である。

② 応対者と内部監査人の間での双方通行

　内部監査人の質問への応対者の返答を基本に，時には内部監査人の質問に応対者が質問し返す，あるいは応対者が内部監査人の考えを尋ねるといった行為を繰り返す状況である。

　応対者の話に対する適切な質問等により内部監査人が応対者のメッセージをいっそう引き出していく場合，内部監査人による発見事項や分析結果の応対者への適切な伝達により両者との対話内容が充実していく場合，そのような対話の中で両者がともに新しい発見をしていく場合がある。

③ 応対者と内部監査人との双方通行に加えて自らのメッセージを自らへも伝達

　応対者や内部監査人の発する言葉等がメッセージとして相手方に伝わるだけでなく，発信者にもメッセージとして跳ね返ってきて，その跳ね返ってきたメッセージを通じて自らも新しい発見や気付き等を行う場合である。これは時々

経験することであり，そこで行われているインタビューによるやり取りが，応対者や内部監査人，双方の新しい発見や気付き等を誘発しているものと推測される。

2. コミュニケーションの阻害要因

(1)　コミュニケーションの阻害要因10

内部監査人にとってコミュニケーションは監査に係る情報の効果的・効率的な入手や，被監査部署との建設的な関係構築に有益な手段であるが，その特質の故にコミュニケーションを阻害する要因もそのプロセス上に内存する。

効果的・効率的なコミュニケーションを実施するため，以下でその阻害要因を認識し，次節以降でその対策・工夫を検討していく。

次の10個がコミュニケーションの代表的な阻害要因である。

① 被監査部署と内部監査部門の立場の違い

② 被監査部署と内部監査部門の価値観，使命感，目的，慣習等の違い

③ 被監査部署の応対者と内部監査人各々の人としての多様性

④ 監査対象の事実そのものの多面性

⑤ 応対者の伝えたいことと内部監査人の聴きたいことのアンマッチ

⑥ 応対者または内部監査人の知識・情報の不足

⑦ 不適切なインタビューの雰囲気

⑧ 内部監査人の不適切な姿勢，口調，話の進め方

⑨ 言葉等伝達する媒体の限界

⑩ 応対者または内部監査人の誤解等

これらの阻害要因は，コミュニケーションの前提（Precondition）に係る阻害要因，コミュニケーションの内容（What）に係る阻害要因，コミュニケーションの方法（How）に係る阻害要因に分けることができる。

(2) コミュニケーションの前提(Precondition)に係る阻害要因

　コミュニケーションの前提（Precondition）に係る阻害要因は，①被監査部署と内部監査部門の立場の違い（監査される側と監査する側の立場の違い），②被監査部署と内部監査部門の価値観，使命感，文化，慣習等の違い，③応対者と内部監査人各々の一個人としての多様性である。

① 被監査部署と内部監査部門の立場の違い

　監査される側と監査する側という関係から被監査部署が監査に対する警戒感を持ってしまい，応対者は本音で語りにくいということである。内部監査人は客観的に評価するから信用してくれと訴えても，応対者から十分な信用を得るのがむずかしい場合がある。被監査部署は「内部監査部門に不備を指摘されないのが仕事」，内部監査部門は「被監査部署の不備を指摘するのが仕事」という監査目的に関する誤った認識が双方に生じている場合もある。さらに応対者の所属部署等被監査部署側から応対者に対して，「内部監査へ要らないことを話すな」というような有言無言の圧力があるかもしれない。内部監査人は，組織体における被監査部署と内部監査部門の役割の違いからくる阻害要因と被監査部署内のグループダイナミックスからくる阻害要因を認識しておく必要がある。

② 被監査部署と内部監査部門の価値観，使命感，慣習等の違い

　主として被監査部署と内部監査部門の業務目的の違いから生じる阻害要因である。各被監査部署ではその業務目的達成に適した価値観，考え方等が醸成され，仕事の仕方等が確立されているが，それらが内部監査を素直に受け入れる阻害要因になることがある。極端にいえば，被監査部署にとっては内部監査への対応は，人的にも時間的にもコストであり，できるだけ早く終わってほしいものである。組織体全体としての価値向上のためにという内部監査の目的が被監査部署には十分に認識されておらず，被監査部署にとっては内部監査への対応が自部署の目的達成の阻害要因にしか映っていない場合である。

　また，被監査部署は「目標を達成し遂行責任を果たしているので横から口出

し無用」という論理を展開し、「適切に遂行しているのならその遂行状況を説明する責任を果たしてほしい」という内部監査の主張とすれ違うこともある。

③　応対者と内部監査人各々の一個人としての多様性

　これは応対者，内部監査人各々が育った環境や社会，経験してきた部署や仕事等によって異なった価値観や捉え方，考え方等を持っているということである。この違いが，コミュニケーションにおいて両者の間にすれ違いや衝突等を起こしてしまう阻害要因となる。クロスカルチュアル・コミュニケーションや国際マーケティングの分野でよく用いられる概念に自己参照基準（Self-Reference Criterion: SRC）があるが，これは，人は誰しも生まれ育った環境で身に付けた基準で物事を知らず知らずのうちに考えてしまうという概念である。このSRCは国際ビジネスの舞台だけでなく，内部監査の現場でも当てはまる〔**FYI4-3**〕。応対者が監査対象をどのような側面からどのように認識・評価しどのように表現するかは応対者自らのSRCの影響下でなされ，また内部監査人が応対者の表現をどのように聴き，どのように認識・評価するかも内部監査人自らのSRCの影響下で行われるという傾向がある。

　また，同じ組織体の各部署でも独自の風土・環境，価値観，考え方，仕事の仕方等があり，それがまた各人のSRCの形成に影響を与えていく。合併会社や国際的にビジネス展開をしている会社はその旧会社もしくは本社の伝統・社風や地域性等があるからなおさらである。

　自分と考え方の違う人がいることを認め，その人やその人の考え方を適切に尊重する姿勢と忍耐力が内部監査人に不足すると，コミュニケーションにおいて応対者に対して誤解したり，衝突してしまう懸念がある。

For **Y**our **I**nfomation 4-3

SRC（Self-Reference Criterion）

　国際ビジネスの分野でもSRCはしばしばいわれており，フィリップ・R・キャタオラによると，「自己参照規準（self-reference-criterion），すなわちSRCとは，（人は）自動的に自分の母国の参照の枠組みを参照することである。ビジネスの意思決定において誤りを避けるためには，SRCは隔離され，もし排除することができな

いならSRCによる偏見の影響を最小限にすることを認識されなければならない。」[(9)]とのことである。

　ルーエル・ケーラーもSRCを「無意識な自国の文化的価値観への参照であり，海外での国際ビジネスの問題の大半の根本的原因」[(10)]と説明している。

(3)　コミュニケーションの内容(What)に係る阻害要因

　コミュニケーションの内容（What）に係る阻害要因については，④監査対象の事実そのものの多面性と⑤応対者の伝えたいことと内部監査人の聴きたいことのアンマッチがある。これらの阻害要因は**1.（2）**②客体のさまざまな側面で述べた伝達される客体の3つの側面のうちの，客体に関する事実そのものと，その事実に関する評価や感情等とに関連している。

④　監査対象の事実そのものの多面性から生じる阻害要因

　監査対象の事実や実態の多面性の故に，同じ監査対象であっても応対者が伝える監査対象の側面と内部監査人が聴きたい監査対象の側面が必ずしも一致しないことから生じるものである。監査対象にはさまざまな側面がある以上，監査やインタビューの目的等が明確に応対者に伝わっていないと，内部監査人の聴きたいことを応対者が話してくれなくなる。

⑤　応対者の伝えたいことと内部監査人の聴きたいことのアンマッチ

　監査対象の存在や事実の多面性ということから生じるだけでなく，応対者から内部監査人に話される内容にはその事実に関する評価や感情も含まれることからも生じる。それはまた応対者と内部監査の立場の違いから生じる阻害要因でもある。応対者は改善に費やした努力を熱心に主張するが，内部監査人からみれば改善後も残存しているリスクが許容範囲に収まっているのかを判断するための情報を聴きたいかもしれない。応対者の伝えたい情報と内部監査人の聴きたい情報にアンマッチが生じた場合に，応対者は内部監査人の共感してくれない態度に不満を持ち，内部監査人は欲しい情報を伝えてくれない応対者の発言にフラストレーションを感じるかもしれない。さらに，内部監査の計画期間

厳守での終了のプレッシャーを内部監査人が過剰に感じている場合，フラスト
レーションが高まり，応対者に厳しく当たり関係を悪化させる可能性もある。
監査の目的やインタビューの目的等を応対者と内部監査人で共有できていない
場合や，内部監査人が時間的プレッシャー等により客観性や冷静さを維持でき
ていない場合にこの種の阻害要因は発生しやすい。

(4)　コミュニケーションの方法(How)に係る阻害要因

　コミュニケーションの方法（How）に係る阻害要因には，⑥応対者または
内部監査人の知識・情報の不足，⑦不適切なインタビューの雰囲気，⑧内部監
査人の不適切な姿勢，口調，話の進め方，⑨言葉等伝達する媒体の限界，およ
び⑩応対者または内部監査人の誤解等がある。

⑥　応対者または内部監査人の知識・情報の不足
　文字どおり応対者または内部監査人，あるいは双方の知識や情報等の不足か
ら生じる阻害要因である。せっかくインタビューしたにもかかわらず，応対者
の知識や情報等の不足から十分な情報を得られないなら監査の有効性や効率性
が低い。これは，インタビューの応対者の選出に問題があった可能性が高い。
　反面，内部監査人が事前の準備や知識の不足から応対者の話を十分に理解が
できなかったり，要点の周辺に係る質問を繰り返すだけで監査対象の核心に迫
る質問ができないことがある。これでは内部監査のためにインタビューの時間
を割いてくれている被監査部署に対しても失礼なこととなる。

⑦　不適切なインタビューの雰囲気
　場所の設定や全体の雰囲気等が悪いため，応対者に過度の緊張や警戒感を与
えたり，反感さえ招いてしまう阻害要因のことである。

⑧　内部監査人の不適切な姿勢，口調，話の進め方
　内部監査人の姿勢，口調，話の進め方等がいわゆる上から目線や強引であっ
たり一方的であることにより，応対者に過度の緊張や警戒感，さらには反感さ

え生じさせてしまう阻害要因のことである。この阻害要因は，応対者が内部監査人と同等の職位の人に対しても発生するが，職位が低かったり立場が弱い方々に対して発生しやすい。またこの阻害要因は，応対者とは役割こそ違えど組織体をよくするという共通目的の下で，応対者を尊重し協働して組織体のあるべき姿を追求すべきという自覚が内部監査人に不足している場合等から生じる。

⑨　言葉等伝達する媒体の限界

　言葉等のメッセージを伝える媒体に係るものであり，**1.（3）**②で述べた伝達される客体の３つの側面の最後である，その事実や評価・感情等に関する表現物に関連する阻害要因である。伝えたいことを完全に表現することの困難さに加え，言葉や用語の持つ意味やニュアンス等についての発信者と受信者との捉え方の相違，不明瞭な言葉遣いや係り結びによる誤解等から生じる議論のすれ違い等が効果的あるいは効率的なコミュニケーションを妨げる。

　さらにこの阻害要因は，内部監査人が，時間的プレッシャーや応対者に対する過度な遠慮等から十分に質問しなかったり，話を粘り強く聴かなかったり，あるいはデータ，図表，イラスト，写真，録音といった，話を補うその他のコミュニケーション媒体の不十分なあるいは不適切な活用からも生じる。

⑩　応対者または内部監査人の誤解等

　誰にでも生じる可能性のある阻害要因であり，誤解，認知バイアス，混乱が代表的なものである。

　誤解とは，上述の⑨言葉等伝達する媒体の限界から生じる場合と，伝えられた言葉を受信者が頭の中で誤って認識したり概念化するために生じる場合と，両者の組み合わせにより生じる場合がある。

　認知バイアスとは，伝えられた内容を正しく認識した場合でも，その内容を頭の中で一定の合理性を持って迅速に推定していくときに評価や判断を誤ってしまうことである。ヒューリスティック等の合理的な推定方法は，判断の迅速性を高めるが，あくまで推定であり絶対ではない。内部監査人が合理的な推定方法を過信したり囚われすぎて，誤判断や誤評価等の修正，さらにその修正を受けての思考の軌道修正が適時適切にできないと，認知バイアスは解消されな

い。ヒューリスティックについては**FYI4-4**を参照されたい。

　誤解と認知バイアスがメッセージの受信者側の問題であったのに対して，混乱〔**FYI4-5**〕はメッセージの発信者側の問題である。発信者は話しているうちに緊張や一種の興奮状態の中で話す内容に混乱が生じたり，記憶の曖昧さ〔**FYI4-6**〕から話す内容に自信がなくなったり，誤記憶等から話のつじつまが合わなくなったりする。内部監査人がこのような発信者の混乱の可能性についての知識や感性を十分に保有していなかったり，混乱への対処方法の訓練を十分に受けていないと，混乱した状況に対して適切な対応がむずかしくなる。

> **F**or **Y**our **I**nfomation 4-4
> ### ヒューリスティック
>
> 　ヒューリスティックとは，人が判断や何らかの意思決定を行う際，精緻な方法や手順ではないが，迅速に一応の満足できる解を得るために暗黙のうちに用いている直感的な，しかし一定程度の合理性を有する推定である。インタビュアーは面談相手の話を聴きながら，頭の中で意識的あるいは無意識的に絶えずヒューリスティックな手法で面談相手の話の内容につき評価や判断を下していることが多い。このヒューリスティックな手法は，一定水準の合理的な判断を迅速に行うために有益であるが，精緻な方法や手順によらない判断であるため，誤った判断を行う可能性がある。
>
> 　『認知心理学ハンドブック』は，「トヴェルスキーとカーネマンが，直観的推論に関する一連の研究において明らかにした３つのヒューリスティック（利用可能性，代表性，係留と調整）と，それが時には系統的エラー，即ちバイアスを引き起こすことがある」[11]と説明している。
>
> 　一般的には，ヒューリスティックによる誤認識（ヒューリスティック・バイアス）には次のようなものがあるといわれている。
> ・利用可能性ヒューリスティック：
> 　人は，事例を思い出しやすすければ，その生起頻度や確率が高いと評価する傾向があること。
> ・代表性ヒューリスティック：
> 　人は，特定の範疇に典型的と思われる事項の確率を過大評価する傾向があること。たとえば，政治や社会問題に関心がなく，数学パズルが好きという人物像に対して，弁護士よりエンジニアである確率が高いと過大に推定すること。

・シミュレーション・ヒューリスティック：
　代表性ヒューリスティックの一種で，人は頭の中でシナリオを構成し，その起承転結のもっともらしさの程度に基づいて確率を判断する傾向にあること。
・係留と調整ヒューリスティック：
　人は，最初に与えられた値や情報，また直感的に判断した値や結果を手掛かり（係留点）にして，調整を加え，値や事実等を推定するが，調整が十分にされずに係留点の値や判断等に囚われてしまうことがある。

（ **F**or **Y**our **I**nfomation 4-5 ）
混乱
応対者が話している際に陥る混乱には次のようなものがある。
・事実関係の混乱：発生順序を混乱したり（時系列の混乱），事実の一部（表現対象の内容，仕組み・プロセス，登場人物の属性等）を思い出せないことにより生じる混乱
・推論の混乱：いくつかの思い出せた事実や認識している事象から推論して発言する際に推論の誤りから生じる混乱。帰納的混乱と演繹的混乱等がある。
・無意識の混乱：話している最中に緊張や興奮，延いては一種のパニック等が生じてしまうことから生じる混乱

（ **F**or **Y**our **I**nfomation 4-6 ）
記憶の曖昧さ，不正確さ
　記憶の曖昧さ，不正確さは，記憶を行う段階，維持している段階，想起する段階で発生する。人の記憶は不正確なものとの寛容さと，不正確であるからこそ記憶を起点としつつも関連するその他の情報も参考にして事実を粘り強く追及していく姿勢が内部監査人には必要である。

3. 効果的・効率的な コミュニケーションのための対策・工夫

(1) 効果的・効率的なコミュニケーションのための対策・工夫10

　前節でコミュニケーションを妨げる阻害要因をみてきたが，本節ではそれらの阻害要因を克服し，効果的・効率的なコミュニケーションを行うための対策・工夫について検討する。次の10個はその代表的なものである。

① 被監査部署・応対者との信頼関係の構築

② 取締役会，経営陣（以下，経営陣等）からのサポート獲得

③ コミュニケーション内容の適時・適切な確認

④ インタビュー内容についての内部監査部門での検討

⑤ 内部監査人のコミュニケーション能力の醸成

⑥ インタビュー前の十分な準備

⑦ インタビューの適切な基本的姿勢，雰囲気の維持

⑧ インタビューの目的に合った質問の展開や仕方

⑨ コミュニケーションに用いる媒体の工夫

⑩ インタビューと相互補完する資料の準備と提示

　これら10個の対策・工夫も，インタビュー以前の日常的関わりの中で構築されるコミュニケーションの前提（Precondition）に関する事項，コミュニケーションする内容（What）に関する事項，コミュニケーションの方法（How）に関する事項に分けられる。対策・工夫10のうち，①と②は前提（Precondition）に関する事項，③と④は内容（What）に関する事項，⑤〜⑩は方法（How）に関する事項に分類できる。また，これらの前提，内容，方法は各々相互に影響し合い，インタビューにおいては応対者と内部監査人に総合的に影響を与えるものである。

(2)　コミュニケーションの前提(Precondition)に関する対策・工夫

　このカテゴリーに属する対策・工夫は①被監査部署・応対者との信頼関係の構築，②経営陣等からのサポート獲得である。

①　被監査部署・応対者との信頼関係の構築
　被監査部署の職員は，内部監査人の日常の言動や以前の個別内部監査活動から，内部監査人に対して何らかの印象や先入観を持っている。その印象や先入観は，被監査部署の内部監査人に対する期待感にも警戒感にもなり，インタビューに微妙な影響を与える。

　応対者が安心してインタビューに応えることができるように被監査部署と一定の信頼関係を構築しておくことは，内部監査人にとって重要である。これは，内部監査人が被監査部署と「馴れ合う」わけではない。内部監査が牽制機能を果たすためには，被監査部署と内部監査人との間には一定の緊張感も必要である。大事なのは，内部監査人が日常の行動や活動をとおして，自らが誠実性，客観性等の適正な倫理感を保有し，組織体の発展のために尽力していることを被監査部署に示していることである。

②　経営陣等からのサポート獲得
　内部監査部・内部監査人への経営陣等よりのサポート獲得も内部監査人が効果的・効率的にインタビューを行うための重要な事項である。経営陣等のサポートを得ていない内部監査部（人）のインタビューに対して，被監査部署が熱心に対応してくれることは期待できない。内部監査部門（人）は経営陣等のサポートを得られるようにさまざまな努力を行うべきである。

　また，内部監査部門（人）が経営陣等と緊密に情報・意見を交換しており，経営陣等のサポートを受けているという事実は，インタビューを受ける被監査部署に対して相反する2つの影響を与えることを内部監査人は認識しておくべきである。相反する2つの影響とは，1つは経営陣等に直結する内部監査部門に情報を提供することへの警戒感であり，もう1つは経営陣等の支援を必要と

している被監査部署の内部監査部門に対する期待感である。

　前者は，自らの問題点や弱点等，組織体にとって望ましくない状況に関する情報を内部監査部門に提供することは，彼らに対する経営者等の悪評価に直結するのではないかという被監査部署による警戒感である。

　一方，後者は，自助努力だけでは限界に来ているが，自分達から直接経営陣等に支援を求めると「努力不足」と叱咤されることを懸念する被監査部署にとっては，客観的な立場から経営陣等に対して経営陣の支援を提案してくれる内部監査部門は，現状改善のための期待の機能ということになる。内部監査人は被監査部署にインタビューする際，被監査部署が上記２つの相反する心理を持ってインタビューに臨んでいることを認識しておくべきである。また，被監査部署と内部監査部門の間に一定の信頼関係が構築されている場合，被監査部署の警戒感は減少し，期待感は高まる。

(3)　コミュニケーションの内容(What)に関する対策・工夫

　このカテゴリーに属する対策・工夫は③コミュニケーション内容の適時・適切な確認と④インタビュー内容についての内部監査部門での検討である。

③　コミュニケーション内容の適時・適切な確認

　監査対象は多面性を持ち，内部監査人の聴きたいことと応対者の伝えたいことが必ずしも一致しない。その上で内部監査人がインタビューで特に留意しなければならないのは次のような点である。

　ⅰ．応対者は話したい重要な点について十分に話すことができたか？

　ⅱ．内部監査人は，聴きたかった重要な点を聴取できたか？

　ⅲ．応対者の話した内容と内部監査人が認識した内容が一致しているか？

　ⅳ．応対者と内部監査人が協働して発見したこと，認識したことを両者で再確認をしているか？

　ⅴ．内部監査人は，応対者の話の内容を，監査対象の事実と応対者の意見や感想等事実以外のもの，すなわち客観的なものと主観的なものに適切に分類できているか？

vi. 内部監査人は，応対者の話の確度をどの程度確かめることができるかの判断ができているか？

このような点を適切に満たしていくためには，インタビューの途中での適時および最終段階でのコミュニケーション内容の確認が重要である。

インタビューの途中での適時のコミュニケーション内容の確認は，上記ⅰ.〜ⅵ. に対する確認機能に加えて，次のような効果がある。

・内部監査人が応対者の話を正しく認識しようとしている姿勢が伝わり，応対者の内部監査人に対する信頼が向上。
・応対者は言い忘れや言い間違い，誤解等を確認のプロセスで修正可能。
・適時に内容を確認するため，内部監査人がインタビューの最後まで誤解したままや聴き忘れのまま話が進行することなく比較的早期に誤解や聴き忘れを修正可能。

また，インタビューの最終段階でのコミュニケーション内容の確認にも，次のような効果がある。

・応対者および内部監査人の両者により相互に理解，認識したこと全体を再整理できること。
・両者で理解，認識したことの全体像をみることにより，誤解や言い忘れ，聴き忘れ，あるいは不整合等を発見しやすく，インタビューの追加等により修正を行うことができること。

このような確認は，聴くべき内容の十分性と正確性，客観性を確保することに大いに資するし，内部監査人としての正当な注意の発揮でもある。

また，インタビューの内容は文書化され監査調書の１つとなるが，誤記を発生させないためにその文書を応対者に確認してもらうべきである。内部監査人の事実認識が誤っていた場合は適正に修正する必要があるが，応対者が評価や見解等の修正が求めてきた場合は，よく話し合い注意深く対応する必要がある。どの箇所についてどのような修正を依頼してきたのか，その修正依頼の中に重大な事項が隠されている場合もある。また場合によってはインタビュー時の見解等と後刻の応対者からの見解等変更依頼の事実との両方を記載するような場合もあり得る。

④ インタビュー内容の内部監査部門での検討

　これは，インタビュー結果とその結果に基づき形成された意見，さらにインタビュー結果の活用の適切性を内部監査部門内で検討するプロセスである。インタビューを実施した内部監査人は，応対者の話への多少の共感により客観性が侵害されている可能性がある。個別のインタビューに精力を尽くすため，監査対象に係る全体感からの視点が弱くなる可能性もあるし，思い込みが生じているかもしれない。もちろん内部監査人は客観性を損なうことのないように極力注意すべきであるが，インタビュアーとしての性格上，バイアス等がかかってしまうことがあり，熱心に業務を果たしているが故に却って自分自身ではバイアス等を認識しにくい。そこで内部監査部門長やレビュアー等，内部監査部門内の第三者が内容を検討することは慎重な態度である。なお検討の際，インタビューの成果物の証明力を検討するうえで次の点は重要である。

　　ⅰ. 聴取内容について，事実そのものと応対者の評価や感情等との区別が明確か？
　　ⅱ. 聴取内容について，裏付けのあるものとないものが区別されているか？
　　ⅲ. 聴取内容で裏付けのないものについて，信憑性の検証・評価はその他の方法でどの程度可能か？

　検討の結果，事実認定の裏付けや論理構築等の観点より，意見形成の根拠が不十分だったり，追加で確認すべきことやバイアス等がかかっていること等が認められた場合には，インタビューの追加等を適宜実施し，内容の修正や補強等を行うことにより，インタビューの品質を高めることができる。

(4)　コミュニケーションの方法(How)に関する対策・工夫

　このカテゴリーに属する対策・工夫は，⑤内部監査人のコミュニケーション能力の醸成，⑥インタビュー前の十分な準備，⑦インタビューの適切な基本的姿勢，雰囲気の維持，⑧インタビューの目的に合った質問の展開や仕方，⑨コミュニケーションに用いる媒体の工夫，および⑩インタビューと相互補完する資料の準備と提示である。

⑤ 内部監査人のコミュニケーション能力の醸成

インタビュー前の十分な準備に加え，その準備を最大限に生かす根本として
コミュニケーション能力が必要であり，次の要素が含まれる。

　ｉ．よく観察し聴く忍耐力，注意力，観察力
　イ．メッセージの要点を的確に捉えることができる理解力，認識力，感性
　ウ．本質，仮説や帰結を推定，想定するための直観力，推理力，構想力
　エ．問題点を掘り起こす論理力，分析力，展開力
　オ．応対者に気付きや提案等を与えられる想像力，企画力，提案力
　カ．応対者が気付き納得するまで待てる説得力，寛容力，包容力
　キ．明瞭，簡潔に要点を気持ちよく尋ねられる話力，質問力，要約力

⑥ インタビュー前の十分な準備

インタビュー前の十分な準備としては，応対者に関する準備とインタビュー
に関する準備がある。

応対者に関する準備とは，応対者に関する情報を事前に入手し把握しておく
ことである。応対者の思考，話し方，発言内容は，SRCなど応対者が無意識
にあるいは意識的に，応対者の性格，育ってきた環境，組織体内での立場，将
来の願望等との影響を受ける。これは避けることができないが，応対者の人と
なり，経歴，立場等を予備情報として把握しておくは，インタビュー中の応対
者の発言，態度，反応等に内部監査人が適切に対応する助けになる。応対者の
背景を踏まえて，内部監査人はある程度，応対者の反応を予測したり理解した
りすることができるうえ，応対者と内部監査人で共通の，あるいは共有できる
背景があるなら，そこから話を進めることもできるからである。

インタビューに関する準備とは，監査対象に関して事前調査を行い，どのよ
うなインタビューをどれだけ行うのか，各インタビューの目的，各インタビュ
ーの達成目標，各インタビューの展開（誰にどのような質問をどのような順番
で尋ねていくのか）等をよくシミュレーションし，検討し，計画することであ
る。各インタビューの目的が，監査初期の情報収集か，特定の内容の深堀か，
収集した情報の整理・分析か，事実や仮説等の裏付けか，解決策の追求か等に
より，インタビューの達成目標や展開の仕方が変わる。

インタビューの展開の主なパターンとしては，**図表4-4**のようなパターンがある。

通常は，インタビューの目的に合わせて，上記のようなパターンのどれか1つか複数の組合せでインタビューを展開していくこととなる。

インタビューの展開についての計画ができたなら，原則としては情報を得るのに適した人物と面接できるように，内部監査人は監査の目的やインタビューの目的を被監査部署に明瞭に伝えて適切な人選を行うことが重要である。

ただし例外的に不正調査など監査の目的によっては，抜き打ちで特定の人物にインタビューすること等が適切な場合もある。

図表4-4　インタビューの展開のパターン例

ｉ．監査対象についての情報収集時によく使用するパターン

ア．大枠，概略から話して詳細に入ってもらうパターン
初めに全体像が掴めるので，内部監査人にとって詳細の内容がイメージしやすい。

イ．時系列に沿って話してもらうパターン
事実の経緯を時間の順に話してもらうので内部監査人にとって分かりやすく，応対者も漏れなく話しやすい。大枠を聴いたら，次に時系列に話してもらうことも可能。

ウ．キー・ワードから連想して話してもらうパターン
キー・ワードから連想していくので，応対者も思い出しやすく，流れが繋がっているので内部監査人も理解しやすい。
大枠を聴いたら，次にキー・ワードから連想して話してもらうことも可能。

エ．アト・ランダムに質問し，自由に話してもらうパターン
特定の事項を訊かれることを応対者が極端に警戒しているようなときに，脈絡のない質問をいろいろしながら本題についても時々訊いて核心に迫っていく迂回的な展開方法として用いる場合と，または口の重い応対者に対して，さまざまな分野の質問をすることにより応対者の話しやすいテーマを見つける場合等に用いる。

ｉｉ．監査意見の形成時によく使用するパターン

オ．演繹的なアプローチを行うパターン
監査対象についての仮説が，個々の事項，事象にも当てはまっているか等を質問で確認していくアプローチ。
例：最終退社時刻午後8時が遵守されている（仮説）
→○月○日の最終退社時刻は何時？　△月△日の最終退社時刻は何時？…？（個々の事象）

カ．帰納的なアプローチを行うパターン
監査対象についての仮説を形成するため個々の事項，事象について訊いていくアプローチ。
例：○月○日の最終退社時刻は何時？　△月△日の最終退社時刻は何時？…？（個々の事象）
→すると最終退社時刻は遅くとも○時（仮説）

キ．三段論法のアプローチを行うパターン
内部監査人がインタビューの場で下す仮の判断の根拠を求めるような場合に，三段論法の流れに沿った質問をしていくアプローチ。
例：「内部統制の整備・運用は経営者のコミットメントが必要ですよね？」，「顧客情報管理は重要な内部統制事項ですよね？」
→「顧客情報管理には経営者のコミットメントが必要ですよね？」

また，内部監査人は経営陣や被監査部署以外の部署から，あるいは内部監査部門独自の分析等を通じて被監査部署の認識していない情報を保有している場合がある。このような場合，インタビューの効果や効率を高める観点から，それらの情報を事前にあるいはインタビュー時に開示してよいかについて検討すべきである。さらに，インタビューに先立ち，監査対象の状況について事前アンケート等であらかじめ情報を得ておく場合もある。

　十分な準備やインタビューの展開のシミュレーションが内部監査人に自信と余裕を与え，インタビューの予想外の展開や応対者の非協力的な対応等に直面した場面でも冷静で合理的な対応を内部監査人は行いやすい。

⑦　インタビューの適切な基本的姿勢，雰囲気の維持

　事前準備が完了しインタビューに臨んでまず重要なのが，インタビューの適切な基本的姿勢，雰囲気の維持である。

ⅰ．インタビューの基本的姿勢

　被監査部署と内部監査人は対立関係にあるのではなく，組織体内での位置付けは違うものの，組織体をよくし価値増大のために寄与していくという目的を共有できるなら，その目的のために組織体の「あるべき姿」を追求しようという方針もまた共有できるはずである。出発点は伝えたいこと，聴きたいことでそれぞれ違っても，目指すところはともに「あるべき姿」の追求に一致させることである。この「あるべき姿」を求め共有するというアプローチをとるならば，被監査部署と内部監査人は組織体において立場は違うものの，協働者と成り得る**（FYI4-7）**。

　姿勢，口調，話の進め方についてのいわゆるノウハウも重要であるが，ともに「あるべき姿」を追求しようとする内部監査人の心からの姿勢が何よりも重要で，それはやがて応対者にも伝わる場合が少なくない。

　また，このような基本姿勢に立つならインタビューにおいての内部監査人の態度や言葉遣い，口調は自ずと決まってくる。内部監査人は，原則として協働者に対して友好的な態度を取るべきである。

　さらに被監査部署と内部監査部門が協働して「あるべき姿」を追求していく

ためには，応対者は話し手，内部監査人が聴き手という構図を固定のものとは考えず，応対者と内部監査人が相互に話し手と聴き手になり，両者が協働して事実を発見していくという姿勢も必要である。

また，内部監査人は，応対者が話すのを促すために，適時のアイ・コンタクトや頷き，相槌等により関心や共感を示す（いわゆるアクティブ・リスニングの実践）と同時に，客観性維持のため，頭の中では応対者の話を継続的に検証し，必要に応じて確認のための質問をしていくことが重要である。

For Your Infomation 4-7

コンフリクトへの対処方法

　被監査部署と内部監査部門，あるいは応対者と内部監査人の間等で意見の対立（コンフリクト）の発生時にはどのような対応が可能であろうか？　ケネス・W.トーマスとラルフ・H・キルマンが発表した "Thomas-Kilmann Conflict Mode Instrument" は意見が衝突したときに取り得る対処方法として，「競争的（Competing）」，「受容的（Accommodating）」，「回避的（Avoiding）」，「妥協的（Compromising）」，「協調的（Collaborating）」の5つの方法を示している。これを応対者（被監査部署）と内部監査人（内部監査部門）の関係に適用してみると次のようになる。

・競争的… 応対者を説得し，内部監査人の意見を受け入れさせる。

・受容的… 内部監査人の意見を抑え，応対者の意見を受け入れる。

・回避的… その場では衝突点の話し合いを避けて解決しない。

・妥協的… 互いの意見の要求水準を下げて，妥協点で合意する。

・協調的… 互いの意見を尊重し，協力しながら解決を追求する[12]。

　被監査部署と内部監査部門の見解が相違する時，内部監査部門の見解に被監査部署を強引に従わせる場合は競争的（強制的）解決方法となり，反対に被監査部署の見解に内部監査部門が従う場合は受容的解決方法となる。また，見解の相違の部分を避けて言及しないことを回避的解決方法といい，評価や勧告等において水準を下げて意見形成を行うことを妥協的解決方法という。

　一方，見解の相違部分を両者が納得いくまで建設的に話し合い，新たな発見や解決策を求めていく場合，それは協調的解決方法となる。

ⅱ．インタビューの雰囲気

　内部監査部門の組織体での位置付けのため，応対者は内部監査人に対して，インタビュー時に多少の警戒感を持つ。被監査部署にこの警戒感を減少させて，インタビューは組織体の価値増大のために行う，被監査部署と内部監査部門の生産的協働作業であるという意識にさせるためには，インタビューのための適切な雰囲気の確保が重要である。

ア．場所

　一般的には閉じ込められるような感を与えないでかつプライバシーが確保できる個室がよい。部屋は気が散らないように，明るすぎることも暗すぎることもなく適度な明るさで，装飾物は極力少なくし，静寂を保つことが望ましい。

イ．人数

　インタビューに参加する人数としては応対者数：内部監査人数が１：１，２：２，ｍ（複数名）：ｎ〔複数名〕が考えられる。

　１：１は，一番プライバシーが守られる環境であり，機密性の高い事項も含めて，自由かつ率直に話す際によく用いられる。ただし，そこで話されたことは当事者の２名のほかは誰も証言できない。

　２：２は，応対者と内部監査人がともに２名ずつつくことより，応対者にも内部監査人にも微妙な影響を与える。応対者の２名は，互いに確認し合えるので発言内容の正確性，客観性は１人のときより増すことが多いし，確認し合いながら話すプロセスで彼ら自身が新たな発見や気付きをすることもある。一方，２人が互いに牽制しあい，なかなか率直な発言がしにくい面もある。

　内部監査人側も内部監査人同士での連携でより深く聴ける場合もあるし，互いに遠慮して十分な質問ができない場合もある。また，１人が質問と傾聴を行い，もう１人がメモを取る連携で，メモを取るために応対者の話への傾聴や反応等が不十分になったり，メモを取っている間，応対者を待たせすぎて話の流れを中断するようなことを防止できる。

　４名または５名以上で話し合った場合はインタビューというより，むしろ会議に近く，その場合はワークショップ型のCSA[13]の進め方が参考になる。

ウ．席の配置

　横に並べる方式，角と角に座る方式，対面する方式，４名以上の場合はロの

字型等が考えられる。席の配置は，インタビューの目的等に応じて変更するのがよい。予備調査時に業務内容の説明を受けるときや，問題点や解決策を協働して探求していくようなときには，その方法や内容により横に並ぶか，角と角の90度の位置に応対者と内部監査人が座るか，対面の配置が考えられる。また一定の緊張感を持ったインタビューの場合は対面がよく，たとえば，内部監査人が被監査部署に彼らの話した内容の確認を行う場合や，内部監査人が監査結果を伝達するような場合である。ロの字型は，4名以上で，監査対象の説明を受ける場合や協議しあう場合に用いられるが，前述のようにインタビューというより会議やワークショップに近くなる。

　また，席の配置に関しては，上記の配置の型だけでなく，椅子と椅子の距離についても考える必要がある。なぜなら椅子の距離という物理的な距離が，語り手とインタビュアーの心理的な距離を決定する大きな要素となり得るからである。距離が近すぎると，語り手は自分の領域に侵入されたと感じ警戒感を持つかもしれず，遠すぎると語り手はインタビュアーとの間に疎遠感を感じるかもしれない。なお，この距離が応対者と内部監査人に与える心理的意味合いや影響は，国や文化圏等によって異なる。**FYI4-8**を参照されたい。

エ．その他

　録音を行う場合は前もって被監査部署や応対者の了承を得ておく必要がある。録音することは，後で正確に文字化ができ，証拠能力も高まるが，応対者に緊張感や警戒感を与えるため，録音装置活用の適否は当該インタビューからどのような情報を得ることを期待しているのか等，インタビューの目的と照らし合わせて判断すべきである。

For Your Infomation 4-8

文化圏ごとの距離の持つ意味の違い

　エドワード・T・ホールは"The Hidden Dimension"で文化圏ごとの距離の持つ意味の違いについて，たとえば次のような例を紹介している。

　「アメリカ人の1つの誤った観念は，アラブ人はすべての会話を近接距離で行うというものである。しかしながら次の場合にはこの観念は全く当てはまらない。たとえば社交の場では，アラブ人は部屋の両サイドに座って，互いに部屋を横断

する形で話をすることがある。そのくせ，アメリカ人が４フィートから７フィートの愛想よく相談するための距離，しかしながらアラブ人にとっては曖昧な距離を取ると，彼らは感情を害しやすい。彼らは，アメリカ人は冷たいとか，よそよそしいとか，関心がないとしばしば苦情をいう。」[14] このように距離の持つ意味は文化圏により，また人により違い，設定された距離は人に意味や無言のメッセージを与えるため，インタビューに際しては，距離や座席の配置等について十分に配慮をする必要がある。

ⅲ．インタビュー実施時の姿勢，態度，口調等

内部監査人は，原則として協働者に対して友好的な態度を取るべきであるが，応対者の話を促進させる要因としては，自発的に発言するように応対者を動機付けるものと，質問への応対者の反応機能に働きかけるものとがある。各々その具体的要素は次のようなものである〔FYI4-9〕。

ア．応対者を動機付けるもの

・目的の共有：共通の目的に向かっての話し合いであることの強調。

・利他主義：他人の役に立ちたいという気持ちへの働きかけ。

・認知願望：自分の存在や組織体への貢献を認められたいという願望への働きかけ。

・知識欲，好奇心：知らないことを知りたいという欲求や好奇心への働きかけ。

・カタルシス：苦痛や悩み等は告白することで解消されやすいという傾向を活用して，応対者が困難や悩み等を抱えている場合には，応対者に発言を説得。話し出すと一気に多くを話すことがある。

・短期的メリット：インタビュー等で内部監査に協力することによる何らかのメリット享受への期待（たとえば，自力で解決困難だった事項の解決に向けての内部監査部門の応援の獲得や，内部監査による好評価の経営陣への伝達等への期待）。

イ．応対者の反応機能に働きかけるもの

・適時な相槌と応対者の発したキー・ワードの内部監査人による繰り返し：内部監査人がキー・ワードを繰り返すこと等により，そのキー・ワードに

係る応対者の発言を誘発。

・適度に批判的な質問：適度に批判的な質問により，応対者の反発による発言を誘発。

・建設的な質問，提案：応対者の発言への支持や応援のための質問，提案により，応対者の発言の誘発。

その他，インタビュー時の姿勢や態度，表情，仕草やジェスチャー，口調，間合い等が上述の場所，人数，席の配置等と組み合わされて雰囲気をつくり出す重要な要素となる〔**FYI4-10**〕。

以上，インタビューの促進要因について述べたが，逆に議論が噛み合わなかったりしてインタビューが順調に進んでいない場合には，内部監査人は次のような対応に努める必要がある。

・議論が噛み合わなかったり意見が合わない，あるいは話の整合性が崩れてきたようなときは，応対者の話を誤解している場合があり，内部監査人は落ち着いて応対者が使っている言葉の意味や応対者が伝えようとしている内容を，冷静に繰り返して確認する必要がある。

・応対者の話の内容を正確に受信したとしても，内部監査人がその話の内容について誤判断したり認知バイアスに陥っている場合もある。内部監査人は，少し時間をとって頭の中を整理し，冷静に自分の判断の再検証を行い，誤判断や認知バイアス等を認識した場合は謙虚に謝り，認識を改め，意見形成のための思考の軌道修正を行うことが必要である。

・応対者に対して混乱の可能性を感じたり，混乱を認めた場合は，内部監査人は，穏やかに緊張を解しながら間を取って応対者に考えを整理する時間を与えたり，いったん，他の比較的気楽に話せるテーマに話題を変えるような対応をすることが望まれる。沈黙の時間を得たり，比較的気楽なテーマについて話しているうちに応対者は頭の中の整理ができ，再度同一のテーマに話を戻したときに，今度は混乱なく話ができることもある。

また，応対者にとって明確なこととそうでないこと等を紙上で時系列的等に整理していくように仕向けることにより，応対者が記憶をはじめ頭の中を整理できる場合もある。

For Your Infomation 4-9

マズローの欲求段階説

　D・M・マクレガーの要約によると，A・H・マズローは"Motivation and Personality"（1954年）で，人間の動機は下の欲求から次の５段階で構成されていると主張している。

１．生理的欲求，２．安全の欲求，３．社会的（所属の）欲求，４，自我（認知）の欲求，５．自己実現の欲求 [15]

　これは一般にマズローの欲求段階説といわれている。応対者が実情を話すことにより，マズローの欲求段階説でいう下位の欲求である生理的欲求，安全の欲求に基づき，たとえば職や地位等を懸念し始めた場合，話が消極的，防御的になる。反面，マズローでいうところの最上位の欲求である自己実現の欲求から生まれる，組織体をよくすることで自分の理想を実現しようとの意欲を持った場合，応対者は積極的に話し，建設的に対話をするようになる。中位水準の欲求である所属の欲求，認知の欲求に関しては促進的に機能する場合と抑制的に機能する場合がある。たとえば，応対者が所属部門への帰属や居場所を意識しすぎると監査対象の望ましくない事項等の話については消極的になり，組織体全体のことを考えたり，部外者である内部監査からも認められたいとの欲求を持った時は前向きに話し出す傾向にある。

For Your Infomation 4-10

ノンバーバル・コミュニケーション

　橋元良明氏は「コミュニケーション学への招待」で，「人間同士はことばで会話をしていると同時に，非言語的な部分でもコミュニケーションを行っている。そのようなことば以外の部分でなされているコミュニケーションのことを，『ノンバーバル・コミュニケーション』（直訳すれば非言語的伝達）という。」[16] と述べ，その「ノンバーバル・キュー」（非言語的な手掛かり）として次の３点を示している。

　プロクセミック（近接空間学）：コミュニケーションする主体の身体距離等

　パラランゲージ（パラ言語）：会話における言語に周辺的に付随する，発音のリズムやイントネーション，速度など

　キネテックス（身体動作学）：身体の動作（目，表情，頷き・相槌等）

　また，末田清子氏，福田浩子氏は「コミュニケーション学」で，上記の３点のほかに，ヴォカリクス（音調学：表情音声，声の性質等），オブジェクティクス（対物

140

学：体つき，髪・肌の色，付加物等），ハプティクス（接触学：本能的接触，儀礼的接触），オルファクティクス（嗅覚学：香水，デオドラント）を加えている[17]。

⑧　インタビューの目的に合った質問の展開や仕方

　内部監査のインタビューは，大きくいえば**図表4-5**のように次の順序で展開される。

　すなわち，ⅰ．インタビューの開始，ⅱ．情報の入手，ⅲ．判断，ⅳ．要約，ⅴ．了解の獲得，ⅵ．インタビューの終了の順である。実際には，たとえばⅰ．インタビューの開始，ⅱ．情報の入手が数回繰り返された後でⅲ．判断の段階に進む場合や，ⅳ．要約やⅴ．了解の獲得の段階に入ってから追加情報が必要となりⅱ．情報の入手の段階に戻るなど，各段階を行きつ戻りつしながら，最終的にはⅰ．からⅵ．の順序でインタビューを終えることとなる。

ⅰ．インタビューの開始

　応対者と内部監査人の関係構築の段階のことである。導入の提供，ラポール〔**FLY4-11**〕の確立，インタビューの主題の確立，対応者の反応の観察がこの段階の主な行為である。

　まず，挨拶と自己紹介からなる導入の提供からインタビューが始まる。挨拶と自己紹介の程度は応対者と内部監査人の関係に依存する。

　次にインタビューが円滑に進められるように応対者と内部監査人の間で対話をしつつ一種の友好関係を築くことをラポールの確立という。ラポールはインタビューの最初に構築すべきといわれるが，インタビューの最初だけでラポールを完全には構築することはむずかしく，インタビュー前の日常の関係や，インタビューの終了までのすべてのプロセスをとおしてラポールの構築がされていくものと筆者は体験から考えている。

　次にインタビューの主題の確立である。これは，インタビューの目的を応対者に明確に伝え，インタビューの主題について応対者に認識してもらうプロセスである。このインタビューの主題の確立により，応対者は質問に対して何をどのような角度や観点で話すべきかが明確になり，ポイントを押さえた話をしやすくなる。また，インタビューの目的が明確になることにより，応対者のイ

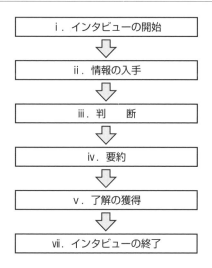

図表4-5　インタビューのプロセス

```
┌─────────────────────────────┐
│  ⅰ. インタビューの開始        │
└─────────────────────────────┘
              ⇩
┌─────────────────────────────┐
│  ⅱ. 情報の入手               │
└─────────────────────────────┘
              ⇩
┌─────────────────────────────┐
│  ⅲ. 判　　断                 │
└─────────────────────────────┘
              ⇩
┌─────────────────────────────┐
│  ⅳ. 要約                     │
└─────────────────────────────┘
              ⇩
┌─────────────────────────────┐
│  ⅴ. 了解の獲得               │
└─────────────────────────────┘
              ⇩
┌─────────────────────────────┐
│  ⅶ. インタビューの終了        │
└─────────────────────────────┘
```

ンタビューに対する不安や警戒感を多少取り除くことができる。さらに，インタビューの主題やこの監査の主題を応対者に明示することにより，内部監査人は応対者に協力を求める根拠を示すことができる。所属する組織体の価値増大に資する監査であることを応対者が認識し，インタビューの目的を受け入れた場合，インタビューにおいて組織体が抱える問題の真の原因とその解決策を応対者と内部監査人が協働して追求しやすくなる。

　インタビューの開始段階であと1つ重要なことは，内部監査人は応対者の反応をよく観察して対応していくことである。この開始プロセスでの応対者の反応をみれば，応対者の部署内での立ち位置や保有している情報量について若干感知することができ，何よりも応対者がインタビューにどの程度協力的かを感じることができる。この応対者の反応により，内部監査人は，導入時の関係構築にさらに時間を費やすべきか，慎重に主題の周辺から情報を収集する質問から入るか，単刀直入に主題について質問するか等，インタビューの進め方を判断することになる。ただし，インタビューの進行に伴い応対者の反応が変わることがあり，その変化に対応してインタビューの進め方を適宜変更していく必要がある。

For Your Infomation 4-11

ラポール

　ラポールとは，『社会学小辞典』によれば「社会調査にあたって，調査を実施する調査担当者と調査の対象となる被調査者との間に成立する友好関係。この友好関係が確立されることによって，調査の実施そのものが促進されるばかりでなく，収集される資料は，より迫真的な意味を持つ。」[18]。ただし，友好関係の確立を重視しすぎて，調査や評価の客観性を損なうことのないように注意が必要である。

ⅱ．情報の入手

　インタビューの開始の段階が終了すると次は情報の入手の段階であり，文字どおり，内部監査人が応対者とのさまざまな質問と応対の繰り返しの中で，情報を収集していく段階である。内部監査人にとって文書閲覧，現場実査，分析等も監査対象に係る情報を入手する重要な方法であるが，インタビュー等の面接も情報入手のための重要な方法であり，インタビュー等で得た情報は閲覧する文書等の理解にも役立つ。

　深いコミュニケーションを行うためには，応対者と内部監査との間に信頼関係が必要である。信頼関係があってもインタビューが効果的・効率的に行われるとは限らないが，信頼関係がないと真相に迫ったコミュニケーションをしていくことは困難である。また，この信頼関係はインタビューや一連の個別内部監査のプロセスでいっそう深まるケースもあるし，信頼関係を潰してしまうこともある。その意味でこの質問の展開や仕方は効果的・効率的にインタビューを行うためにきわめて重要である。

　また，相槌，応対者の言葉のリピート，関心や共感を示す言葉，質問や指摘，表情やジェスチャー等で，相手を話しやすく導き，内部監査人は主として受信者であるが，応対者の話をコントロールするようなアクティブ・リスニングに心掛けるべきである。アクティブ・リスニングとは，聴き手が相槌や共感を示す言葉等により話し手の言葉に対してフィードバックを行うことにより，話し手が心を開きもっと話したくなるように導く聴き方である。なお，表情やジェスチャー等で同調や共感を示したり，声量や話のテンポを変えることで話し手の話を弾ませる手法をペーシングという。

いよいよ質問の展開であるが，展開のパターンとしては上述の**図表4-4**のようなものがある。通常は監査対象の大枠や概略の把握のための質問から入り，大枠や概略が把握できた後に，より具体的な，個別の状況等の把握のための質問に移っていく。また，応対者に，時系列的，あるいはキー・ワードから連想できる順で説明してもらうとわかりやすいし，応対者も漏れなく混乱なく説明しやすい。ただし，応対者との間で信頼関係が十分に構築されている場合には，いきなり核心に迫る質問をすることもある。

内部監査人は，応対者に要らぬ警戒心を与えたり，質問を誤解されたりせず，円滑にインタビューを進めていくために，応対者にとってできるだけわかりやすいように質問し，一度に2つ以上のことを聞く複雑な質問や，二重否定の質問は避けるように注意しなければならない。

なお，インタビュー中は応対者の反応をよく観察して，必要に応じてインタビューの展開や質問の内容，態度等を変えていくことも重要である。

質問の内容（種類）については，その性格により，**図表4-6**のとおり次のような観点で分類できる。

ア．返答の自由度

応対者が緊張を和らげ，話しやすくなるためには，イエス・ノーで応える閉じた質問より，応対者に自由に話をしてもらう開かれた質問のほうが適している。内部監査人にとっても，期待していたこと以上の情報を得られる可能性がある。一方，応対者に決断を迫るようなときは，言い訳の余地を与えないためにも閉じた質問のほうがよい場合もある。通常は，一般的な質問で応対者に自由に話してもらってから，具体的な質問により核心に迫ることが多い。

イ．質問の観点からのインタビューの展開

まずは応対者との関係を構築するための質問から入る。次に監査対象の状況を説明してもらうための質問を行い，次いで監査対象の問題や課題を発見してもらうための質問へ移り，さらにその課題や問題の解決案や改善策等を考えてもらうための質問を行う。解決策や改善策が出てきたら，その実行を決断してもらうための質問を行い，その解決策や改善策を監査勧告・提言への対応策として文書化してもらうことを確認する。最後にインタビュー内容を要約したうえ，事実誤認や言い忘れ，その他付加することがないか等を確認するまとめの

図表4-6　質問の種類

ア．返答の自由度：
　　開かれた質問と閉じた質問，一般的な質問と具体的な質問
イ．インタビューの展開に沿った質問
　　関係（ラポール）構築のための質問，説明してもらうための質問，発見してもらう
　　ための質問，考えてもらうための質問，決断してもらうための質問，纏めの質問
ウ．特殊な質問：
　　話を促進させるための質問，感情的な緊張を和らげるための質問，センシティブな
　　質問，応対者が怒った場合の質問，真偽を確かめるための質問

質問を行う。内部監査人は，質問の展開に注意を払い，時間的プレッシャーや，何か問題点をみつけなければならないとの誤った認識から「何か問題点はないのか？」等の質問を繰り返して，応対者の心を閉ざしてしまうことのないように注意する必要がある。また問題点を打ち明けてくれた時にも，組織的な解決に向かって建設的に対応していけるように注意を払う必要がある。

　なお筆者の経験上，内部監査人から強いられてではなく，応対者が自ら発見し，考え，決断し，発言した事項に関しては，応対者が納得感を持っていることから実行する可能性が高い。実際には１回のインタビューではすべての質問を行うことができず，複数回のインタビューを行うこともある。

ウ．特殊な質問

　特定の場面で用いる質問である。応対者からより詳しく話を聴きたいような場合は，「……したのですね？」等，応対者の話をリピートして興味を示す質問をしたり，あるいはあえて応対者の話に反論を行い，その反論に対する応対者の応対からより多くの話を聴けることもある。応対者が極度に緊張していたり警戒している場合には，応対者とインタビュアーである内部監査人との共通の話題に関する質問や簡単に応えられる質問等，精神的な緊張を和らげるための質問を行う必要がある。応対者にとって不利になるようなことを尋ねるセンシティブな質問は，応対者との間である程度の信頼関係が構築され，このインタビューの意味もある程度納得してもらってから，注意深く行うのが適当である。それでも，応対者を怒らせてしまったときは，話題を変えて応対者と共通

の話題や応対者が話したがっていることに関する質問等を行い，応対者の感情が静まるのを待つ。また，応対者の話の真実性に疑問を感じた場合は，裏付けを持っている内容に関する質問や話のつじつまの合わない点に関する質問を行う。さらに真偽を確かめる必要性が高い特殊な場合は，事実に反する質問や応対者の反発を誘う質問等を行い，ジェスチャー等非言語的な動作も含め応対者の反応を観察する。

　上述のような質問を適切に組み合わせて応対者から情報を聴き出していくこととなる。また，内部監査人は応対者に過度な重複感を与えない程度に粘り強く質問や話を繰り返すことにより，少しずつ監査対象の核心に迫っていくことが重要である。さらに，言葉でなく，データ，図表，イラスト，写真，録音といった幅広く五感に訴える媒体の活用は，両者の理解を助ける。

　質問の終了は，インタビューの目的や達成目標に照らして十分な範囲と深度で話を聴けたかで判断する。十分に話を聴けない内にインタビューの終了予定時間にならないように，内部監査人は時間配分にも注意する必要がある。

> **F**or **Y**our **I**nfomation 4-12
> ### インタビューの展開に沿った質問
> 　小田誠氏は「内部監査を効果的にするヒアリングの技術」で，「4 種類の質問」，「状況質問」(Situation Questions)，「問題質問」(Problem Questions)，「示唆質問」(Implication Questions)，「解決質問」(Need-payoff Questions) を適切に組合せること（SPIN モデル）により効果的に内部監査のインタビューを行うことができると自身の体験から主張されている[19]。

ⅲ．判断

　判断については 2 種類の判断があり，1 つはインタビュー進行中の質問と応答の中で継続的に内部監査人の頭の中で行われている判断で，もう 1 つはインタビュー終了時のインタビュー全体を踏まえての総括的判断である。

　前者については，応対者もまた，内部監査人とのインタビューをとおして頭の中で何らかの判断をし，その判断に基づき話す内容を決めていく。

後者の判断結果については，応対者に伝えることもあるし，単に情報収集だけを目的としたインタビューでは応対者に対して協力の謝辞だけを述べて応対者には判断結果を伝えないこともある。

　なお，最終の監査結果における意見形成や結論は，インタビューの結果にロジカル・シンキングの手法等も用いた精緻な分析や検討，評価を加えたものであるが，インタビューの途中や終了時での判断は主として内部監査人の経験等に基づくヒューリスティックな判断等によるものであり，誤認識や誤判断もあり得ることを内部監査人は留意しておくことが必要である。

iv．要約

　内部監査人がインタビューの目的を達成したと判断したときは，インタビュー終了前に，その内容についてはじめから要約し，応対者の確認を得ることが重要である。インタビューの要約の実施は，伝達内容の中心となる事実の確認，言い忘れ等付加的な事実を応対者より入手する機会の創出，応対者が最終の発言をする機会の付与，両者のインタビューによる達成感の共有による友好な関係の確立，インタビューにおける激しい応答を通じて多少なりとも損なったかもしれない友好関係の回復等の効果がある。なお，この信頼関係の確立と強化は要約の段階で終わりでなく，次の了解の獲得，インタビューの終了の段階まで継続的に努めていくことが必要である。

v．了解の獲得

　要約が終了すると，インタビュー内容についての応対者の了解を得る段階となる。証明力向上の観点からインタビュー内容のメモに応対者の確認印を徴求する場合もあるが，少なくともインタビュー終了前に要約した内容について重要な誤りや漏れがないかを確認してもらい，口頭で了解を得る必要がある。応対者から確認・了解を得る行為が後日のインタビュー内容に係る紛争防止に役立ち，内部監査結果の根拠としての証明力を強化する。

vi．インタビューの終了

　応対者の了解を獲得したらインタビューを終了させる前に，内部監査人はイ

ンタビュー協力の謝辞を述べ挨拶を行うことが必要である。インタビューの適切な終了により次回の内部監査において被監査部署の積極的な協力を得られやすくなる。

⑨　コミュニケーションに用いる媒体の工夫

　　伝達したい内容は言葉等の媒体を通じて届けられるため，コミュニケーションに用いる媒体についても十分な注意と工夫が必要である。

　　まず伝達内容を送るための媒体には言語系の媒体と非言語系の媒体の2種類がある。非言語系の媒体としては，表情，態度，ジェスチャー，口調，間合い等がある。監査対象に関する知識や状況に関する内容の伝達は言語が中心になるが，非言語系媒体が言語で伝達した内容の意味を補強してくれる。また，応対者の評価や感情の伝達には，表情，ジェスチャー等の非言語系媒体が，言葉等の言語系媒体では言い表せない微妙なニュアンス等を内部監査人に伝えてくれる。内部監査人は応対者の表情等の非言語媒体の動きを認識し，応対者からの伝達内容を正確に受け取れるように注意すべきである。応対者は同じ言葉で話していても，表情や口調等で微妙な意味やニュアンスの違い等を伝えているのである。

　　なお，昨今リモートによるインタビューが増加しているが，リモートの場合は，非言語系の媒体の活用が制限されることに留意をして，インタビューを行うべきである。

　　また応対者が内部監査人に伝達するとき，応対者は伝えたいことを自分の言葉にコード化し，内部監査人は伝え聴いた言葉を頭の中で概念化して認識するが，このコード化と概念化において，応対者が伝えようとしたことと内部監査部が解釈したことの間にミスマッチが生じるかもしれない。そこで，繰り返しの確認で，発信された概念と聴いた概念の同一化を極力図る必要がある。たとえば顧客情報の管理を，内部監査人は顧客情報の保護に加えて活用まで含んだ概念で話したが，応対者は顧客情報の保護に限った意味で話すかもしれない。同じ単語を使っていてもその単語の意味することが発信者と受信者で違うことから生じるミスコミュニケーションである。また，用語を短縮化する場合にも注意を要する。たとえば内部監査人がGovernance, Risk and Complianceを省

略して表現した"GRC"を，応対者はGovernance, Risk and Controlと取って
しまうかもしれない。用語の短縮化はコミュニケーションの効率化に資するが，
誤解を招く要因でもあるので，必要に応じて説明をしてから短縮化するような
配慮が必要である。

　また，言葉の係り結びからも応対者と内部監査人との間に誤解が生じ，延い
ては不信感からインタビューの進行が遅れる可能性がある。たとえば「不適切
な内部監査の調査」というとき，「不適切な内部監査について調査する」のか，
「内部監査の調査が不適切なのか」，２通りの解釈ができる。

　さらに，グローバル企業の場合には，文化，慣習，言葉の違い等を配慮する
必要があり，監査目的と，内部監査人や応対者の言語能力等に応じて通訳の採
用の要否を検討しなければならない。

⑩　インタビューを相互補完する資料の準備と提示

　最後にインタビューを相互補完する資料の準備と提示である。より効果的・
効率的に伝達するためには，資料，図表，イラスト，写真，録音等の視聴覚資
料を補完資料として活用することが有益である。

　ジョハリの窓（**図表4-1**）で考えると，３つの領域での視聴覚資料の活用が
考えられる。

　まず，第ⅱ領域で内部監査人が応対者に説明を求める場合には，応対者に対
して視聴覚資料を利用した説明をお願いすることが考えられる。

　次に第ⅲ領域で内部監査人が応対者に説明する場合は，一定規模以上の複雑
性を有するものについては，視聴覚資料の使用が考えられる。

　最後に第ⅳ領域で応対者と内部監査人が協働して新たに事実や原理等を追求
しいく場合には，視聴覚資料に基づいて話し合っていくことが効果的・効率的
である場合が多い。また，応対者と内部監査人の話し合いの結果を適宜に文書
にまとめ，両者で確認や整理をしながら話し合いを進めていくことが効果的・
効率的である。

　なお，ロジカル・シンキングの手法で分析した資料等は，効果的・効率的な
インタビューに役立つし，インタビューで得た新しい発見や認識はロジカル・
シンキングの手法を用いた分析に役立つ。事実認識は，コミュニケーションと

調査・分析等が有機的に組み合わされて最も効果的・効率的に達成されるものであり，コミュニケーションとロジカル・シンキングの手法は相互補完的といえる。

4. コミュニケーションの阻害要因と対策・工夫の関係

今まで述べてきたコミュニケーションの阻害要因と工夫を一覧にすると**図表4-7**のとおりとなる。１つの阻害要因に１つの工夫が対応するのではなく，阻

図表4-7　コミュニケーションの阻害要因と対策・工夫

	コミュニケーションの阻害要因	コミュニケーションの対策・工夫
コミュニケーションの前提	① 被監査部署と内部監査部門の立場の違い（監査される側と監査する側の立場の違い）	① 被監査部署・応対者との信頼関係の構築
	② 被監査部署と内部監査部門の価値観，使命感，目的，文化，慣習等の違い	② 経営陣等からのサポート獲得
	③ 被監査部署の応対者と内部監査人各々の人としての多様性	（⑥ インタビュー前の十分な準備：応対者に係る情報の事前入手）
コミュニケーションの内容	④ 監査対象の事実そのものの多面性	③ コミュニケーション内容の適時・適切な確認
	⑤ 応対者の伝えたいことと内部監査人の聴きたいことのアンマッチ	④ インタビュー内容についての内部監査部門での検討
コミュニケーションの方法		⑤ 内部監査人のコミュニケーション能力の醸成
	⑥ 応対者または内部監査人の知識・情報不足	⑥ インタビュー前の十分な準備
	⑦ 不適切なインタビューの雰囲気	⑦ インタビューの適切な基本的姿勢，雰囲気の維持
	⑧ 不適切な内部監査人の姿勢，口調，話の進め方	⑧ インタビューの目的に合った質問の展開や仕方
	⑨ 言葉等伝達する媒体の限界	⑨ コミュニケーションに用いる媒体の工夫
	⑩ 応対者または内部監査人の誤解等	⑩ インタビューと相互補完する資料の準備と提示

害要因と対策・工夫の関係はm（複数）：n〔複数〕である。いくつかの阻害要因に対していくつかの対策・工夫で対応している。

また，この10個の対策・工夫が支援し合って相互効果を発揮することで，全体としてより効果のある対策・工夫として機能する。

▶まとめ

内部監査業務におけるインタビューとは，組織体のいっそうの発展のために，内部監査人と応対者が協働作業することにより，一個人としてできる認識の限界を超えて監査対象について認識し共有するための行為ともいえる。

『ソイヤーの内部監査』には，「管理者は，単に，コミュニケーション・プロセスと，それが組織体と各部門にどのように影響するかを理解するばかりでなく，自らのスキルを評価することと，改善することに全力を投じるべきである。たとえば，不十分な聴取は，十分なコミュニケーションに対する重要な阻害要因の1つである。よい聞き方には，客観性，誠実性，共感，関心，同情，忍耐を必要とする。話し手は，聞き手の経歴，信条，価値観，偏向を考慮に入れて，相手の立場に立つことができなければならない。有能な管理者は，親身になって聞き，相手が言っていることを評価すること，その情報をどのように利用できるかを判断するように自らを鍛える。このような管理者は，相手の話を遮らず，落ち着いて誠実なアイ・コンタクトを保ち，聞いている間に他のことはしない。上司が話を聞かない場合，従業員の士気を挫くばかりでなく，重要なプロセスを破壊する。」[20]と記されている。

管理者に向けられたこの勧奨は，内部監査人にも当てはまり，内部監査人は，コミュニケーション能力の向上のために不断の努力を行うべきである。

注

(1) 大澤ほか（2012）。

(2) 濱嶋ほか（2008, 194頁）。

(3) 本書では「媒体」を「媒介」との関係で次のように位置付けている。すなわち，「媒体」とは，媒介（両者を仲立ちすること）の働きをする手段で，コミュニケーションにおいては言葉や仕草等の伝達手段をいう。

(4) 本章での被監査部署は監査の直接の対象部署だけでなく，監査遂行のためにコミュニケーションを行う関係部署も含んでいる。

(5) 桜井（2011, 69頁）。

(6) 桜井（2011, 80頁）。

(7) ここでの媒体には，言葉（言語）のほかに図表やイラスト，写真のように視覚に訴えるものや録音のように聴覚に訴えるもの，さらには表情，ジェスチャー，口調等の非言語的（non-verbal）なものも含まれる。

(8) 桜井（2011, 31-32頁）。

(9) Cateora（1983, p.13）.

(10) Kahler（1983, p.94）.

(11) 日本認知心理学会（2013, 200頁）。

(12) CPP, Inc.ホームページ（https://www.cpp.com/products/tki/index.aspx）。

(13) CSAとは，Control Self-Assessment（統制自己評価）の略であり，リスクの識別や統制活動の有効性等について，業務執行部署の職員が自らの活動を検証・評価する手法。内部監査人は，CSAのワークショップにおいて，ファシリテーター等を務めることがある。

(14) Hall（1976, pp.53-54）。

(15) Kolb, et al.（1979, pp.131-133）より筆者抜粋。

(16) 橋元（1998, 93-94頁）。

(17) 末田・福田（2010, 20頁）。

(18) 濱嶋ほか（2008, 614頁）。

(19) 小田（2013）。

(20) ソイヤーほか（2008, 47頁）。

第 **5** 章

内部監査業務における
コミュニケーションの方法（下）

—監査結果の報告プロセスにおけるコミュニケーションの方法—

本章の構成

1．「わかる」とは何か
2．効果的に伝えるための書く技術：MAPSの提案
3．「国際基準」の要求事項
4．効果的・効率的な監査報告書の書き方

　本章は，内部監査業務におけるコミュニケーションの方法の後半である。

　前章では前半として，個別の内部監査実施プロセスにおけるコミュニケーションの方法について論説したが，本章は個別の内部監査の結果を取締役会，経営陣（以下，経営陣等）や被監査部署等に伝達する内部監査の結果の報告プロセスにおけるコミュニケーションを取り扱う。

　前章が主として「聴く」を取り扱ったのに対して，本章では「伝える」について論じる。

　本章も前章同様，筆者の内部監査等の現場で行ってきたコミュニケーションの経験に理論的な批判を加える方法によって，内部監査における監査報告のあるべき姿を追求してみたものである。

　すなわち，まず1．で人がわかるとは何かを追求したうえで2．で読み手に伝わる書き方について論説する。

　次に，3．でIIAの「国際基準」とし内部監査報告書についての「国際基準」の要求事項は何かを探求する。

　最後に4．で結論として，3．の「国際基準」の要求事項を満たし，かつ2．でみた伝わる書き方を実現する監査報告書の書き方について追求する構成となっている。

1. 「わかる」とは何か

(1) 「わかる」ということ

　内部監査報告書をはじめとして，ビジネス文書は書き手のメッセージが読み手に効果的に伝えられなくては意味がない。この書き手からみた「伝える」については，相手側である読み手側からみると，書き手のメッセージが「わかる」ことを意味する。そこで効果的な伝え方を考えていくのに先立ち，読み手側の「わかる」とは何かについてまず論説していきたい。

　医学博士の山鳥重氏は脳科学の立場から「『わかる』にもいろいろある」として，①「全体像が『わかる』」，②「整理すると『わかる』」，③「筋が通ると『わかる』」，④「空間関係が『わかる』」，⑤「仕組みが『わかる』」，⑥「規則に合えば『わかる』」の6つの「わかる」を挙げておられる[1]。

　これらの「わかる」は，人がわかったと感じる瞬間の理由につながる。

　この6つの「わかる」を簡単に説明すると次のようになる。

①「全体像が『わかる』」とは，わかるための対象について，時間や場所等の全体像の中での見当がつくこと。

②「整理すると『わかる』」とは，対象を明瞭に分類できること。

③「筋が通ると『わかる』」とは，時間的つながりを把握すること。

④「空間関係が『わかる』」とは，そのさまざまなものの位置関係が理解できること。

⑤「仕組みが『わかる』」では，みかけではなくみかけをつくり出しているからくりを理解すること。

⑥「規則に合えば『わかる』」では，原理・原則を参照し，それに則って現象を操作し，整理できること。

　これらは，どういう状況になったときに人がわかったと感じるのかを説明している。同時に，人がわかったと感じるためには何が必要かをも示している。

図表5-1　さまざまな「わかる」とビジネス文書への応用：「わかりやすいビジネス文書の要件」

さまざまな「わかる」	ビジネス文書への応用
① 「全体像が『わかる』」	⇒ ア．文書で取り扱う事項，内容の全体像が明瞭である。
② 「整理すると『わかる』」	⇒ イ．内容が適切に分類，整理されている。
③ 「筋が通ると『わかる』」	⇒ ウ．内容が時系列等，秩序をもって示されている。
④ 「空間関係が『わかる』」	⇒ エ．部分を語る際も，内容の全体像の中での位置関係が明瞭である。
⑤ 「仕組みが『わかる』」	⇒ オ．現象だけでなく，現象が発生する仕組みや本質が示されている。
⑥ 「規則に合えば『わかる』」	⇒ カ．論理的である。

ビジネス文書であれば，これらの必要な事項が文書の中に適切に満たされているならば，読み手はより速くより適切に理解できる。

　山鳥氏の意見を踏まえて，筆者はビジネス文書では，**図表5-1**の「わかりやすいビジネス文書の要件」に示す次の要件を満たす文章を書く必要があると考えている。

　　ア．文章で取り扱う事項，内容の全体像が明瞭である

　　イ．内容が適切に分類，整理されている

　　ウ．内容が時系列等，秩序をもって示されている

　　エ．部分を語る際も，内容の全体像との関係が明瞭である

　　オ．現象だけでなく，現象が発生する仕組みや本質が示されている

　　カ．論理的である

(2)　理解するプロセス

　次に，わかりやすい，理解しやすい文書とは何かを追求していくために，人がビジネス文書を読んで理解に至るまでのプロセスについて考えてみたい。

　筆者は人が理解するというプロセスを分析すると，理解するために人は**図表5-2**の5つの行為を行っていると考えている。

　これら5つの行為は，母国語の文書を読んでいるときには頭の中で無意識に高速で行われていることが多いため認識されにくいが，外国語（たとえば英語）

図表5-2　理解するプロセスにおける行為

①	参照情報の選択	読んで得た情報を理解するために参照する，頭の中の情報の選択
②	情報の分解	読んで得た情報を理解するためにいくつかの要素に分解
③	情報の整理	読んで得た情報を理解し消化するために分解した要素を整理（内容の骨格となる情報の要素を抽出）
④	意味の認知	書き手の主張の意味を理解
⑤	内容の認知	書き手の主張を参照情報との比較等を行い評価，判断

で書かれた文書を読んで理解しようとしている場合をイメージしていただけると，特に②情報の分解以降のプロセスはわかりやすい。

① 参照情報の選択

　読み手が何かの情報に接したときにその情報を理解し反応するために頭の中で利用する参照情報を選択することである。

　読み手は，文章を読みながらこれはAに関する話だなと頭の中で判断すると，Aに関する情報（知識，体験，基準等）を頭の中で引き出し，その情報を参照情報として，文章を読みながら評価していく。さらに読み続けていくと，これはAに関する事項の中で特にA_1に関する事項だと参照情報を絞ったり，Aに関する事項と思ったがBに関する事項だったと参照情報を変更したり，あるいはAとB等，複数の参照情報を参考にしたりしていく。このように読み手は読んだことを頭の中にある参照情報を規準として比較することによって理解していく。

　これらの参照情報は，前述の山鳥氏のいわれる「わかる」のために利用できる情報といえる。また，そのような参照情報になり得るものは自分の学習や経験等から得たものの中で，意識的にしろ無意識にしろ，頭に残っている情報であるため，人は知識量や経験等の違いにより理解の仕方や深さが違うこととなる〔FYI4－3〕。

② 情報の分解

　ここでいう情報は参照情報ではなく，読んでいる文章が提供している情報を

意味しており，「情報の分解」とは，読み手が理解するためにこの情報をいくつかの要素に分解することをいう。「情報の分解」には，センテンスにおける分解とパラグラフにおける分解がある。

　まず，センテンスにおける分解であるが，読み手はセンテンスを読み，何が主語で，述語で，補語，目的語等であるかを見定め，どの語がどの語をどのように修飾しているかの修飾・被修飾の関係を掴もうとする。これをセンテンスの分解という。英文和訳の際に英文法に従って文の構造を把握している状況をイメージしてほしい。

　次にパラグラフにおける分解である。センテンスが1つまたは複数集まってパラグラフ（段落）が構成されているが，パラグラフを構成する各センテンスをその内容に従い分解することがセンテンスの集合における分解である。導入のセンテンス，主題のセンテンス，まとめのセンテンス等である。また，センテンスの中で使われている語句のうち，一般的には複数の意味があるものについては，段落全体で言おうとしている内容（文脈）から計って，その語句の意味を決定することもこの段階で行われる。英文和訳では，和訳を完成しようとしている段階である。

　さらに，センテンスや段落を分解して把握した情報に基づき，読み手は書かれてある情報を自分が理解し消化するための骨格になると認識した情報とそれ以外の情報に分ける。

③　情報の整理

　このように骨格となる情報だけを選別する行為をいい，情報の整理により，書き手の言いたいことの内容を効率的に把握する準備が頭の中でできることとなる。この情報の整理を誤ると，重要な情報の認識漏れが発生したり，要領を得た認識が困難となり，時には誤解が生じる。

④　意味の認知

　「情報の整理」により，書かれていることを頭の中で把握できる程度に要約した形，たとえば5W1Hに整理された形で認識する行為である。和訳し英文解釈をし，わかったと感じる段階である。たとえば，英語で話を聴いたり読ん

だりして，意味がわかったと認識する段階である。

　なお，現実的には，この意味の認知ができるまでに，読み手は情報の分解，整理を頭の中で何回も繰り返すことがある。

　しかしながら，読み手が書き手の主張に対して適切に吟味し何らかの反応（書き手の主張を無視して何もしないという反応も含まれる）をするためには，書き手の主張の意味を認知するだけでは不十分で，認知した意味を自分の頭の中で整理した参照情報と比較して，書き手の主張の内容を評価や判断ができるくらいまでに認知すること（内容の認知）が必要となる。

⑤　内容の認知

　書き手の主張に対して，受け入れるか否か，合理的か否か，実践可能か否か，等の判断を行えるまでに理解することをいう。英文で読んだ主張に対して自分の頭で考え，意見をいえる状況である。前章で述べたヒューリスティックな判断ができるまでに理解できる状況である。

　読み手は理解するために上記の5つの行為を行うが，わかりやすい文章，理解しやすい文章とは，これらの5つの行為を書き手ができるだけ事前代行をして，読み手の脳内作業負担を軽くする形で書かれてある文章である。

(**F**or **Y**our **I**nfomation 5-1)
理解するプロセス

　藤沢晃治氏は「『わかりやすい文章』の技術」[2]で，認知心理学でいう短期記憶（人間が外界からの情報を処理する際，情報が最初に処理される場所）を「脳内関所」と呼んだうえで，脳内関所での作業項目を次の5段階に分けている。

　作業1　脳内辞書（短期記憶で処理した情報が最終的にしまわれる場所）を1
　　　　　冊選ぶ
　作業2　情報を分解する
　作業3　情報を整理する
　作業4　情報の意味を理解する
　作業5　情報の論理性をチェックする

2. 効果的に伝えるための書く技術： MAPSの提案

(1) MAPSの全体像

　今まで述べた，人が理解するための要件と理解するプロセスに係る内容を踏まえて，理解しやすい文章の書き方について検討していく。

　筆者は，読み手の頭の中での作業負担を軽くしてわかりやすい文章作成のためのフレームワークとして，**図表5-3**のMAPSを提案したい。

　MAPSとは，わかりやすい文章を書くための要素である，「書き方（Manner）」，「見せ方（Appearance）」，「説得力（Persuasion）」と「規範（Standard）」の英単語の頭文字を取ったものである。

　MAPSの基本的フレームワークについて説明すると，MAPSは**図表5-3**のとおり，大要素，中要素，小要素の3つの段階の要素からなっており，原則として大要素は中要素に分解され，中要素は小要素に分解される。大要素は，「読み手を想定」，「書き方（M）」，「見せ方（A）」，「説得力（P）」，「規範（S）」，「文章の推敲」である。

　このMAPSのフレームワークは，読み手に効果的・効率的に伝え，よくわかっていただくためには，MAP（「書き方（M）」，「見せ方（A）」，「説得力（P）」）に工夫が必要ということを示している。さらに，各文書には，その文書の性格上求められる要件がある。ビジネス文書であれば，宛先を明示したうえで，5W1Hを明確にする必要があるとか，内部監査報告書であればIIAの「国際基準」の要求事項を満たす必要があるとかの要件である。この要件を満たす必要があることをMAPSのS（「規範（S）」）が示している。

　先の「理解するプロセス」で述べた，①参照情報の選択はMAPS全体に，②情報の分解，③情報の整理，④意味の認知は「書き方（M）」，「見せ方（A）」に主として関連し，⑤内容の認知は「説得力（P）」に主に関連している。なお，「規範（S）」は後述するビジネス文書（内部監査であれば，監査報告書等）の

図表5-3　MAPSのフレームワーク

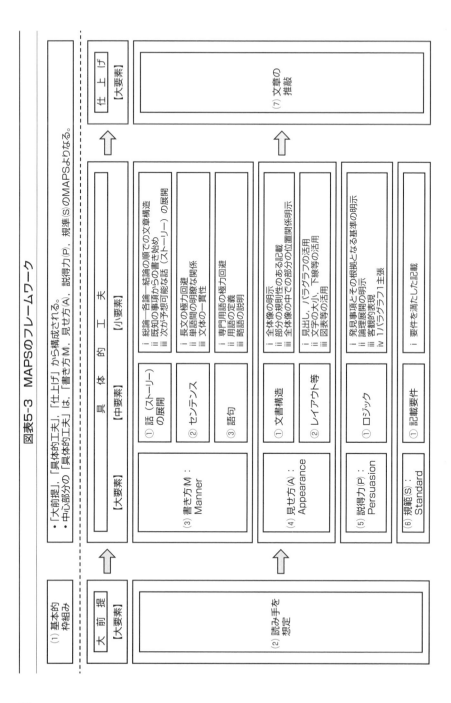

- 「大前提」、「具体的工夫」、「仕上げ」から構成される。
- 中心部分の「具体的工夫」は、「書き方(M、見せ方(A)、説得力(P)、規準(S)のMAPSよりなる。

基本的枠組み			
(1)			

大　前　提 [大要素]			
(2) 読み手を想定			

具　体　的　工　夫			仕 上 げ [大要素]
[大要素]	[中要素]	[小要素]	
(3) 書き方(M):Manner	① 話(ストーリー)の展開	i 総論－各論－結論の順での文章構造 ii 既知の事項からの書き始め iii 次が予想可能な話(ストーリー)の展開	(7) 文章の推敲
	② センテンス	i 長文の極力回避 ii 単語間の明瞭な関係 iii 文体の一貫性	
	③ 語句	i 専門用語の極力回避 ii 用語の定義 iii 略語の説明	
(4) 見せ方(A):Appearance	① 文書構造	i 全体像の明示 ii 部分の規則性のある記載 iii 全体像の中での部分の位置関係明示	
	② レイアウト等	i 見出し、パラグラフの活用 ii 文字の大小、下線等の活用 iii 図表等の活用	
(5) 説得力(P):Persuasion	① ロジック	i 発見事項とその根拠となる基準の明示 ii 論理展開の明示 iii 客観的な表現 iv 1パラグラフ1主張	
(6) 規範(S):Standard	① 記載要件	i 要件を満たした記載	

記載要件に関する事項である。

　また，保有している参照情報は読み手によって異なるため，読み手を想定することがわかりやすい文章を書く前提となる。

　以降で，大要素に沿ってMAPSについてより詳細に論説していく。

(2)　読み手を想定

　書き手は伝えたいことを読み手にわかってもらうために文章を書く以上，「読み手を想定」して書くのは当然である。「読み手を想定」して，読み手が参照情報としてどのような情報をどの程度保有しているかを測って文章を書くことにより，読み手にとってわかりやすい文章となる。実務において，情報提供や説明等が不足したり，難解，不明瞭な文章を書いておいて，「わからない読み手が悪い」という言い訳は許されない。

(3)　書き方

　書き方は，①話（ストーリー）の展開，②センテンス，③語句の３つの中要素からなっており，それぞれの中要素は複数の小要素からなっている。

①　話（ストーリー）の展開

　話（ストーリー）の展開には，ⅰ．総論（主張）−各論（根拠）−結論（結語）の順での文章構造維持，ⅱ．既知の事項からの書き始め，ⅲ．読み手にとって次が予想可能な話の展開の３つの小要素が含まれる。

ⅰ．総論（主張）−各論（根拠）−結論（結語）の順での文章構造維持

　読み手が関心を持続して文章を読み続けていくためには，文章がストーリー性を持ち，かつ論理的に書かれている文章である必要がある。読み手が話の展開を予測しつつ読み進められるからである。

　この条件を満たすための文章構造のモデルが**図表5-4**である。その特徴は総論（主張）−各論（根拠）−結論（結語）の順で文章が構成されていることで

図表5-4　文書の全体構造

総論	導入部 目的 要約		
各論	各論1		
	各論1の総論	各論1の各論a，各論b・・・・	各論1の結論
	各論2		
	各論2の総論	各論2の各論a，各論b・・・・	各論2の結論
	↓		
結論	主張，評価， 助言，提案，勧告等の詳細		
	締めの文言		

ある。この順番で文章が構成されていることにより，読み手は，最初のパラグラフ（総論）で，この文章で伝えたいこと，主張の全体像と要旨を知ることができ，次のパラグラフ（各論）で，読み手が総論で抱いたかもしれない「その主張は正しいのか」，「裏付けはあるのか」という疑問に対して，「なぜならこのような発見事項があったためこのように考えられる」と，具体的に意見形成の根拠を示すことができる。そして，最後のパラグラフ（結論）で，「以上のとおりだからこうである」，「こうすることを勧める」という書き手の結語で文章を締めくくることができる。

ⅱ．既知の事項からの書き始め

　文章の導入部は，この文章で伝達されることについて読み手の関心を引くものでなければならない。そのためには，導入部の記載事項は，文章の主題に係る読み手と書き手，双方にとって共通の関心事項でなければならない。読み手にとっては興味が薄いことから書き始めては，読み手の関心を引くことは困難である。読み手にとっての関心事項で，できれば読み手も書き手も自明のこととして受け入れていること等から書き始め，書き手が伝えたい事項へ読み手を導くことが重要である。

読み手と問題認識を共有せずにいきなり「ワンタイム・パスワードの導入を提案する」といわれれば、読み手はいきなり何の話かと身構えるかもしれない。それで話の導入として、読み手と書き手が共有する事項や、当然のこととして受け入れる事項からはじめ、たとえば「顧客情報管理は重要である」（共有している価値観）と述べ、次に、「成りすましによる顧客情報搾取が他社において続発しており、会社であればどこでも無差別に狙っている」（共有している情報）と述べれば、読み手はそれで「当社は大丈夫なのか？」「リスクがあるならどうしろというのか？」というような問いを持つので、自然な流れで読み手を書き手が伝えたい事項へと導くことができる。これが導入部の役割である。

前述した「ジョハリの窓」**(図表4-1参照)** でいえば、文書の導入部の役割は、被監査部署も内部監査人もともに認識している第ⅰ領域のことを効果的に伝達することにより文章のテーマについて被監査部署に関心を持ってもらい、彼らを内部監査人が被監査部署に伝えたい第ⅲ領域、あるいは被監査部署と一緒に考えていきたい第ⅳ領域に自然な形で導くことにある。内部監査結果の報告では、アシュアランス活動に係る結果の報告については主として第ⅲ領域の情報を提供し、一方コンサルティング活動に係る結果の報告については、第ⅲ領域および第ⅳ領域に係る情報を提供する。

また、導入部の役割は、書き手が本当に伝えたいことを理解し受け入れてもらうために読み手に知的準備をしていただく、いわば土壌づくり、田畑の耕しである。したがって、導入部の適切な長さは、読み手（内部監査報告書の場合であれば、経営陣や被監査部署の役職員）の持つ知識量や情報量と伝えたいこと等の複雑性による。

なお、上記の文章の表題を「ワンタイム・パスワードの導入について」とするか、「顧客情報管理の強化について」とするか、「顧客情報管理のためのワンタイム・パスワードの導入について」にするか、あるいは他の表題にするかは、原則として読み手の課題認識の程度や保有する情報量等を踏まえ、読み手の関心の引きやすさ、読み手へのインパクトを勘案して決めることとなる。なお例外は、不正調査やM&A調査等、情報の機密性保護の場合から、あえて表題は直接的な表現にせず、一般的なものにするような場合である。

iii. 読み手にとって次が予想可能な話（ストーリー）の展開

　読み手が関心を持って読み続けるためには読み手が頭の中で自然に展開するであろう考えや予測の流れに沿う形で記載されていることが重要であり，これは**本節（5）①ii.** 論理展開の明示の際にも大変有益である。

　導入部において想定される読み手と認識や価値観を共有していることから書き始め，それを読んだ読み手が持つだろう疑問や関心事項が次に書かれているなら，読み手の思考の軌道上に話が乗っているので，わかりやすい文章となる。思考の軌道上に話が乗るためには，文章が分類順や時系列等規則性のある順に記載されていること，主張の根拠が確実であること，さらには論理展開が合理的であることが必要である。**本章1.（1）**で述べたとおりである。

②　センテンス

　センテンスには，ⅰ. 長文の極力回避，ⅱ. 主語・述語，修飾・被修飾，係り結び等，単語間の関係が明瞭，ⅲ. 文体の一貫性の3つの小要素が含まれる。

ⅰ. 長文の極力回避

　1センテンスが長くなりすぎると，読み手は読み進むにつれて，文章のはじめの部分を忘れたり，センテンスの構造が不明瞭になり，意味が読みとり難くなるので，センテンスを分けて伝えるなどの工夫が必要である。一塊の意味を伝える必要上どうしても長文になる場合は，句読点等を効果的に活用せねばならない。

　一方，短いセンテンスは，読み手の集中を促し読む調子を与える反面，短いセンテンスが続くと，ぶっきらぼうな印象を読み手に与える。適切なセンテンスの長さを考えるには読みやすさと話の流れ等のバランスが重要である。

ⅱ. 単語間の明瞭な関係

　センテンス上の主語と述語，補語と目的語，修飾・被修飾の関係，語順等，単語の係り結びが明瞭であること等が重要である。たとえば，前章で述べたように「非効率な内部監査の調査」と記載した場合，「非効率な内部監査について調査」するのか，「内部監査の調査が非効率」なのか，2通りの捉え方がある。

前後の文脈で係り結び等が明瞭な場合もあるが，読み手に誤解を与えないためには，単語の係り結び等には細心な注意が必要である。

iii. 文体の一貫性

　文体の種類としては，「である体」と「です・ます体」がある。

　「である体」は，歯切れがよく，事実を正確，簡潔に表現するのに適した文体であるが，読み手に高圧的，威圧的で押しつけがましいといった印象を与える可能性がある。一方，「です・ます体」は，冗長で間延びした印象を与え，文意がぼやける可能性があるが，読み手が親近感を持つ表現であり，読み手の共感を得るのに適している。

　読み手にとってわかりやすい文章とするため，文章の中に「です・ます」文体と「である」文体の混合は避け，文体はどちらかに統一すべきである。文体の特性を考えて，文章の目的に相応しい文体を選択すればよい。

　また，記載方法には「能動態」と「受動態」（いわゆる「受け身」）があるが，1センテンスの中で，「能動態」と「受動態」を混ぜることは極力避けるべきである。読み手は，そのセンテンスの主語は何かに注意を払って読んでいるので，同じセンテンスの中で「能動態」と「受動態」が入れ替わると，その度に主語が変わり読みにくい文章となる。

③　語句

　文中で用いられる用語，述語に関する注意事項であり，ⅰ．専門用語の極力回避，ⅱ．用語の定義，ⅲ．略語の説明の3つの小要素が含まれる。

　書き手にとって自明の言葉でも読み手にとっては必ずしもそうでないことがあり，読み手に配慮した書き振りにする必要がある。

ⅰ. 専門用語の極力回避

　専門用語の使用はできる限り回避し，使用する場合は読み手を想定した適切な説明が必要である。専門用語は，専門用語を用いないと冗長な記載となる事項を一語で表すことができる利点があり，専門家同士の場合にまで専門用語の使用を回避する必要はないが，専門家でない人も読み手として想定するなら，

専門用語の使用は極力回避するのが望ましい。

ⅱ. 用語の定義

　複数の定義や意味がある用語は，その用語の定義を示したうえで用いなければならない。ある用語について書き手が意図した意味とは別の意味に読み手が取った場合，読み手は書き手の文章を理解できなかったり，誤解したりする可能性がある。

　たとえば，虚偽表示という行為は，民法上は故意の場合に限られるが，会計監査上は故意でない誤謬も含まれる。文脈上から，どちらの意味で使用されているか明確な場合もあるが，適切に用語を定義しておかないと読み手が書き手の意図とは違う意味に用語を解釈して混乱する可能性がある。

ⅲ. 略語の説明

　略語をその文章で最初に用いるときには，その略語が読み手にとっても自明である場合を除き，何の略語かを示してから用いる必要がある。前章の例でも用いたが，たとえばGRCを説明なしで用いた場合，書き手はGovernance, Risk and Complianceの省略として書いたつもりでも，読み手はGovernance, Risk and Controlと取りかねない。

⑷　見せ方

　文章を読むとき，まず文章の外観が読み手の目に入る。この時に文章の構造やキー・ワードが目に入るなら，読み手は読む前に文章の内容についての大まかなイメージを得られ，読み進める際の助けになる。複雑な事項も見せ方や図表等の助けによりわかりやすくなるので「見せ方」は重要である。

　この「見せ方」という大要素は，「文章構造」と「レイアウト等」の2つの中要素からなっている。

① 文章構造

　文章の内容の見せ方を取扱い，ⅰ. 全体像の明示，ⅱ. 部分の規則性のある

記載，ⅲ．全体像の中で部分の位置付けの明示の小要素からなる。

ⅰ．全体像の明示

図表5-1で「ア．文書で取り扱う事項，内容の全体像が明瞭である」と示したように，全体像が適切に示されることにより，読み手は，書かれていることの全体像をイメージすることができ，効果的・効率的に文章を理解できるようになる。

書き手が執筆する分量が一定以上になったり，その内容が複雑になった場合等は，文章全体をいくつかの部分に分けて書き上げることになる。

たとえば，**本章2．(3)** ①ⅰのように総論（主張）－各論（根拠）－結論（結語）の順での文章構造維持で示したようにいくつかの各論を持って全体を示していくこととなる。その場合，読み手が「木をみて森をみず」の状態になり，各論を読んでいるうちに全体を見失ったりすることがないようにするため，読み手としては全体像から掘り下げる形で部分（各論等）を読んでいくことが重要である。そのために，書き手はテーマの全体像を秩序や規則性を持って明瞭に示す必要がある。全体像の見せ方により読み手の理解する程度や効率に差が生じる。適切に内容を分類したり，時系列に整理したりして全体像を示すことにより，読み手は理解しやすくなる。

次の示し方は，全体像を明瞭かつMICEに示す代表的なものである。

ア．伝えたいことの一覧を箇条書きで記載

イ．フレームワークで示す

ウ．業務フロー，フローチャート（流れ図）で示す

エ．地理的分布で示す

オ．時系列に発生事項を示す

カ．組織体全体像を表す組織図や社員の年齢別構成図等，特定の概念全体を表す図で示す

キ．分類図や類型図で示す

ク．ある結果を導く諸要素全般の相関関係を相関関連図で示す

ケ．観察事項，発見事項から意見形成までの論理の展開を一覧で示す

コ．「あるべき姿」の全体像を策定し示す

これらの全体像の示し方の中から，どの示し方を採用するかは，その文章で伝えたいことの目的や内容による。

　全体像の示し方については，**第2章1．（2）図表2-4**を参照されたい。

ⅱ．規則性のある記載の順序

　全体像を見せた後は各部分について順に述べていくが，ⅰで述べたとおり，全体を構成する各部分が何らかの秩序や規則性を持って順番に記載されていると，読み手は理解しやすい。規則性に従って記載されることで，読み手は内容全体の中のどこについて今読んでおり，次には何について読むことができるかを予測できるからである。この規則性が読み手の理解を容易にし，関心を持続させる鍵になる。記載順序の規則性としては，ⅰの全体像の示し方の例が考えられる。

ⅲ．全体像の中での部分の位置関係明示

　部分の規則性を持った記載に加えて，書き手が今，述べている部分が全体像の中でどこかを明示することも効果的である。たとえば**図表5-5**は顧客情報管理の統制活動（全体像）において技術的統制（部分）を取り扱っていることを示している。全体像の中での部分の位置関係を明示することにより，読み手に「この話はどこまで続くのか」とか，「あの事項はいつ述べられるのか」という疑問を持たれることを防ぐ。

　これらの各部分は，文章の構成上，各論という形で示されることが多い。

　監査報告書の場合，各論の内容は大きくは，ア．主張や結論の導出の根拠となった発見事項とイ．その発見事項から主張や結論を導出した論理展開プロセスに分けることができる。個々の発見事項は，文章の内容全体のどこに位置付けられるかを明示しておくことが重要である。また，主張や結論の表明では，主張や結論と発見事項との紐付けを明示し，発見事項から主張や結論に至る論理展開を示すことが重要である。読み手が書き手の主張や結論の根拠を即座に認識できるからである。

図表5-5　顧客情報管理の統制活動における技術的統制

対策	具体例
組織的統制	方針，規程，手順書，等 委員会，最高管理責任者，管理責任者（各部長），管理委員，等 連絡網，安否確認，インシデント対応文書，等
人的統制	周知徹底，教育，同意書の徴収，職務・権限の分離，メンタル・ケア，懲戒規定，等 業務委託先管理，インシデント対応訓練，等
技術的統制	ID，パスワード管理，生体認証，暗号化，ファイアウォール，不正探知・防止，振る舞い検知，ログ収集・保存・分析，等 冗長性整備（ミラーリング，バックアップ），等
物理的統制	耐震・耐火・耐水構造，空調設備，電源・回線設備，等 入退館・室管理，入退記録の保存，監視設備，等 モバイルPC等の固定，施錠場所への管理，等

②　レイアウト等

　読み手の視覚に訴える部分である。レイアウト等を支える小要素として，ⅰ.見出し，パラグラフの活用，ⅱ.文字の大小，下線等の活用，ⅲ.図表等の活用がある。

ⅰ.見出し，パラグラフの活用

　見出しが適切に活用されていると，読み手は見出しをみただけで，その文章の内容を推測できる。各見出しの下に1つまたは複数のパラグラフ（意味段落）がある。各パラグラフに1つのメッセージだけが書かれてあり，それが文章の形式上の段落とも一致しているなら，パラグラフを斜め読みするだけで読み手は大体の意味を把握することができる。

　見出しとパラグラフの適切な活用は，読み手の関心を引き，精読するに先立つ予備情報を提供するのに効果的である。

ⅱ.文字の大小，下線等の活用

　見出しが一見して文章の大体の内容を示す手段であったのに対して，文字の大小，下線等の活用は読み手に関心を払ってほしい箇所や語句を示すのに有効

な手段である。読み手は，大きな文字や太字で書かれた語句，下線等が引かれた箇所を重要と判断して注意を払って読むことになる。

ただし，大文字や太字，下線部分等が多すぎると読み手の注意が散漫になってしまう可能性があるので，その使用頻度も考える必要がある。

ⅲ．図表等の活用

書き手はより効果的・効率的にメッセージを伝えるために，図表，イラスト，写真，等の視覚資料を補完資料として活用することが有益である。

読み手は図表によりメッセージの理解がしやすくなり，書き手は説明する文章の短縮が可能となる。図表は，ロジカル・シンキングの手法を活用すると明瞭で説得力のあるものを作成することができる。

For Your Infomation 5-2

段落とパラグラフ

日本語の段落には，意味段落と形式段落がある。意味段落は，１つのメッセージを伝える文の塊をいう。形式段落は，その形式段落だけで必ずしも１つのメッセージを伝えるわけではなく，表記上，段落にしているものである。ただし，複数の形式段落によって１つのメッセージを伝える場合もある。形式段落の場合，最初の文を改行後，一文字下げて書き始める表記で形式段落の開始を示すことが通常である。

倉島保美氏は『論理が伝わる「各技術」』[3]でパラグラフを「パラグラフと段落は似ていますが，パラグラフは１トピック限定で，要約文があるところが違います。…（中略）…しかし，パラグラフには，１つのトピックを述べるという決まりがあります。段落には，そのような明確な決まりはありません。そこで，パラグラフと同じ意味を指すために，国語教育では，意味段落という言葉が用いられるときがあります。意味段落なら，パラグラフとおおむね同じです。

さらに，パラグラフには，要約文という概念があります。しかし，意味段落には，要約文という概念は明確にはありません。ここが，パラグラフと意味段落の異なるポイントです。」と述べておられる。

筆者は，パラグラフには必ずしも要約文が伴っていないと考えているので，パラグラフと意味段落とはほぼ同義に考えている。ただし，段落というと形式段落を想像される可能性があるので，本書では形式段落とは違うということを明確に示すためにパラグラフという用語を用いることとした。

⑸　説得力

　書き手が文章を書く目的は，読み手にメッセージを伝え，読み手に書き手の期待する反応や対応をしてもらうことである。よって書かれた文章は読み手に対して説得力が必要である。そこで説得力のある文章について論説する。ここに含まれる中要素は，説得力の源泉となる「ロジック」である。

①　ロジック

　ロジックについては，ⅰ．発見事項とその根拠となる規準の明示，ⅱ．論理展開の明示，ⅲ．客観的表現，ⅳ．1パラグラフ1主張の4つの小要素がある。

ⅰ．発見事項とその根拠となる規準の明示

　本章（4）①ⅲの最終部分で発見事項について触れたが，発見した事項をたとえば不備として説得力をもった主張を行うためには不備（発見事項）と評価できる根拠を示すことが必要であり，その根拠の基となる規準には次のようなものがある。

　ア．既知の「知識・情報」，「事実」，「真理」

　イ．「法令」，「規制」，「制度」

　ウ．広く受け入れられている「基準」，「慣習」

　エ．社内の「方針」，「規程」，「手順書」

　オ．「あるべき姿」，「ベスト・プラクティス」，「ベンチマーク」，等

　たとえば組織体においてある行為や事象を不適切な行為や違反の発見事項といえるのは，上記のような規準があって，その規準とある行為や事象との間で差異が認められ，その差異が組織体に影響を与えるからである。

　書き手は「発見事項」と判断している対象について自らの判断や評価を述べる時，その評価規準を明示する必要がある。人により使用する評価規準が違うと，対象についての評価や判断結果が変わってくる。書き手は，読み手に書き手と同じ目線で考えてもらうために，書き手は，読み手に評価規準の妥当性を説明し，その評価規準を共有してもらう必要がある。

ⅱ．論理展開の明示

本節（5）①ⅰとこの**（5）①ⅱ**は，書き手が「発見事項」から自らの判断や主張等の結論を導出する一連のプロセスを取り扱っている。

本節（5）①ⅰに基づき評価の基となる「規準（TO-BE）」が定まれば，以下の基本的な流れは，**図表5-6**のとおりである。まず，「規準」と対象の「現状（AS-IS）」を比較し，「差異」を認識したら，その１つの「差異」または複数の「差異」の意味する事項を「発見事項」として取り扱う。以上が**本節（5）①ⅰ**がカバーする領域である。

次に，「差異」発生の「原因」探求と「差異」による「影響」を見積もって，評価や主張等の「結論」を導出することとなり，これは**本節（5）①ⅱ**がカバーする領域である。

また「発見事項」から評価や主張等，「結論」となる意見を構築するためのアプローチの方法としては大きくいうと**図表5-7**が示すように３つあり，それらはア．三段論法によるアプローチ，イ．帰納法によるアプローチ，ウ．演繹

図表5-6　発見事項検出から監査意見導出までのプロセス

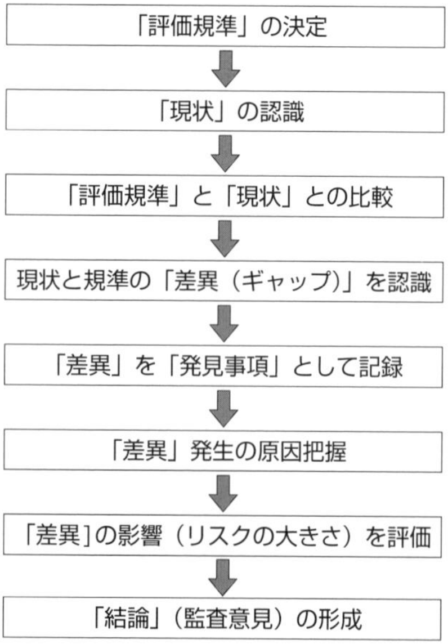

「評価規準」の決定

⬇

「現状」の認識

⬇

「評価規準」と「現状」との比較

⬇

現状と規準の「差異（ギャップ）」を認識

⬇

「差異」を「発見事項」として記録

⬇

「差異」発生の原因把握

⬇

「差異」の影響（リスクの大きさ）を評価

⬇

「結論」（監査意見）の形成

図表5-7　意見形成のためのアプローチ方法

【三段論法】

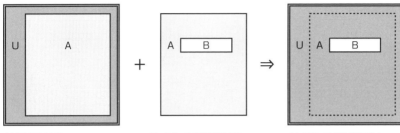

情報管理(A)は
経営陣等の役割(U)である。
【A≦U】

サイバー攻撃対策(B)は
情報管理(A)の1つである。
【B≦A】

サイバー攻撃対策(B)は
経営陣等の役割(U)である。
【B≦U】
（∴B≦A≦Uが成立）

- -

【帰納法】

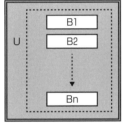 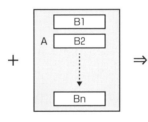 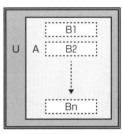

B1,B2…Bnはサイバー攻撃(U)
を受けている。
【B≦U】

B1,B2,…Bnは日本の企業(A)で
ある。
（B1+B2+…+Bn→日本の企業(A)）
【B⇒A】

日本の企業(A)はサイバー攻撃
(U)を受けていると推定される。
【B⇒A≦U】

- -

【演繹法】

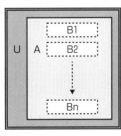 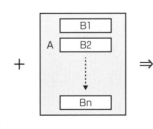 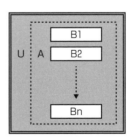

日本の企業(A)は,
サイバー攻撃(U)を受けている。
【A≦U】

日本の企業(A)はB1,B2,…Bn
からなる。
（日本の企業(A)→B1+B2+…+Bn）
【A⇒B】

B1, B2…Bnは,
サイバー攻撃を受けていると推
定される。
【A⇒B≦U】

173

法によるアプローチである。三段論法，帰納法，演繹法の詳しい説明について
は**第2章3.**を参照されたい。

　書き手は，読み手が納得感をもって読んでいけるように，細心の注意を払っ
て示していく論理の展開を行う必要がある。また，「発見事項」から何らかの
結論を出すに至った論理展開をどこまで示すかは，論理展開の複雑性による。
論理展開が単純な場合は記載しなくとも読み手が頭の中で理解できる場合もあ
るが，論理展開が複雑になる程，論理展開を適切に明示することにより，書き
手はより説得力のある文章を書くことができる。

iii．客観的表現

　文章の記載事項には，現状や事実そのものを表現する場合と，その現状等に
ついての評価を表す場合がある。現状を表現する場合には，数字等客観的な表
現で記載することがビジネス文書では望ましいことである。

　たとえば，内部監査の結果報告でも，不備が多数か若干かといった数の多少
等の個人の主観的基準に基づいて議論するより，サンプル何件中何件の不備と
客観的に記載したほうが議論の余地がない。受容可能な水準も計数化されてい
たら，サンプルに基づく評価も客観的なものとなる。

　また，**第1章7.**で論説したように，KGIの数的評価を達成したKPIの達成
数で表現することもあり得る。

　このように客観的な数字等で監査報告書に記載するためには，内部監査人は
監査プログラム作成の段階から客観的な数字等を入手できる監査手続の実施を
計画しておく必要がある。ただし，説得力のある客観的な数字等を効率的に入
手する監査手続は必ずしも容易でない場合もあり，内部監査人の継続的な努力
が必要とされる。

　一方，現状（事実）を踏まえての書き手の評価や結論については，判断が入
り，その際は「適切な管理」等の表現が用いられることになるが，この場合も
適切と判断する客観的な根拠を整えておくことは重要である。

iv．1パラグラフ1主張

　（4）②iで述べたように，効果的な伝達のためには，1つのパラグラフに

は1つの主張とすることが望ましい。なぜなら，1パラグラフ1主張の場合は，1つのパラグラフに複数の主張が記載されている場合と比較して，書き手の主張について読み手が混乱する可能性が少なくなり，書き手の論理展開が読み手にわかりやすく伝わるからである。

また，書き手の論理展開において1つのパラグラフに1つの主張だけが記載されているため，読み手は書面上で書き手の主張が記載されている箇所をみつけやすくなる。

(6) 規範

① 記載要件

この中要素「記載要件」に属する小要件は「要件を満たした記載」である。

ⅰ．要件を満たした記載

ビジネス文書には通常，その文書の目的を果たすために必要とする「記載要件」がある。たとえば会議の招集状であるなら，招集者，召集日に加えて，会議の日時と場所が必須であろうし，会議の目的や議題の記載が必要な場合もある。本章でいう要件とは，法令や基準，あるいは社内文書等で明示されている要件だけでなく，明示されていなくとも当該文書の性格上，その目的を果たすためには当然に記載することが必要な事項も含む。

いくらわかりやすい文章を書いても，その文書に求められる要件が欠けているなら，その文書はその文書に期待される目的を果たしていない。文書がその機能を適切に果たすための規範を満たしていることが必要である。

(7) 文章の推敲

今までMAPSの大前提とわかりやすい文書を書くための具体的工夫について論説してきたが，大要素の3つめは「文章の推敲」である。「文章の推敲」とは，文章が読み手を想定し（大前提），20個の具体的工夫（MAPSの小要素）を満たす形で記載されているかを確認する行為のことである。

書き手は，自分の伝えたいことへの思い込みが強くなりがちであるため，書き手にとっては明瞭なことでも読み手にとってはわかりにくい書き方になっていることがある。論理展開の不明瞭な記載，不十分な用語説明，主語・述語の関係，言葉の係り結び，修飾関係等が不明瞭，あるいは幾通りかの解釈ができる記載になっている場合等である。伝えたい思いの空回りを防ぎ，読み手に伝わりやすい文章にするため，書き手は批判的に何度も文章を読み返し，推敲を重ねる必要がある。また，書き手はどうしても思いが先走り，確認漏れが生じやすいので，第三者による文章の推敲を受けることが望ましい。

　以上，MAPSのフレームワークについて論説してきた。理解しやすく効果的な文章を書くためには，「読み手を想定」して書くことを大前提に，「書き方」，「見せ方」，「説得力」，「規範」における20個の具体的工夫を実践していくことが必要である。そして仕上げは「文章の推敲」である。

　なお，20個の具体的工夫はそれぞれが独立しているのではなく，互いに関連しており，相互補強の関係にある。

3. 「国際基準」の要求事項

(1)　関連する「国際基準」の規範

　前節で一般的なビジネス文書において効果的に伝えるためのフレームワークであるMAPSについて論説した。MAPSでは，その文書に必要とされる記載要件（規範）に適合して文章が作成されることもポイントの1つとして示しており，本書の場合，内部監査報告書に係る規範がその記載要件となる。

　内部監査結果の報告をIIAの「国際基準」に沿って行う場合は，結果の報告に係る「国際基準」の各基準に適合している必要がある。

　内部監査結果の報告プロセスでも課題となるのは，コミュニケーションの4つの要素（**第4章1.（1）参照**）である。すなわち「誰（発信者）」が，「誰（受

信者)」に，「何」（コミュニケーションの客体）を，「どのように」（コミュニ
ケーションの媒体）に伝達するかである。

　「国際基準」は，この課題について「伝達の規準」（「国際基準」2410），「伝
達の品質」（「国際基準」2420），「内部監査の結果の周知」（「国際基準」2440）
で取り扱っている。「何」を「伝達の規準」で，「どのように」を「伝達の品質」
で，「誰が，誰に」を「内部監査の結果の周知」で取り扱っている。

　本節では説明のわかりやすさの観点から，まず「内部監査の結果の周知」（「誰
が，誰に」伝達）を説明し，次に「伝達の規準」（「何を」伝達）と「伝達の品
質」（「どのように」伝達）について説明する。

(2)　「誰が，誰に」伝達

　図表5-8は，内部監査の結果を誰が，誰に伝達するかに係る「国際基準」お
よびその「実施ガイダンス」の内容をまとめたものである。まず「誰が」であ
るが，**図表5-8**から，内部監査の結果の発信者は内部監査部門長または内部監
査部門長の命じた者（以下，内部監査部門長等）であり，いずれにしろ内部監
査部門長の責任で行われる。

　一方，「誰に」であるが，内部監査結果の受信者は，ア，結果を受け取るビ
ジネス上の必要性がある者，イ，改善措置の計画を管理する責任のある者，ウ，
最高経営者，取締役会の３つの範疇に分けられ，最終的に誰にどのように伝達
するかは，内部監査部門長等が決定する。なお，後日確認できるようにするた
めに伝達を受け取る者に関する配付リストを作成する場合がある。

(3)　「何を」伝達

　次に「何を」伝達するかの「何を」であるが，「国際基準」は，監査報告（緊
急の場合等の口頭報告を除けば，文書での監査報告書となる）で次の事項の伝
達を要求している（**図表5-9**参照）。

　「国際基準」は，報告には少なくとも監査の「目標」，「範囲」，「結果」を含
めることを求めている（基準2410）。また「結果」には，「結論」を含む必要が

図表5-8 「結果の周知」に関する国際基準と実施ガイダンス

国際基準（2440）	国際基準（2440解釈指針）	適用準則（2440.A1, A2, C1, C2）	実施ガイダンス（2440）（特に参考になる部分を筆者が抜粋）
内部監査部門長は内部監査の個々の業務の最終的伝達について、事前にレビューし承認する責任がある。	内部監査部門長等(*1)は、内部監査の個々の業務の最終的伝達について、事前にレビューし、承認する責任がある。	A1～C2：内部監査部門長等	・内部監査部門長等は、取締役会との話し合い、組織体の伝達に関する手順をレビューすることにより、個々の業務の結果を受け取る者、伝達の形式を決定する。伝達の形式には、内部監査部門長等の承認が必要である。
適切な関係者に	および誰に	A1：個々のアシュアランス業務の結果について十分に考慮することが確実にできる関係者に開示する関係者 A2：組織体外部の者に結果を開示する前に、以下のことを行わなければならない。 ・組織体への潜在的なリスクを評価すること ・必要に応じて最高経営者／法律顧問に相談すること C1：組織体の利用を制限することにより、拡散をコントロールすること C2：個々のコンサルティング業務の最終結果を依頼者に 結果のコンサルティング業務の遂行過程において、識別される諸問題が組織体にとって重大であるときは、最高経営者および取締役会に	・報告書を受け取る者を決定するに当たり、結果を受け付ける者のビジネス上の必要性がある者の有無、改善措置の計画を管理する責任のある者の有無を考慮する場合がある。 ・適切なレベルの責任ある個人が報告書のコピーを受け取ることができるよう、気を配る。 ・内部監査部門(*2)は、報告書を配付先に含めるものにするため、配付先リストに含める経営管理者のレベルを明らかにする場合がある。 ・配付先リストに含めるべき標準的な配付先リストを作成する場合がある。 ・最高経営者、取締役会を報告書の配付先に含めてもよい。 ・配付先リストは、必要に応じて配付先リストを拡大する場合がある。
伝達しなければならない。	どのようにして周知するかを決定する責任がある。	A1, C1, C2：伝達する／伝達しなければならない。 A2：行わなければならない。	・内部監査部門長等は、各受け手に対してどのような書式を使うべきかを判断する。（エグゼクティブ・サマリー／詳細な報告書） ・結果は、説明と話し合いの機会のあるミーティングの場で伝達することが適切である。 ・内部監査部門長等は、電磁的な方法で送付する場合もあるいずれかの方法で送付する場合もある。 ・口頭による結果の伝達の証拠は、ミーティングの議事録、説明資料、メモの中に保持される場合がある。

（*1）内部監査部門長等：内部監査部門長、またはこれらの職務を委譲された者の意。
（*2）この箇所は主語が内部監査部門となっている。その他の箇所の主語は内部監査部門長等である。

178

図表5-9 「伝達の規準」に関する国際基準と実践要項

国際基準 (2410)	適用準則 (2410.A1, A2, A3, C1)	解釈指針 (2410.A1)(*1)	実施ガイダンス (2410)（特に参考になる部分を筆者が抜粋）
伝達、目標、範囲、結果、を含まなければならない。			伝達 ・内部監査人は、最終的伝達を計画する際に次の事項を含むいくつかの追加要素を考慮する。 　＊利害関係者の期待事項 　＊個々の業務の目標 　＊レビュー対象領域の戦略的ゴール 　＊個々の業務の範囲に関するあらゆる制限 　＊個々の業務の結果 ・経営管理者への伝達は、個々の業務の期間中継続して行われるプロセスである。（口頭および書面での）伝達を行うことによって価値を付加する。
目標 (objectives)		目標 (objectives)	
範囲		範囲	
結果	結果 (*2)	結果	
	結論 改善提言 改善措置計画 意見		結論 改善提言 改善措置計画 意見
	A1：個々のアシュアランス業務の結果の最終的伝達には、適切な (applicable) 結論を含めなければならず、適切な (applicable) 場合には、改善のための提言および改善措置の計画を含めるべきである。また、適切な (appropriate) 場合には、内部監査人の意見が提供されるべきである。 A2：内部監査人は、個々のアシュアランス業務の遂行が満足のいくものと認められる場合には、そのことを述べることが望ましい。 A3：組織体の外部の者に個々のアシュアランス業務の結果を開示する場合には、その結果の利用についての制約を、伝達に当たって明示することが望ましい。 C1：個々のコンサルティング業務の結果の伝達の形式と内容は、業務の性質および依頼者のニーズにより、個々の業務の進捗および結果の伝達は、形式と内容が異なることがある。	A1：意見は、結果についての評定、または結論またはその他の記述であってもよい。	・内部監査人は、基準2410.A1の要求事項も考慮し、個々のアシュアランス業務の最終的伝達には、適切な結論を含め、適切な場合には改善のための提言／改善措置の計画結論を含めるべきである。(A1) ・意見には、結果としての評定 (a rating)、結論または結果のその他の記述を含めてその重大性を含めてもよい。 ・内部監査人は次の2つを行うことが望ましい。 (1)業務の遂行が満足いくものと認められる場合には、その旨の表示 (A2) (2)結果の配付および結果の利用、またはそのいずれについての制約がある場合には、その旨の明示 (A3)

(＊1) 基準2410に係る解釈指針はない。
(＊2) 下線は記載が必要とされる事項。細字は適切な場合に記載が必要とされる事項。

あり，適切な（applicable）場合には「改善のための提言」（以下，「提言」）と「改善措置の計画」（以下，「改善措置計画」）の両方またはいずれかを含める必要があり，適切な（appropriate）場合には内部監査人の「意見」を含むことが推奨されている（基準2410.A1）。

　なお，基準2410.A1では適切な場合は「提言」と「改善措置計画」の両方またはいずれかを含める必要があるとしているが，現実的には「提言」なしの「改善措置計画」はほぼあり得ず，意味するところは，「提言」と「改善措置計画」の両方，または「提言」のみとなる。この点については**FYI5-3**で説明する。

　監査の「目標」には，監査活動の達成目標が記載されることになり，必要な場合は，それをなぜ監査目標としたかの要因や理由も記載する。

　監査の「範囲」に関しては，監査対象の期間や範囲を記載することを要求している。監査対象業務の範囲については，監査対象部署，業務，プロセス等について記載する必要がある。読み手が監査範囲を誤解するのを防止するために，監査を実施しなかった範囲についても記載する場合もある。

　監査の「目標」と「範囲」の記載は，内部監査報告書の利用者に対して実施された監査の性格（nature）に関する情報を提供するものである。

　「結論」および「提言」については，読み手が適切に理解するために「結論」や「提言」を裏付ける「発見事項」**〔FYI5-4〕**も併せて記載する必要がある。また，「発見事項」，「結論」および「提言」は，「規準」，「現状」，「差異」，「原因」，「影響」の観点から記載されなければならない。具体的には，「規準」（あるべき姿）はこうだが，「現状」はこういう状況であり，その差異（ギャップ）の発生原因はこうである。そしてその差異と発生原因により，このような「影響」（リスク等）が発生している。以上の内容が「発見事項」であり，その「発見事項」に基づき内部監査人は，監査の「結論」を下し，是正のための「提言」を行うこととなる。

　なお，「提言」は，適切な（applicable）改善提案であるので，適用や実施が不可能な提言であってはならず，適用可能な提言である必要がある。

　「改善措置計画」については，内部監査人は，自らの「提言」に対して被監査部署が同意し，作成した「改善措置計画」を記載または添付することとなる。この場合は，被監査部署が「改善措置計画」に沿って改善していくかを内部監

査部門はフォローしていく（「国際基準」2500）。逆に被監査部署が同意していない場合は，内部監査人はその旨を監査報告書に記載する。この場合は，「国際基準」2600に従って，「組織体にとって受容できないのではないかとされる水準のリスクを経営管理者が受容していると結論付けた場合」，内部監査部門長は「最高経営者と話し合わなければならない」し，必要な場合は「取締役会に伝達する」などの適切な措置を取ることとなる。

　なお，監査の「方法」については，「国際基準」は記載することまでは要求していない。監査報告書に「方法」を記載すべき最大の根拠は，「方法」の記載は，監査報告書の利用者に対して，当該監査報告書の信頼性を判断するための情報を提供できるというものである。「国際基準」はそういう観点を踏まえ，監査の「方法」までの記載は要求しないが，「国際基準」に適合しているときはその旨を監査報告書に記載できる（「国際基準」2430）としている。

　また，内部監査の独立性，客観性が侵害された場合は，その旨とその程度を経営陣等その内部監査結果の利用者に開示することを要求している（「国際基準」1130）。さらに個別の内部監査活動が「国際基準」に適合しなかった場合，適合できなかった基準等の項目，その理由と影響について開示し（「国際基準」2430），内部監査の利用者が内部監査の信頼性を判断できる情報を提供する仕組みを手当てしている。なお，監査の「方法」の記載の詳細については後述の**FYI5-9**を参照されたい。

For **Y**our **I**nfomation 5-3

「改善措置計画」

　日本においては，監査報告書に「改善措置計画」を含めていない内部監査報告書がみられるが，「国際基準」2410A1は適切な場合には「改善措置計画」の記載を求めている。日本内部監査協会の「内部監査基準」でも，2014年改訂版から「改善措置計画」が含まれている。

　内部監査からの「提言」がない場合や被監査部署が内部監査からの「提言」に同意していない場合にはこの「改善措置計画」はないが，「改善措置計画」を監査報告書に含めるときに問題となるのは，被監査部署が監査報告の適時性（「国際基準」2420）との兼ね合いである。内部監査の指摘事項の内，記載ミス等，簡単に補完できる事項は問題ないが，相当の経営資源の配分が必要な事項や他部署

とも調整が必要な事項等，抜本的な対策が必要な事項については，被監査部署が「改善措置計画」策定に時間を要するために，被監査部署による「改善措置計画」の作成を待っていては，適時な監査報告が困難になるのではないかという懸念である。それでそのような場合を勘案して，2017年度版の「国際基準」では，適切な場合に含める必要のあるものを，従来の「提言」および（and）「改善措置計画」から，「提言」および「改善措置計画」またはそのどちらかに（recommendations and/or action plans）改訂した経緯がある。

　筆者は，「改善措置計画」策定に時間がかかる場合には，監査報告書に「改善措置計画」は含めない代わりに「改善措置計画」をいつまでに策定予定かの情報を記載するべきと考えている。それは経営陣にとって，被監査部署の「改善措置計画」策定状況をフォローアップし，策定後の措置実施状況をモニタリングしていくための有益な情報となるからである。

For Your Infomation 5-4

発見事項

　筆者は日本でいう「発見事項」の意味するところは，IIAでいう "Observation"（観察事項）に該当すると考えている。"Internal Auditing: Assurance and Consulting Services"（Second Edition）（以下，「内部監査の教科書」第2版）では "Observation" を「アシュアランス業務やコンサルティング業務による内部監査人の検証の結果から導き出された発見（a finding），決定や判断」（pp.14-15）[4] と定義付けている。

　ここでは，発見（a finding）だけでなく決定や判断も加えた概念として "Observation" が使用されている。よってここでの発見（a finding）の語自体は事実の発見を意味し，判断や評価が入っていない。一方，日本では実務において発見だけでなく決定，判断も加えた "Observation" の意味で「発見事項」の語が使用されていると考えている。本書ではその解釈に沿って論説していく。

(4)　「どのように」伝達：伝達時の注意事項

　次に「どのように」伝達するかであるが「国際基準」2420伝達の品質は，「伝達は，正確，客観的，明確，簡潔，建設的，完全かつ適時なものでなければならない」とし，その解釈指針や実施ガイダンスにおいて各要素について具体的

図表5-10 「伝達の品質」に関する国際基準と実践要綱

国際基準 （2420）	国際基準 （2420解釈指針）	実施ガイダンス（2420） （特に参考になる部分を筆者が抜粋）
正確	誤りや曲解がなく，基礎となる事実に忠実	・正確性を維持するためには，個々の業務の実施過程で収集された証拠に裏付けられた的確な言葉遣いをすることが重要 ・開示されない場合に検討対象の活動の報告を歪める恐れのあるような重要な事実を知ったときは，そのすべてを開示すること（倫理綱要） ・伝達の中に誤謬がある場合，内部監査部門長は訂正した情報を伝達しなければならない（基準2421）
客観的	公正不偏なものであり，すべての関連する事実と状況についての公正でバランスのとれた評価の結果	・客観性を確実にするために，内部監査人は公正不偏な表現を用い，プロセスとその実態における相違に焦点を当てる。 ・客観性は，内部監査人の公正不偏な精神的態度から生まれる。 ・客観性は，倫理綱要や国際基準1120に記載されている倫理的な原則である。 ・基本原則も，内部監査部門が有効とみなされるためには，内部監査人および内部監査部門は，客観的で，不当な影響を受けないこと（独立的），と記載している。
明確	容易に理解でき，論理的で，不必要な専門用語を排除し，すべての重要性が高くかつ関連する情報を提供するもの	・明確さが向上するのは，内部監査人が意図した相手に容易に理解でき，業界および当該組織体で使われている用語と整合している言葉を使う場合である。 ・さらに明確な伝達であるためには，不必要な専門用語を排除する。 ・明確な伝達とは論理的であるとも指摘している（基準2420解釈指針）。内部監査人が，重要な発見事項を伝達し，改善のための提言および結論を論理的に裏付けるような場合に，明確性は向上する。
簡潔	要領を得たもので，不必要に綿密，詳細，冗長でなく，言い回しがくどくないもの	・内部監査人は次の2つによって，適切に簡潔であることを確実にする。 　(1)冗長でないこと 　(2)不必要な，些細な，または個々の業務と無関係な情報を排除すること
建設的	内部監査の個々の業務の依頼者や，組織体に役立つもので，必要な場合には改善をもたらすもの	・発見事項の重大さを示す伝達の間，建設的な雰囲気を醸し出すことは有益。 ・建設的な伝達により，個々の業務の対象／当該組織体に前向きな変化を促す解決方法をみつけるための，協働のプロセスが容易になる。
完全	対象の読者にとって非常に重要な事柄を欠くことがなく，改善のための提言と結論を裏付けるすべての重要性が高くかつ関連する情報と発見事項を含むもの	・伝達の完全性を確実にするためには，内部監査人が，対象の読者にとって非常に重要なあらゆる情報に注意を払うことが有益。 ・完全な書面による伝達があれば，通常，読者は内部監査部門が達したのと同じ結論に到達できる。
適時	時宜を得たかつ目的にかなうものであって，課題の重大性に応じて，経営管理者が適切な改善措置をとることができるようにするもの	・内部監査人は，すべての伝達を計画した期限までに行うことが重要。 ・適時性は各組織体で異なる。 　適時とは何かを判断するために，内部監査人は基準を設けたり（ベンチマーキング），それ以外に，個々の業務対象に対応した調査を行うことがある。

に説明している。**図表5-10**が示すとおりである⁽⁵⁾。

　図表5-10の右側の「実施ガイダンス」の欄をみると，「正確」，「客観的」，「建設的」，「完全」は監査報告の内容に係る規範であり，「明確」と「簡潔」は書き方に係る規範，「適時」は報告のタイミングに係る規範である。

　監査報告書は，上記の観点を踏まえて適切に書き上げられ，適時に経営陣等，監査報告書の利用者に配付される必要がある。

4. 効果的・効率的な監査報告書の書き方

(1)　「国際基準」と伝えるための書く技術の組合せ

　図表5-11は前章の内部監査結果の伝達に係る「国際基準」の要件と，前々章の効果的に伝えるための書く技術：MAPSの大要素を組み合わせたものである。**図表5-11**の左側に「国際基準」の「結果の周知」，「伝達の規準」，および「伝達の品質」が記載されてあり，右側にはMAPSの大要素のうちの，「読み手を想定」，「書き方」，「規範」，「見せ方」，「説得力」が書かれてある。

　まず，「国際基準」の「結果の周知」は，MAPSの「読み手を想定」に対応する。

　次に，「国際基準」の「伝達の規準」および「伝達の品質」は監査報告書の目的が被監査部署や経営陣等に情報を提供し適切な対応を求めるものであることを示している。適切な対応を求める以上，それは説得力のあるものなければならず，MAPSの「説得力」の活用が有益である。

　「国際基準」が要求する「伝達の規準」の要求事項，および「伝達の品質」の内の「正確性」，「客観性」，「完全性」，「建設的」は，右側のMAPSのフレームワークの「規範」が強く関連している。「伝達の品質」の残りの「明確性」，「簡潔性」はMAPSの「書き方」，「見せ方」と主として関連している。

　要求事項の前者は，文章が明瞭であったとしても，報告内容が正確性や客観

図表5-11　「国際基準」と伝えるための技術の関係

「国際基準」		「MAPS」のフレームワーク	
内部監査の結果の周知	「結果」を「適切な関係者」に伝達	「読み手を想定」	
伝達の規準	「目標」、「範囲」、「結論」、「提言」、「改善措置計画」	「規範（S）」	「説得力（P）」
伝達の品質	「正確性」、「客観性」、「建設的」、「完全性」、「適時性」		
	「明確性」、「簡潔性」	「書き方（M）」、「見せ方（A）」	

性等を欠くなら監査報告書として不適切であることを意味し、後者は報告内容が正確で客観的であったとしても、不明瞭な文章であるなら読み手に十分に伝わらず、監査効果が不十分になるおそれがあることを示している。なお、要求事項の「適時性」は報告の適時性に関するものであり、書き方に関するMAPSの枠外ともいえるが、ここでは「規範」の範疇に入れている。

　以上を踏まえて、「国際基準」が要求する事項を満たし、かつ効果的・効率的に伝えられる監査報告書とはどういうものかについて追求していきたい。

(2)　さまざまな内部監査報告書

　「国際基準」が要求する事項を満たし、かつ効果的・効率的に伝えられる内部監査報告書の書き方について論説していくが、監査結果の報告については、**図表5-12**が示す要素の組み合わせにより実務上、さまざまな形式がある。

　まず、報告の公式性でいうと公式な報告と非公式な報告があり、報告手段についても口頭および文書の2つの報告手段がある。

　次に、監査報告書の文書作成手段でもワープロ・ソフト、表計算ソフト、プレゼンテーション・ソフト等がある。

　次に、記載形式についても、パラグラフ形式（Paragraph Format）、箇条書き形式（Mapped Format）、テーブル形式（Table Format）、スライド発表形式（Bullet-list（Slide-presentation）Format）がある。

図表5-12　監査報告書の種類

公式性	・非公式	・公式		
報告手段	・口頭	・文書 　－eメール 　－監査報告書 　－プレゼンテーションと監査報告書		
作成手段	・ワープロ・ソフト	・表計算ソフト	・プレゼンテーション・ソフト	－
記載形式	・パラグラフ形式	・箇条書き形式	・テーブル形式	・スライド発表形式
報告書の宛先	・被監査部署宛	・経営陣宛	・取締役会宛	－
報告書の種類	・詳細報告書	・要約報告書	・要約付報告書	－

　監査報告書の宛先別でも，被監査部署宛，経営陣宛，取締役会宛，または経営陣宛と被監査部署宛共通がある。

　さらに，その記載内容の詳細性によって詳細監査報告書，要約監査報告書，要約付監査報告書がある。

　各種の監査報告書にはそれぞれの特徴，およびメリット・デメリットがあり，その特徴を生かして各社の状況や，監査報告の目的達成等の観点から内部監査部門長は適切な内部監査結果報告の形式を選択することが望ましい。

　本章では，はじめの数頁に「要約の部」（以下，「エグゼクティブ・サマリー」）があり，その後に「詳細の部」が続く内部監査報告書（以下，要約付監査報告書）を例に論説していく。要約付監査報告書を例にする理由の１つは，実務上，監査結果の伝達は監査報告書による文書報告が通常であるからであり，もう１つの理由は，要約付監査報告書について述べれば，その要点やノウハウは他の種類の監査報告書にも適用できるからである。

　なお，どの文書作成手段や記載形式，報告書の形式を採ろうともMAPSのフレームワークを踏まえた記載がわかりやすい伝達のために望ましい。

For Your Infomation 5-5

非公式な伝達

　『内部監査の教科書』（第２版）によると，「非公式な伝達」についての要点は次の３点である（pp.14-21）[(6)]。

- 軽微な不備については，被監査部署に非公式に，メモ，eメール，口頭，コンファレンス・コールによって伝達がなされる傾向がある。
- 非公式な伝達がどの様な形式や媒体によってなされようと，「国際基準」が求める最終の伝達とみなしてよい。
- 非公式の最終の伝達は，監査対象部門に対してのみ行われるものである[7]。

(For Your Infomation 5-6)

監査報告書の文書作成形式

実務において内部監査報告書は，ワープロ・ソフト（Word等），表計算ソフト（Excel等），あるいはプレゼンテーション・ソフト（PowerPoint等）で作成されているが，「国際基準」も特に制限は設けておらず，各社の都合で使用するアプリケーション／ソフトウェアを選択してよい。

また報告書の配付は，紙ベースで配付されている場合もあれば，米国においては電子メールで送付するケースも多いと聞いている。筆者は，監査報告書において重要なのはその記載内容であって，文書作成形式に関する規範はないと考えている。ただし，適切な期間，保存できる形で作成される必要はある。

(For Your Infomation 5-7)

監査報告書の記載方式

サリー・F・カトラーは著書 "Delivering Audit Reports That Matter"[8] で，記載形式について，「パラグラフ形式（Paragraph Format）」，「箇条書き形式（Mapped Format）」，「テーブル形式（Table Format）」，「スライド発表形式（Bullet-list (Slide-presentation) Format）」の4種類の記載形式を紹介し，それぞれの特徴およびメリット・デメリットを示している。

実務上，どの記載様式を選択するかは内部監査部門長が自社の文書作成の慣行や報告の方法，経営陣の期待を勘案して決定すればよい。ただし，スライド発表形式は，発表の場があることを前提に作成する記載形式であるので，監査結果報告会等の発表する場が予定されていない場合には，文書を読むだけで十分に意が伝わるかについて十分勘案する必要がある。

経営陣宛監査報告書と被監査部署宛監査報告書

「要約付監査報告書」について論説するに先立ち，経営陣等宛監査報告書と被監査部署宛監査報告書の意味合いについて簡単に説明する。

被監査部署宛に詳細を記載した監査報告書（以下，詳細監査報告書）を提出し，経営陣宛に要約を記載した監査報告書（以下，要約監査報告書）を提出することがよく行われている。また，取締役会宛には，さらに要点を絞った要約監査報告書を作成している場合もある。

経営陣が結果報告に期待するのは，必ずしも不備に係るすべての情報の提供ではなく，被監査対象についての現状と経営的対応を行うべき事項の情報，または被監査部署に対する経営陣の監督，監視に役立つ情報の提供である。経営者のこの期待に応えるために，要約監査報告書が作成されている。

図表5-13　発見事項と監査報告の要否の関係

不備の有無	不備なし。（発見事項なし。）	不備あり。軽微であり，キーコントロールの不備はない。	不備あり。軽微ながら，キーコントロールが不十分。ただし，補完的コントロールでカバー。	不備あり。重要まではいかないが，軽微とはいえない不備。	不備あり。重要な不備がある。
	↓	↓	↓	↓	↓
被監査部署宛	「不備なしの公式報告」必要	「当該不備についての非公式な報告」と，「キーコントロールは不備なしの公式報告」必要	「公式報告」必要	「公式報告」必要	「公式報告」必要
最高経営者宛	「不備なしの公式報告」必要	当該不備についての報告は不要で，「キーコントロールは不備なしの報告」必要	「公式報告」必要	「公式報告」必要	「公式報告」必要
監査委員会（取締役会）宛				「公式報告」必要	「公式報告」必要

出所：IIA（2009, p.14-6）EXHIBIT14-4に基づき筆者作成。

「国際基準」には，要約監査報告書や詳細監査報告書の概念は示されていないが，『内部監査の教科書』（第2版）は，**図表5-13**のとおり，被監査部署，最高経営者，取締役会宛に分けて，どのような不備について報告が必要かを説明している[9]。たとえば，軽微な不備でありキー・コントロールに不備がない場合は，その軽微な不備に限っては被監査部署宛の非公式な報告でよく，最高経営者への報告は不要である（ケース2）。また，軽微ではない不備，重要な不備については，被監査部署，最高経営者，取締役会のすべてに報告が必要としている（ケース4，ケース5）。このような考え方に基づき，要約監査報告書と詳細監査報告書が作成されている。

(4) 「要約付監査報告書」の記載方法と記載要領

① 「要約付監査報告書」作成の意味

　要約監査報告書と詳細監査報告書の2種類の監査報告書の意味について説明したが，2種類の監査報告書を作成することの非効率性や，経営陣も不備の詳細を知りたい場合もあるなどの理由から，要約監査報告書と詳細監査報告書を併せた形で作成されるのが要約付監査報告書である。要約付監査報告書の場合，経営陣はその報告書の「エグゼクティブ・サマリー」を読み，必要に応じて「詳細の部」を読むことになる。前述のMAPSにおける「総論―各論―結論の文章構造」（**図表5-4**参照）でいえば，総論と結論を結合したものが「エグゼクティブ・サマリー」になり，各論が「エグゼクティブ・サマリー」の記載事項を支える「詳細の部」に当たることになる。

② 監査報告書の様式と記載内容

　監査結果の報告に係る「国際基準」の要求事項を満たし，かつわが国の文書書式の慣行を踏まえて記載するとすれば，「要約付監査報告書」は，次のような項目（内容）が次のような順序で記載されることになる。**図表5-14**は「要約付監査報告書」の具体的な様式（書式）例を示したものである。

　内部監査人は要約付監査報告書の「エグゼクティブ・サマリー」に監査の「目的（目標）」，「範囲」，「方法」，「発見事項」および「結論」，「提言」，「改善措

置計画」を記載し，必要に応じてその他の情報を追加する。「詳細の部」には，「エグゼクティブ・サマリー」の「結論」,「提言」,「改善措置計画」の内容を支える「発見事項」および「結論」,「提言」,「改善措置計画」の各詳細，さらに関連する有益な補助情報がある場合はそれを「追加情報」として記載することになる。

　「詳細の部」に再度，監査の「目的（目標）」や「範囲」を記載することも考えられるが，重複を防ぐ観点より，「目的（目標）」や「範囲」は「エグゼクティブ・サマリー」に記載し，「詳細の部」には記載を省略することが多い。ただし，監査の「目的」や「範囲」について，「エグゼクティブ・サマリー」での記載内容以上の情報を「詳細の部」で提供することが適当と判断した場合は，「詳細の部」にその情報を記載することが必要である。

　一方，「結論」およびそれを支える「発見事項」等については「エグゼクティブ・サマリー」にはそのポイントだけを記載し，詳しい内容は「詳細の部」に記載する。これにより，経営陣は「エグゼクティブ・サマリー」を読んで監査報告書の全体像と結論を掴むことができ，さらに詳しい情報を知りたいときは「詳細の部」の当該事項を読むこととなる。一方，被監査部署に対しては「詳細の部」も含めて監査報告書のすべてを読むことを想定して，内部監査人は監査報告書を作成する。

文書区分：
配付先：

　　　　　　　　　　　　　　　　　　　作成日：

　　　　　　　　　　内部監査報告書

表題：（監査テーマ）

監査期間（監査基準日）：　自　　　　　　　至　　　　　（監査基準日）

監査実施者：（統括者）　　　　　　，（内部監査人名）

【エグゼクティブ・サマリー】
　　監査目的（目標）：

　　重点監査項目：

　　監査の範囲：

　　監査の方法：（要領を記載）

　　結論：　総括意見：　　　　　　　　　（評定を記載することもある）
　（監査意見）
　　　　個別意見：
　　　　1.・・・・・・・・・・・・・・・・（代表的発見事項も記載）
　　　　2.・・・・・・・・・・・・・・・・（代表的発見事項も記載）
　　　　3.・・・・・・・・・・・・・・・・（代表的発見事項も記載）

　　提言：
　　　　1.・・・・・・・・・・・・・・・・（結論1に対応）
　　　　2.・・・・・・・・・・・・・・・・（結論2に対応）
　　　　3.・・・・・・・・・・・・・・・・（結論3に対応）

　　改善措置計画：
　　　　1.・・・・・・・・・・・・・・・・（提言1に対応）
　　　　2.・・・・・・・・・・・・・・・・（提言2に対応）
　　　　3.・・・・・・・・・・・・・・・・（提言3に対応）

　　追加情報[*]

〔改ページ〕

【詳細の部】

監査方法の詳細：

発見事項の詳細：
     1．・・・・・・・・・・・・・・・（監査証拠に基づき記載）
     2．・・・・・・・・・・・・・・・（監査証拠に基づき記載）
     3．・・・・・・・・・・・・・・・（監査証拠に基づき記載）
     4．・・・・・・・・・・・・・・・（監査証拠に基づき記載）
     5．・・・・・・・・・・・・・・・（監査証拠に基づき記載）
     6．・・・・・・・・・・・・・・・（監査証拠に基づき記載）

結論の詳細：
     1．・・・・・・・・・・・・・・（発見事項1，2から導出）
     2．・・・・・・・・・・・・・・（発見事項3から導出）
     3．・・・・・・・・・・・・・・（発見事項4，5，6から導出）

提言の詳細：
     1．・・・・・・・・・・・・・・・（結論1に対応）
     2．・・・・・・・・・・・・・・・（結論2に対応）
     3．・・・・・・・・・・・・・・・（結論3に対応）

改善措置計画の詳細
     1．・・・・・・・・・・・・・・・（提言1に対応）
     2．・・・・・・・・・・・・・・・（提言2に対応）
     3．・・・・・・・・・・・・・・・（提言3に対応）

追加情報[*]

（*）その他の補助情報を，エグゼクティブ・サマリーの「追加情報」の欄に記載するか，「詳細の部」の「追加情報」の欄に記載するか，あるいはその他の適当な場所に記載するかは，補助情報の読み手にとっての必要性とその内容により判断する。

For Your Infomation 5-8

監査報告書の記載事項および記載順序

カトラーは，**FYI5-7**でも述べた "Delivering Audit Reports That Matter" [(10)] で，監査報告書の記載事項および記載順序を次のように示している。

・表題
・エグゼクティブ・サマリー
　－監査の目標（または目的）
　－監査の範囲
　－意見（または結論）：全体としての格付を含むときがある
・発見事項：通常，助言，および／または是正措置計画を含み，発見事項の格付を含むこともある
・公開か機密かの表示
・配付先
・実施者（内部監査人名）
・「国際基準」適合についての表明
　次の記載事項が含まれることがある。
・目次
・発見事項の要約
・背景情報
・監査の方法
・経営陣からの返答
・限定的，あるいは軽微な事項
・付録

　以上であるが，「背景情報」および「監査の方法」については独立の欄を設けて記載することには注意深く検討すべきと述べている。「監査の方法」の監査報告書への記載に係る議論は**〔FYI5-9〕**を参照されたい。

　カトラーは上記の記載順序がベスト・プラクティスではあるが，最終的には読み手の必要性が記載順序の決定要因にならなければならないと述べている。

③ 監査報告書の表題ならびに監査の目的および範囲

　監査報告書の「表題」には監査のテーマを記載する。これにより監査報告書の読者は何に関する監査かをイメージすることができ，以降に記載されている監査報告の具体的内容を読んでいく心の備えができる。

「エグゼクティブ・サマリー」には，まず，監査の「目的（目標）」，および「重点監査項目」を記載する。これにより，読み手は，監査の動機を量り，監査の狙いを把握することができる。

次に，監査の「範囲」については，監査の対象部署やプロセス等と，監査対象期間を記載する。「範囲」については監査を実施した部署等を記載するが，監査（の対象と）しなかった領域についても記載する場合もある。つまり監査範囲外のものまで監査範囲内と監査報告書の読み手が誤解する懸念がある場合である。また，事故防止のための抜き打ち検査の場合や態勢および現状評価の場合等は監査対象期間を監査基準日に代えるか，監査対象期間と併せて記載するのが適当な場合もある。読み手は，監査の目的や重点監査項目，監査の対象範囲や対象期間を読んでどのような監査がなされたのか，当該監査報告書からどのような情報の入手を期待できるかなど，内容の全体像をイメージすることができる。

④　監査の方法

「国際基準」は監査の「方法」の記載までは要求していないが，監査の信頼性や有用性，再現性の確保，読み手への説得力を考えるなら，監査の「方法」を簡潔かつ適切に記載することが望ましい。「方法」の記載により，内部監査人は監査方法の十分性や適切性を示すことができる。また，通常の手法では入手が困難と考えられる情報をCAATTs等の特殊な手法で入手し監査証拠とした場合には，いかにしてその情報が入手できたかの説明責任が果たせる。

監査の「方法」について，「エグゼクティブ・サマリー」には聴取，文書レビュー等の記載でよい。主たる読み手である経営陣等にとっての主な関心事項は，監査の方法ではなく，監査結果の内容や監査対象に係る情報であるからである。ただし，内部監査の独立性，客観性が侵害された場合は，その旨とその程度を経営陣等の監査結果の利用者に開示し（「国際基準」1130），さらに個別の内部監査活動が「国際基準」に適合しなかった場合，適合しなかった基準等の項目，その理由と影響について開示し（「国際基準」2430），内部監査の利用者が内部監査の信頼性を判断できる情報を提供しなければならない。

なお，監査の「方法」を「詳細の部」に記載する際は，〔FYI5-9〕に記載の

とおり，独立の欄を設けて記載するか，「発見事項」あるいは「付録」の欄に記載することとなる。「詳細の部」に詳しく記載することにより，監査の「目的」，「範囲」，「方法」の３つの情報を提供でき，読み手に対して監査結果の信頼性をより説得力を持って示すことができる。

For Your Infomation 5-9

監査の方法

　FYI5-8に記載のとおり，カトラーは「監査の方法」を独立の欄を設けて記載することには注意深く検討すべきと述べているが，この意味は，「監査の方法」を記載する必要がないといっているのではない。発見事項について記載する際に付随して「監査の方法」も述べるケースが多いので，別に独立の欄を設けて記載する必要がない場合も多いことをいっている。そして，最終的に「監査の方法」をどの程度記載するかは，監査報告書の読み手にとって「監査の方法」を知ることがどの程度重要であるかで決まることとなり，監査の方法について独立の項目を設けない場合は，「エグゼクティブ・サマリー」，「発見事項」，あるいは「付録」の欄に監査の方法が記載されることが多いと述べている。

　「国際基準」は，前述のとおり監査報告書に「監査の方法」について記載することは求めておらず，内部監査の実施において独立性や客観性が侵害された場合には，侵害された事実とその程度を記載することのみを求めている。経営陣等，内部監査報告書の利用者が，当該内部監査報告書の信頼性を判断できるためである。しかしながら，この場合の独立性・客観性が侵害されたか否かの判断は内部監査人によるものであり，内部監査報告書の利用者による判断ではない。内部監査報告書の信頼性を判断するのは，内部監査報告書利用者であるべきであるとの考えに立てば，彼らがその信頼性を判断するためには，監査の「目的」，「範囲」に加えて「監査の方法」が有用な情報となる。

　たとえば，日本公認会計士協会の監査基準委員会報告書610「内部監査人の作業の利用」[11] では，「内部監査人の作業の利用を監査人が計画している場合」には，「利用を計画している内部監査人の作業が監査の目的に照らして適切であるかどうかを判断するために，以下の評価を含めて，それらの作業全体に対して十分な監査手続を実施しなければならない。」とし，以下の評価として「（１）内部監査人の作業が，適切に計画，実施，監督，査閲及び文書化されているかどうか。（２）内部監査人によって，合理的な結論を導くことが可能な十分かつ適切な証拠が入手されているかどうか。（３）内部監査人の結論が状況に照らして妥当か

どうか，及び内部監査の報告書が実施した作業の結果と整合しているかどうか。」を挙げている。会計監査人がこれらを評価するには，「監査の方法」についての情報入手が必然となる。

　一方，監査報告書の主たる利用者である経営陣や被監査部署は，外部の会計監査人と異なり常勤としての業務執行の中で管理や監視を行っていることから，監査の方法を詳しく読まなくとも，監査の結果の妥当性について相当程度の正確さをもって判断できる。また，彼らにとって，監査報告書から得たい中心的情報は，詳しく記載された「監査の方法」ではなく監査対象に係る結論と提言である。そのため原則主義ベースで書かれている「国際基準」は「監査の方法」を記載することを求めてはいないが，内部監査の実施において独立性や客観性が侵害された場合にはその旨を適切に開示することを要求している。

　筆者は，実務上では，内部監査人は経営陣や被監査部署の期待に応える程度の詳しさで「監査の方法」を記載すれば十分であると考える。なお，前述のように，通常の手法では入手が困難と考えられる情報をCAATTs等の特殊な手法で入手し監査証拠としているような場合は，「監査の方法」としてその旨を記載し，経営陣や被監査部署の納得を得ることも重要である。

　さらに監査報告書への「監査の方法」に関する記載とは別に，監査結果の信頼性に係る説明責任を果たし，監査の再現性を担保するため等の観点から，「監査の方法」にかかる記録の保存はきわめて重要であり，それは内部監査部長の責務でもある。通常，個別監査計画策定時に監査プログラム（監査手順書）に実施予定の「監査の方法」を記載するため，監査実施後，その欄に「監査方法」の実施実績をも適切に記載していれば，監査プログラムを保存することが監査の方法の記録となる。

　したがって実施した監査の監査プログラム（監査手順書）とその実施記録は，実施した監査の方法を最も詳しく記載しており，監査の客観性の証明や再現性の確保の観点から監査調書の1つとして適切に保管する必要がある。

⑤　監査の結果

ⅰ　監査の「結論」

　監査実施の前提に関する情報の提供の次には，監査の「結果」についての情報を提供することになる。監査の「結果」は，「発見事項」に裏付けられた「結論」，「提言」，「改善措置計画」で構成される。

「エグゼクティブ・サマリー」での「結論」は，原則として，監査テーマに係る総括な意見とその根拠となる主な「発見事項」とその「発見事項」に係る個別意見からなる。なお，「国際基準」2410.A1では「適切な場合には，内部監査人の意見が提供されるべきである。」[12] となっており，必ずしも個別意見を提供する必要はない。また，不正検査においては，個人または団体の罪状について意見を述べてはならないことになっている（CFE倫理規定Ⅴ., CFE職業基準　ⅴ.報告基準2.）。

　それらの「結論」を「エグゼクティブ・サマリー」にどの程度の詳しさで記載するかは，事項の重要性，複雑性，読み手の提供される情報への期待や関連情報の保有状況等から判断することとなる。経営陣等の読み手が，内部監査人の主張を頭の中で具体的にイメージできるくらいの詳細さは必要である。そのためには，1つの個別意見にはそれを支える発見事項を例示することが効果的である。

ⅱ　「提言」

　続いて，必要性に応じて「結論」に基づく「提言」を記載することとなる。リスクを許容範囲に収めるための適切な提言や勧告は重要である。ただし，提言や勧告等の記載に先立ち，被監査部署とよく話し合う必要がある。組織体にとってリスクを許容範囲内に低減してもらうことが必要であるが，実施が困難な提言等は被監査部署に受け入れられないであろうし，被監査部署が提言を表面上受け入れても実際に対応してリスクを許容範囲に収めなければ意味がない。被監査部署とよく話し合った適用や実施が可能な（applicable）提言や勧告を記載すべきである。

ⅲ　「改善措置計画」

　最後に，内部監査部門からの提言や勧告に対する被監査部署の「改善措置計画」を記載する。「エグゼクティブ・サマリー」では「改善措置計画」の要旨と完了時期を明記し，詳細な「改善措置計画」の詳細は「詳細の部」に記載される。「エグゼクティブ・サマリー」の読み手である経営陣は「改善措置計画」の要旨と完了時期を知って経営者としての監督，監視を行う。一方，被監査部署は「改善措置計画」にしたがって適切に是正する必要があり，内部監査人は

是正状況を監視していく必要がある。被監査部署と内部監査人の共通規準として「改善措置計画」は，「詳細の部」に適切に記載される。なお，内部監査人の提言，勧告等に被監査部署が同意しなかった場合は，その旨を監査報告書に記載することとなる。経営陣は被監査部署不同意の報告を読んで，経営陣として適切な対応を検討することになる。

⑥　監査実施期間と監査実施者

　監査実施期間と監査実施者（監査チームの長（統括者）の明示を含む）も明示する。組織体が活動を継続している以上，監査対象も日々変化していくため，いつ時点の監査であるかの監査対象期間または監査基準日と，監査実施期間を明示することは監査報告の鮮度を示す。また，監査実施期間や日数，および監査実施者を示すことは，監査の規模や注力の具合を示すことになる。さらに，監査実施者名を記載することは，監査の責任者（最終的責任は内部監査部門長）と監査内容の照会先を明示する意味がある。

⑦　その他の補助情報

　経営陣等や被監査部署等の監査報告書の読み手の理解を助けたり，彼らに対する説得力の強化，あるいは有益な情報の提供のため，必要に応じて背景情報等の補助情報を追加で記載する。補助情報の記載場所は，読み手にとっての必要性と補助情報の内容により，「エグゼクティブ・サマリー」の「追加情報」にするか，「詳細の部」の「追加情報」の欄あるいはその他の適当な場所にするかを判断する。その他の補助情報としては次のようなものが考えられる。

・監査対象に係る外部環境
　　－監査テーマに関連する法令，規制，基準，制度等の制定・改廃等の動向
　　－監査テーマに関連する他社での苦情や事故等の発生情報
　　－監査テーマに関連する政治的，経済的，社会的，技術的データや情報，
　　　等
・監査対象に係る内部環境
　　－監査テーマに関連する当社での苦情や事故等の発生情報
　　－監査テーマに関連する内部監査の過去の監査結果や，他のモニタリング

や外部機関等による結果

－対象部署等の組織改正，業務プロセス変更，長の交代，M＆Aや提携，
等

　まとめると，監査報告書の「表題」，「監査実施者」，「監査期間」に続けて「エグゼクティブ・サマリー」には，監査の「目的」，「重点監査項目」，「範囲」（プロセス，部署，個別システム等の対象領域および監査対象期間），「方法」の要領（記載方法や内容は任意），「結論」が必須の記載事項であり，必要に応じて「提言」，「改善措置計画」，その他の補助情報を記載する。

⑧　「詳細の部」

ⅰ．「詳細の部」の記載事項

　「詳細の部」への記載事項は，前述のように「監査の方法の詳細」，「発見事項の詳細」，「結論の詳細」，「提言の詳細」，「改善措置計画の詳細」，「追加情報（背景情報，用語の定義，説明等）」等である。

　「監査の方法の詳細」では，監査の「方法」について，読み手に掛かる時間的負担や必要性を考えれば監査プログラム上に記載されているまでの詳細な記載は必要ないが，監査報告書の読み手，特に被監査部署が監査結果の客観性について納得感を持つ程度に詳しく記載するべきである。

　「発見事項の詳細」では，**図表5-15**で示したとおり，被監査部署宛への報告を前提とした，監査対象に係るキー・コントロールの不備ではない軽微な不備も記載する。

ⅱ．発見事項から「結論」の導出プロセス

　「発見事項」とは，経営陣や被監査部署と同意している「あるべき姿」や広く一般的に認められている基準を「評価規準」として内部監査を実施した結果，その「評価規準」と「現状」の「差異（ギャップ）」が1つまたは複数個発見されたものである。たとえば情報管理に係る規程がないという具体的な1つの「差異（不備）」が1つの「発見事項」になる場合もあれば，店舗展開をしている企業でどの店舗でも情報管理に不備が発見されたという複数の「差異（不備）」をもって，営業店では情報管理に不備があるとの「発見事項」とすることもで

第5章
内部監査業務におけるコミュニケーションの方法（下）

図表5-15　発見事項の評価の書式例（テンプレート）

	アシュアランス業務と監査の発見事項の記述 アシュアランス業務日付：	
1	発見事項の要約	
2	現状（事実） 　事実の証拠と統制活動の実態の記述。 　テストの実施，検査，質問，そして分析を通じて 　何が発見されたのか？（何があるか？）	
3	規準 　評価のために用いた基準，尺度，期待値，方針，ま 　たは手続き（何があるべきか）。	
4	原因 　何が現状を存在せしめているのか（なぜか）。	
5	影響 　現状が規準と矛盾することにより直面するリスクと 　エクスポージャー（過去と生じ得る未来の両方で， 　何が失敗し得るのか―影響度）。 　どのような影響があるのか（財務，評判，安全に関 　するもの，など）？　どれくらい起こりうるのか？	
6	補完的な統制活動 　発見事項を緩和するため，モニタリング活動を含む 　他の統制活動が組み込まれているか？	
7	結論 　詳細な分析，評価，そして評価分類の根拠と最終結論。	
8	具体的な改善提案 　内部監査部門は何の改善を提案するのか？ 　この改善提案は予備的伝達プロセス中に打ち合わせ 　た経営陣の解決策と調整されてなければならない。	
9	経営陣の解決策 　現状を是正し，または問題の再発を防止するために 　経営陣は何をするのか？	
10	発見事項の評価 　・COSOのカテゴリー 　・分類 　・評価 　評価 　・内部監査部門によるもの 　・部門の経営陣によるもの 　・外部の独立監査人によるもの	
11	参照する監査調書	

出所：IIA（2009）.

図表5-16　発見事項の一覧表

発見事項番号	あるべき姿（規準）	現状	差異の原因	差異の影響	評価・提言等
1	経営陣をはじめ、全役職員が顧客情報保護の重要性を認識しており、顧客情報管理重視の風土が醸成されている。（統制環境）	経営陣は情報管理について特に話すことがなく、人事評価により業務目標の達成度合いにより評価の対象となるが、監査の仕様さが評価の対象となることはない。（監査メモ1）	経営陣をはじめ、全社的な業績重視の気風があり、顧客情報管理の重要性が認識されていない。	会社全体、全役職員の顧客情報管理軽視の風土の醸成。	【評価】顧客情報漏えいの根本的原因と成り得る。・経営陣に対し、顧客情報管理の重要性を上申。・コンプラ統括部に対し、顧客情報漏えいの影響度について、経営陣をはじめ全役職員に、周知する必要を上申。・人事部に対して人事評価に顧客情報管理の反映を勧告。
2	顧客情報管理の重要性、管理手続を全員周知徹底する研修を実施しており、全役職員が適切に出席され、学習している。（統制活動）	顧客情報管理に関する研修は年1回のみの開催であり、出席者の状況もチェックされない。（監査メモ4）	・経営者の業績偏重の姿勢。・管理者も経営陣の姿勢を見て、情報管理体制の構築にとりくんでいない。また、情報管理の重要性について経営陣に上申することもない。	・会社全体、全役職員の顧客情報管理軽視の風土の醸成。・経営陣に対し、顧客情報管理の手続きの理解不足が発生の懸念。	【評価】意識希薄・知識不足からの情報漏えいの原因になり得る。【勧告】・コンプラ統括部に対し、顧客情報管理研修の徹底を勧告。
3	ファックスの誤送信防止策が、適切に整備かつ運用され、その有効性を評価し、適切に見直し・改善が行われている。（統制活動）	ファックスの送信先番号については、送信先番号の事前登録が原則となっているが、現事前登録されている先は少ない。（監査メモ3）	・所管部署が手続を策定しただけで、その精神や手続きを十分に周知徹底していない。・所管部署は整備した手続の有効性について検証していない。	・結果的に、第三者の目視による確認負荷のフィードバックが大きいとなるが、目視による誤送信発生の可能性がある。	【評価】目視の限界（不注意等）による人的ミスからの顧客情報漏えいの原因となり得る。【勧告】・コンプラ推進部に対し、事前登録推進策の立案・実施、代替の統制（ITの活用等）を勧告。
4	ファックスの誤送信防止策が、適切に整備かつ運用され、その有効性を評価し、適切に見直し・改善が行われている。（統制活動）	ファックスの送信について、送信先番号の事前登録がされていないため送信する場合は、第三者に確認してもらうこととなっているが、目視ミスからの誤送信が散見される。（監査メモ4）	・所管部署が手続を策定しただけで、その精神や手続きを十分に周知徹底していない。・所管部署は整備した手続の有効性について検証していない。	・目視による誤送信発生の可能性がある。・目視による誤送信発生。	【評価】目視の限界（不注意等）による人的ミスからの顧客情報漏えいの原因となり得る。【勧告】・コンプラ推進部に対し、事前登録推進策の立案・実施、代替の統制（ITの活用等）を勧告。
5	ファックス送信管理の状況、実効性をモニタリングし、その結果に基づき、適切に是正が適切に行われ、PDCAが回っている。（継続的改善）	ファックスの誤送信について、所管のコンプライアンス統括部は認識しているが、是正のための対応を特に取ることもしておらず、経営陣へもしていない。（監査メモ5）	・会社全体の業績重視の風土の下、所管のコンプライアンス統括部は認識しているが、後は現場の責任との認識を保有。無意識に、顧客情報管理の状況に対する関心が希薄。	・ファックスの誤送信が発生している状況の未改善により、正している状態となる。・経営陣も、顧客情報管理の不備を認識せず。	【評価】顧客情報漏えいが組織に大損害を与えるリスクについて許容した状態となる。・コンプラ統括部に対して、是正措置の迅速な実施、徹底と経営陣への報告を勧告。

きる（帰納法によるアプローチ）。「発見事項」ごとに監査調書となる監査メモ，作業シート等が作成される。監査調書とは，「監査業務期間中に実施した手続き，取得した証拠，下した結論，監査チームによって形成された勧告の主たる記録」[13] である。

なお，この「発見事項」は監査結果を支える「監査証拠」となる。

次に「発見事項」である「差異」の「発生原因」と「差異」の内容から生じる組織体への「影響」を評価する。次にその「影響」の性質や大きさに基づき，「結論」を下し，必要に応じて「提言」や「勧告」を行う。

この一連のプロセスを正確，客観的，かつ簡潔，明瞭に「詳細の部」に記載することが必要となる。

図表5-15は，「発見事項」から「結論」，「提言」，「改善措置計画」へと続く一連のプロセスを整理して記載する書式（テンプレート）[14] の一例である。このような書式で整理したうえで，その要点を「詳細の部」に記載することになる。もちろん，この書式にこだわる必要はないが，どのような書式をとるにしても，「評価規準」，「現状」，「差異の原因」，「影響」，「評価（「結論」）」と「提言」等が明示されることが重要である。また，「発見事項」が多いときは**図表5-16**のように，「発見事項」，「結論」，「提言」等の一覧表の作成も，伝わるコミュニケーションのために有効である。

これらが「詳細の部」の主たる記載事項である。

監査報告書は，内部監査が適切に実施されたことの証明と監査の再現性確保のために，監査調書とともに適切に保存される必要がある。

▶まとめ

以上，監査報告書のあり方について論説した。内部監査業務における監査報告書は，内部監査人が経営陣等（取締役会，最高経営者等）や被監査部署に内部監査の結果を伝える中心的な手段である。組織体の価値向上のために，内部監査の結果を伝え，経営陣等や被監査部署に必要な措置を取ってもらうために，伝わりやすく説得力のある監査報告書である必要がある。また，監査報告書は

内部監査人にとっても自らの使命を適切に果たしていることを示す最大の証拠でもある。

///

注

(1) 山鳥（2011，99-141頁）。

(2) 藤沢（2004，29頁）。

(3) 倉島（2012，27-28頁）。

(4) Reding, et al.（2009, pp.14-15）.

(5) 日本内部監査協会（2017，75，300-303頁）。

(6) 日本内部監査協会（2017，14-21頁）。

(7) 経営陣に対しての最終報告を非公式の形式で行うことはない。

(8) Cutler（2011, p.54）.

(9) Reding, et al.（2009, pp.14-16）.

(10) Cutler（2011）.

(11) 日本公認会計士協会（2019c）。

(12) 日本内部監査協会（2017）。

(13) Reding, et al,（2009, pp.10-11）.

(14) Reding, et al,（2009, pp.14-11）.

第5章　内部監査業務におけるコミュニケーションの方法（下）

第 **6** 章

不正に係る内部監査

本章の構成

1．不正の類型
2．不正の発生原因
3．不正の防止態勢と内部監査
4．不正調査

　さまざまな事件が明るみになってきており，社会的な問題や組織体にとって深刻な打撃となる不正も発生している。

　不正が組織体に与える影響の大きさ，ステークホルダーの不正対応に係る内部監査への期待等を勘案するとき，内部監査の主たる目的は不正の検出ではないとして，内部監査が不正への対応にあまり注力しないというわけにはいかない。

　取締役会や経営陣等のステークホルダーの正当な期待に対応するのが内部監査の役割である。

　内部監査が不正に係りどのような対応をしていくべきかについて本章では論説していく。

　1．で不正にはどのようなものがあるのかを確認した後，2．でその発生原因を検討し，3．でその不正防止に寄与する内部監査について論説し，最後に，通常の監査とは別の能力やノウハウも必要とされる不正調査の方法を4．で紹介する構成になっている。

1. 不正の類型

(1) ACFEの示す不正の類型

　不正とは「他人を欺くために仕組まれた作為または不作為であって，被害者への損失および／または不正実行犯たる加害者への利得をもたらす行為」[1]をいう。内部監査が不正について取り扱う場合にまず確認するべきは，どのような不正が存在するかである。敵（不正）を知らなければ，手の打ちようがない。公認不正検査士協会（Association of Certified Fraud Examiners: ACFE）は『企業不正対策ハンドブック―防止と発見―』（以下，『企業不正対策ハンドブック』）で，**図表6-1**[2]のように，資産の不正流用，不正な報告，汚職の3つのカテゴリーに分けて職業上の不正の類型を示している。もちろん，社会が変化し多様化していく中でさまざまな不正が発生し，この職業上の不正の類型に当てはめにくい不正も発生しているが，この類型は不正の全体像についての概観を示してくれる[3]。

図表6-1　ACFEによる職業上の不正の類型

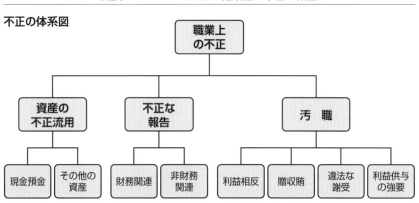

不正の体系図

出所：ACFE（2009, p.45）「職業上の不正と濫用不正の体系図」より，筆者抜粋。

⑵ 不正のその他の分類方法

この職業上の不正の類型を鳥瞰すると，「資産の不正流用」，「不正な報告」，「汚職」の分け方以外にも不正についての分類方法が考えられる。

その他の分類方法の最初は，不正が「財務に係る不正」か「非財務に係る不正」かによって分類する方法である。第1章で述べた三様監査でいうなら，「財務に係る不正」，特に財務報告に係る不正は主として会計監査人と監査役が監査を担当し，さらに必要に応じて内部監査人が監査を行うことになる。一方，「非財務に係る不正」については主として監査役と内部監査人が監査を担当し，必要に応じて会計監査人が調査を行うことになる。

次の分類方法は，不正の行為者による分類で「組織体自身」，「経営者」，「管理者」，「一般従業員」に分けることができる。

「組織体自身」による不正とは役員等一定以上の権限者が指示し組織体の役職員によって実行される行為で，組織体の誤った便益や防衛のために組織体の行為として行われるものである。いわゆる組織ぐるみの不正である。

「経営者」による不正とは経営者が自己あるいは第三者の便益のために為す不正である。

たとえば，取引先会社Aが倒産の可能性大というインサイダー情報を入手した場合に，その情報に基づき自社のために自社が擁するA社の株式を売却したのならそれは「組織体自身による不正」に分類され，役員が保有するA社の株式を自分自身のために売却したのなら「経営者」による不正に該当する。

「管理者」による不正は，たとえば管理者が任されている部署の営業成績がよく見えるように部署の売上や利益を実際よりかさ上げして報告するような不正である。

「一般従業員」による不正としては，一般従業員が自らの勤務する組織体の現金等の資産を横領するような行為等がある。

不正についてさらに別の分類としては，「不正は明瞭だが誰が行為者かが不明」のケースと，「行為者は明瞭だがその行為が不正といえるかが不明」のケースに分けることができる。たとえば前者の典型的な例は，残高確認から現金横領

があったことは明瞭だが行為者が不明のケースである。一方，後者の事例としてはたとえば次のようなケースが考えられる。A社が，A社の代表取締役Bの夫が社長をしているコンサルティング会社Cに，A社のコンサルティングを依頼したようなケースである。この場合，自らの夫が社長をしているC社にコンサルティングを依頼した代表取締役としてのBの行為が，C社のコンサルティングがA社にとって最善との判断からA社のためにした行為であるか，自分の親族の便宜を図った利益相反行為に当たるかの判断が問われる。このような「行為者は明瞭だがその行為が不正といえるかが不明」であるため調査や裁判等で不正と認定される不正は，いわゆるホワイトカラーによる不正の例の1つである。

2. 不正の発生原因

(1) 不正のトライアングル

なぜ不正は発生するのか？　不正の発生を防止するためには不正発生のメカニズムを探求することが重要である。

まず，不正が発生する原因を示す代表的な仮説として，いわゆる「不正のトライアングル」と呼ばれている仮説を紹介する。

この仮説は，ドナルド・R・クレッシーが著書「他人の金―横領の社会心理学に関する研究」で述べ，その後「不正のトライアングル」として有名になったものである。不正が発生する時には次の3つの要素が揃っているとし，3つの要素とは，他人に打ち明けられない①動機（プレッシャー），②正当化，③機会である。内部監査人協会調査研究財団（IIA Research Foundation）が公表している「不正の抑止：内部監査人の視点」（"Deterring Fraud: The Internal Auditor's Perspective"）[4]に説明されている「不正のトライアングル」の仮説に基づき，筆者なりに今の日本を想定して，不正発生のメカニズム

を説明すると次のようになる。

　会社のお金の横領という不正が発生するのは，たとえば行為者が多額の住宅ローンを返済しなければならないという動機（プレッシャー）を持ち，ローンを返済しないと購入した住宅が処分されるので家族を守るためには仕方がない，会社のお金は盗むのではなく一時的に借りるのだという自己正当化が働き，かつ行為者が自分の立場を利用しての横領の機会があるという，①動機（プレッシャー），②正当化，③機会の３つの要素が揃っている場合である。

①　動機（プレッシャー）

　動機（プレッシャー）としてはさまざまなものがある。何期連続増収増益の維持，赤字転落防止，税金対策といった財務上の動機，家の購入，子息の大学進学といった喜ばしい事柄に起因する，あるいは家族の入院，損害賠償といった喜ばしくない事項に起因する資金の必要性発生，さらには遊興や享楽，異性との親交等に伴う自己都合による資金の必要性発生等がある。

　人間は誰でも生きて行く上で，何かしらの「動機（プレッシャー）」を受けるものであるので，それにどう対応するかが重要である。クレッシーは，不正が発生するのは「他人に打ち明けられない」場合と主張しており，行為者がその動機を他人に打ち明けられるか否かが重要となってくる。組織体においては，悩みを持っている人，問題を抱えている人，過剰なプレッシャーがかかっている人等をどのように把握して，彼らが適当な人と相談できる機会を提供するか等の職場環境，人事管理等が重要になってくる。

②　正当化

　正当化は，自分の行為を正しいと主張することである。人は良心があり，誠実でいたいとの思いがあるのでなかなか悪事を行うことができないが，悪事を行うことに自分自身を納得させる名目や理由がつくれたり，みつけられたりした場合に不正を行う可能性が生じる。その名目や理由など正当化する根拠は何であっても，たとえ第三者からみれば非合理な，理由にならない理由であったとしても，行為者自身を納得させるものであればかまわない。人は誰でも自分に甘い部分があるので，自分自身の行いを正当化したい傾向がある。役職員が

安易に自分勝手な正当化をして不正に走ることのないように，組織体は倫理教育やコンプライアンス教育を継続的に行う必要がある。

③　機会

　不正を行うことについて「正当化」を行うことができたとしても，人はそれだけでは不正を行うことはできない。不正を行うためには不正を行える「機会」がある必要がある。「機会」とは行為者が自分の権限で行える行為であり，かつ発見されにくい行為であればあるほど，行為者にとってはよい「機会」となる。逆に組織体からみると役職員に不正をさせる「機会」を与えないことが重要になる。「機会」を与えないためには，有効な内部統制を構築して，役職員に不正ができるような「機会」を与えないことが重要である。

　「動機（プレッシャー）」「正当化」は主として役職員個人に関わることであるが，内部統制の構築により「機会」を極小化するのは組織体が行うべき活動

図表6-2　不正のトライアングル

（客観的条件）

機会
・現金が手の届くところにある
・情報が手の届くところにある
・他人のことに無関心な職場である
・事務手続きの内容に隙がある
・事務手続きが守られていない
・検印，承認が形式的である
・自店，本部の点検・モニタリング機能が不十分
・監査機能が不十分，
・DXに伴う，点検の脆弱化，書類の偽造，等

・「動機（プレッシャー）」
・「正当化」
・「機会」

不正が発生する場合，3つの要件が揃っている。

「動機・プレッシャー」の状況の把握，身勝手な「正当化」を防止するための倫理重視の風土，教育に加えて，不正を発生させる「機会」（客観的条件）を防止していくことが重要。

（主観的条件）

動機（プレッシャー）
・住宅購入・教育費
・本人・家族の病気
・享楽・ギャンブル・異性への誘惑
・転職・退職
・低評価
・不良な人間関係
・顧客との好関係維持
・成果主義
・売上，収益目標達成，等

正当化
・家族を守るため
・すぐ返すから許される
・お金を無管理でいる銀行が悪い
・自分を不当に低評価する銀行は報いを受けて当然
・自分をいじめる上司は報いを受けるべき
・成績を上げるためには多少のルール違反は
　許される，結果オーライである
・不当に高いノルマを課す銀行が悪い
・社員を守るために，一時的粉飾なら許される，等

であり，使命である。有効な内部統制の整備・運用が組織体には求められている。**図表6-2**は，この不正のトライアングルについて筆者なりの理解をまとめた図である。

なお，昨今のDXの流れ，リモートワークの普及は，不正上からも新たな「機会」の可能性を生んでいる。業務プロセスのIT化に伴って，上司の検印不要による点検機能の弱体化や，証跡保存が困難になることは以前からいわれていたことであるが，さらにWebでPDF化された書類等が送られてきた場合，その書類の信憑性の確認がむずかしい場合がある。DX自体は事業上で新しい機会を与えてくれるが，不正実行上でも新しい「機会」を与えていることを，取締役会，最高経営者や内部監査人等は留意する必要がある。

For Your Infomation 6-1

「他人に打ち明けられない問題」

クレッシーの『他人に打ち明けられない問題』については，ACFEの「企業不正対策ハンドブック」が詳しく説明している。その中で行為者が他人に打ち明けられないケースを次のように紹介している。

「クレッシーは，『他人に打ち明けられない』問題を6つの基本的な類型に分けた。
1. 果たすべき義務への違反
2. 個人的な失敗に起因する問題
3. 業況の悪化
4. 物理的な孤立
5. 地位獲得への欲望
6. 雇用者と被雇用者との関係」[5]

不正防止の観点からは，こういった点にも経営者，管理者，内部監査人は留意しておくべきである。

For Your Infomation 6-2

「不正はノン・コア業務で発生する」と「行為者の視座」

「不正はノン・コア業務で発生する」という言葉を時々耳にする。しかしながら筆者の体験からすると，「不正はノン・コア業務でも発生する」が実感である。ノン・コア業務としてあまり注意を払っていなかった業務や部署から不正が発生

211

すると，経営者の視点からは，一種の驚きと組織体に死角をつくらず全体に注意を払っておくべきとの教訓から「不正はノン・コア業務で発生する」との表現になるのであろう。

　しかしながら不正はノン・コア業務だけでなくコア業務でも発生している。ある人物（行為者）が不正をしようと考えている時には，行為者は組織体の中の自分が見えている範囲のどこでどのように不正を行おうかと考えると思われる。筆者はこれを「行為者の視座」と捉えている。不正を行おうとする場所がコア業務であろうノン・コア業務であろうと，行為者にとって不正を行える機会を見出せる範囲，それが行為者の舞台であり，行為者はその舞台で自然に見える行動ができ，かつ発見されにくい場所・時間と方法で不正を行うのである。そのような場所・時間と方法は多くの場合，行為者が精通している業務に関連することが多い。なぜなら，行為者は統制上の脆弱性がどこにあるかを知っているからである。別の言い方をすれば，不正が行われる場所は，経営者にとっては「ノン・コア業務」であっても，行為者の視座からみればそれは「コア業務」なのである。不正防止については，行為者の視座に立って，統制上の脆弱性がないかと検討する必要がある。

3. 不正の防止態勢と内部監査

(1)　不正の防止態勢

　前節で不正の発生原因に対するアプローチとして「不正のトライアングル」について紹介し，「動機（プレッシャー）」への対応として良好な職場環境構築や人事管理等の重要性，「正当化」への対応として倫理教育やコンプライアンス教育の重要性，「機会」への対応として内部統制の整備・運用の重要性を述べた。

　上記を踏まえて，不正防止態勢の一例として，**図表6-3**の不正防止態勢のフレームワークを提案する。**図表6-3**は「不正のトライアングル」とCOSOの「内部統制システム・モニタリングガイダンス」（以下，COSO「モニタリングガイダンス」）のフレームワーク[(6)]を活用している。

図表6-3 不正防止態勢のフレームワーク【全体像】

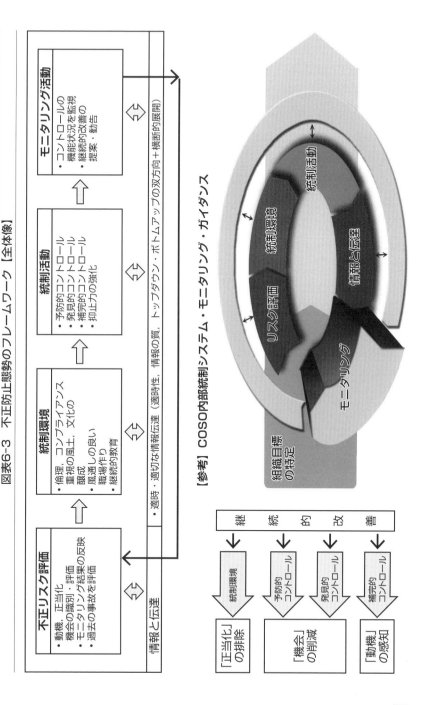

【参考】COSO内部統制システム・モニタリング・ガイダンス

213

①　COSO「モニタリングガイダンス」のフレームワーク

　COSO「モニタリングガイダンス」のフレームワークの構成要素は，COSO「内部統制」のフレームワークの構成要素と同じで，「統制環境」，「リスク評価」，「統制活動」，「情報と伝達」，「モニタリング活動」であるが，記載順序は「リスク評価」，「統制環境」，「統制活動」，「情報と伝達」，「モニタリング活動」と「統制環境」の前に「リスク評価」を置いている。この点についてCOSO「モニタリングガイダンス」は「COSOの枠組みでは，リスクは時の経過とともに変化すること，および経営者は，『内部統制システムが，適合性を有し，新しいリスクに対処できるかどうかを判断する』必要があることを認めている。したがって，モニタリングでは，(1)リスクが変化している場合に，経営者は内部統制の設計を再検討しているか，また(2)リスクを許容可能な水準にまで引き下げるために設計されている内部統制が，継続して効果的に運用されているかどうかを評価しなければならない。」[7]と説明し，変化し続けるリスクに対して内部統制の有効性を維持していくためには，まず最初に変化も含めて「リスク評価」をすることを必要としていると，主張している。

②　不正防止態勢のフレームワーク

　活動が継続している組織体において，内部統制がまったくないことは考えにくく，不正に対しても何らかの対応が行われていることを前提にするなら，このCOSO「モニタリングガイダンス」のフレームワークは，不正防止態勢構築のために大変有益なフレームワークである。以下で「不正のトライアングル」とCOSO「モニタリングガイダンス」のフレームワークに基づく「不正防止態勢のフレームワーク」（**図表6-3**，**図表6-4**）について論説していく。

　「不正防止態勢のフレームワーク」は，COSO「モニタリングガイダンス」のフレームワークに準じて「不正リスク評価」から始める。

　「不正リスク評価」では，組織体においてどのような不正リスクがあるかの識別とその識別したリスクの分析，評価を行う。なお，リスクの識別に当たっては，「不正のトライアングル」から，ア．組織体においてどんな「動機（プレッシャー）」，「正当化」，「機会」があるか，イ．今までのモニタリングに基づきどんな不正リスクの懸念があるか，ウ．自社および他社の不正としてどの

統制環境 （全社的統制）	統制活動			抑止力
	予防的 コントロール	発見的 コントロール	補完的 コントロール	
・ガバナンスの機能発揮 ・経営者のコンプライアンス重視の姿勢 ・倫理，コンプライアンス重視の風土，文化の醸成 ・風通しの良い職場作り ・継続的教育，等	・アクセス・コントロール ・職責の分離 ・ジョブ・ローテーション ・ITの活用 ・事務プロセスの改善 ・事務プロセスの外部への移管，廃止，等	・現場管理者による点検 ・所管部署による点検 ・内部統制部署等による点検 ・内部監査 ・ITの活用 ・休暇取得の制度化 ・内部通報制度 ・顧客，取引先の声，等	・採用時の調査 ・採用後の人事管理 ・職場における良好な人間関係，等 ・適切な懲戒	・堅牢な管理（不正をすることは無理） ・早期発見の積み重ね（不正してもすぐ見つかってしまう） ・断固とした措置（懲戒が怖い）
継続的改善：モニタリング結果の分析，評価と，組織体内外の環境変化（業務，組織体制，法制度，技術革新等）を踏まえた統制（コントロール）の継続的見直し，改善				

- 統制（コントロール）の階層：全社的統制（組織体全体に係る統制），全般統制（各業務プロセスに係る統制），業務処理統制（個別の取引や行為に係る統制）
- 統制（コントロール）の性格：予防的統制，発見的統制，等
- 統制（コントロール）の手段：人的統制，（ITを活用した）自動化された統制，人的統制と自動化された統制の組み合わせ

ようなものがあったか等の観点から実施する。不正リスクの種類と大きさ等の現状を認識することが不正防止管理態勢の構築および監査の始めである。

次に「統制環境」では倫理観やコンプライアンスを重視する企業風土の確立状況，取締役会等のガバナンスの機能状況，経営者の姿勢，組織体の社会的責任を自覚し，組織体の行動の基となる行動規範のような方針の策定・表明状況，善行を行おうという文化の有無，風通しの善し悪し，倫理やコンプライアンスに係る教育の適切かつ継続的実施[8]等が要点となる。この「統制環境」が適切であることが，前述の「不正のトライアングル」との関係では不適切な「正当化」を防ぐ機能となる。

次が「統制活動」であり，**図表6-4**にその要約が示されている。「統制活動」

は,「不正のトライアングル」でいう「機会」の削減がその主な機能であるが,補完的機能により「動機」の把握をも果たす。「統制活動」は大きく「予防的統制」,「発見的統制」,「補完的統制」の3つに分けることができる。

「予防的統制」とは文字どおり,不正を未然に防ぐコントロールであり,現金や情報への不正なアクセスを防ぐアクセスコントロールや,相互チェック機能としての職責の分離,人事ローテーション,ITの活用,不正リスクの低減を狙いとした業務プロセスの改善や廃止等が含まれる。

「発見的統制」とは,不正をできるだけ短期間で発見する仕組みであり,現場での発見の仕組み,所管部署による発見の仕組み,内部統制部署等による発見の仕組み,ITの活用,さらには内部通報制度等が含まれる。また,顧客や取引先からの話が不正発見の有力な手段になっており,顧客や取引先の声をいかに収集してその声に対して感度よく効果的に反応することも重要な発見的統制である。なお,この発見的統制は,この「不正防止態勢のフレームワーク」の構成要素である「モニタリング活動」と重複する部分がある。

「補完的統制」には,人事管理が含まれる。人事管理は不正防止が主目的ではないが,採用時の調査や採用後の役職員の状況の把握等を法的に許される範囲で行うことは,「動機」の把握に重点を置いたコントロールとなる。

適切な「予防的統制」は,不正は実行不可という思いを起こさせるし,適切な「発見的統制」は,不正しても早期に発見されてしまう思いを起こさせる。さらに,適正な懲戒は,懲戒の大きさを考えれば不正を起すことは合理的でないという思いを起こさせる。これらの適切な「予防的統制」,「発見的統制」,「懲戒」等の組み合わせは,不正発生に対する抑止力となる。

またこれらの統制は,統制の手段の観点から,人間が行う人的統制,ITを活用した自動化された統制(「IT統制」と呼ばれることもある),人的統制と自動化された統制の組み合わせに分類することもできる[9]。

なお,前節で論説したように,DXの流れ,リモートワークの普及は不正の「機会」の領域拡大や可能性を生むことになるので,これらを推進していく際には,併せてどのような「機会」が生じることになるかを調査,確認して,適切な統制を整備することが重要である。

次にこれらの「リスク評価」,「統制環境」,「統制活動」が適切に整備・運用

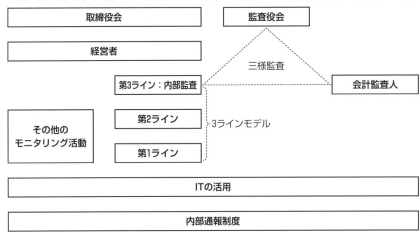

図表6-5　不正管理のための多重モニタリング機能（イメージ図）

３ラインモデル，三様監査，その他のモニタリング活動，ITの活用，内部通報制度の連携

され，有効であるかを継続的に監視していくことが「モニタリング活動」である。「モニタリング活動」は不正防止管理態勢を継続的に改善していくための重要な機能である。モニタリング活動は，内部監査に加えて監査役監査，会計監査人監査からなる三様監査，第１ライン（現場における管理・監督），第２ライン（内部統制の統括機能による管理・監視），第３ライン（内部監査機能による監視・監査）からなる３ラインモデル，ISO等のその他のモニタリング活動，ITによるモニタリング，内部通報制度等の多重のモニタリング機能が重要である（第１章８．他のモニタリング機能との連携を参照のこと）。**図表6-5**を参照されたい。なお，内部通報制度においては，通報者保護の仕組みもきわめて重要である。通報者保護に不備があり内部通報制度が役職員から信頼されていないと，通報する人がいなくなり通報制度が機能しない。

　また，モニタリング活動は，ITを活用した継続的なモニタリング活動も含めた日常的なモニタリング活動と定期的なモニタリング活動からなる。継続的なモニタリング活動については，第１章４．継続的モニタリングの活用と第７章３．内部監査業務におけるDX推進を参照されたい。

　最後に，「リスク評価」，「統制環境」，「統制活動」，「モニタリング」が効果的・

効率的に実施されていくための重要な要素となるのが「情報と伝達」である。伝達される情報が適切でないと対応を間違えてしまう可能性があるため情報の質は大切であるし，情報受信者がその情報から何を読み取るかの情報への感度も重要である。また，不正は実行される前に防ぐべきであるので懸念に関する情報は有益であるし，不正が発生した場合でもできるだけ早く情報が伝わることによりその影響（被害）は少ないかもしれない。したがって情報は適時に適切な範囲に適切に伝えられることが重要である。その伝達ルートとしては，内部情報か外部情報かにかかわらず，その内容に応じて，現場からのボトムアップのルート，権限者から現場へのトップダウンのルート，組織横断的に共有すべき情報である場合のホライズンタルな（水平的な）ルートがある。現場からのボトムアップのルートからは，いわゆるヒヤリハットを含むネガティブ情報（不正等の望ましくない情報）等や現場の内部統制に係る情報等が伝達される。権限者から現場へのトップダウンのルートとしては，不正に対する対応指示や内部統制の継続的改善に関する指示・依頼等が伝達される。ホライズンタルなルートでは，組織体の職位等の上下に関係なく全役職員が知っておくべき，あるいは共有しておくべき情報が伝達，周知され，その情報には疫病の流行状況とその対策や情報セキュリティに係る一般的なリスクとその対応として適合すべき事項等が含まれる。

　なお，これらの構成要素が**図表6-3**上では，矢印でつながれている。太線の矢印は，各構成要素が相互に影響していることを示している。細線の矢印は，この内部統制は一度構築したらそれで完成ではなく，「継続的改善」を行うことの必要性を示している。COSO「モニタリングガイダンス」は，リスクの変化に対して，現行の内部統制が適合性を有しているかを経営者は判断する必要があると主張しているが，不正防止態勢も不正に係る組織体内外の環境の変化に対応して，継続的に統制の改善を図っていく必要がある。

For Your Infomation 6-3

「体制」と「態勢」

　内部統制に関して「体制」と「態勢」と2つの用語が使われているが「体制」は，内部統制の仕組みを意味し，「態勢」はその仕組みの機能状況を意味する。

　鳥羽至英氏は「体制」と「態勢」について，「現代の内部統制理論のとらえ方の特徴の1つは，それを各種の仕組みを動かす人間行動とみていることである。従来の内部統制観に従えば，内部統制は「仕組み・制度・手続・規程などを総称したもの」として規定されていた。しかし，よく考えてみると，いかなる仕組みや手続きであっても，それが有効に機能していることが前提のはずである。それゆえ，内部統制を考える際に，仕組みを動かす人間の側面を考慮するのは当然のことであるが，従来の内部統制観では，人間の側面（人間行動）が捨象されていたのである。COSO報告書が内部統制を「プロセス」と定義したのは，内部統制のもつ人間の側面を重視したからにほかならない。内部統制の本来のあり方は，構築された仕組みそのものではなく，それらが実際の業務のなかで有効に機能するという意味での態勢であろう。それは，換言すれば，組織・制度・規程・手続の機能状況―それらを実際に動かす人の問題―にほかならない。…（中略）…。「体制」とは内部統制の仕組みであり，それは上述した「組織・制度・規程など」から構成される。会社法が取り込んだ内部統制は，このような人間の側面を踏まえた「態勢」（仕組みの機能状況）としての内部統制」[10]と述べている。

For Your Infomation 6-4

COSO不正リスク管理ガイド

　COSOは，不正防止をCOSOの重要な使命の1つとして，組織体が自らとステークホルダーを保護することを支援する目的で，「不正リスク管理ガイド」を作成し公表している。この中で，COSO「内部統制」フレームワークの内容と整合させて，下の図表のように5つの原則を提唱している[11]。

COSO「内部統制」フレームワーク	COSO不正リスク管理原則（共著者ACFE）
統制環境	原則1．組織は，取締役会および上級経営者の期待と彼らの不正リスク管理に関する高度な誠実性と倫理的価値観に対するコミットメントを表明する不正リスク管理プログラムを確立し，伝達する。
リスク評価	原則2．組織は，具体的な不正スキームとリスクを識別し，不正の発生可能性と重要性を測定し，既存の不正統制活動を評価し，不正の残存リスクを低減する対策を講じるため，統合的な不正リスク評価を実施する。
統制活動	原則3．組織は，発生する，または適時に発見されることのない不正のリスクを低減するための防止的・発見的な不正統制活動を選定，開発，実施する。
情報と伝達	原則4．組織は，潜在的な不正についての情報を入手するための情報伝達プロセスを確立し，不正に適切かつ適時に対処するために調整の図られた方法による調査および是正措置を活用する[(*)]。

| モニタリング活動 | 原則5．組織は、不正リスク管理の5つの各原則が存在し、機能し、不正リスク管理プログラムの不備を、上級経営者と取締役会を含む是正措置の実施に責任を負う当事者に適時に伝達しているかを確認するための日常的な評価方法を選定、開発、実施する。 |

＊筆者注：「活用する」の原文は "deploy"。
出所：八田ほか（2017，p.6）より筆者抜粋。

(2)　不正の防止態勢に係る内部監査

　不正に係る内部監査部門は次の2つの機能を提供できる。1つは不正防止態勢に係るアシュアランスとコンサルティングの提供であり，もう1つは不正調査である（**本章4.** 参照）。

①　不正防止態勢に係るアシュアランスとコンサルティング

　前節でCOSOの「内部統制システム・モニタリング・ガイダンス」のフレームワークに基づいて不正防止態勢について説明してきたが，このフレームワークの構成要素に基づいて内部監査を実施していくのも，効果的・効率的な方法の1つである。このフレームワークの構成要素に基づいて青森県住宅供給公社における横領事件の発生原因と再発防止策を次の②で追求している。

　また，組織体では，各業務プロセスの中で不正防止対策も組み入れていることも多いので，部署別やプロセス別の監査やテーマ監査等の中で不正防止態勢についても検証していくことも重要である。なお，不正検査に関しては，職場のルールが順守され，統制活動が有効に機能しているかの確認のために，内部監査人が，予告なしの抜き打ち検査を行うことが有効な場合もある。定期的あるいは継続的モニタリングによる疑わしき取引の抽出についてはCAATTｓ等のITを活用した監査が有益であり，第7章3. で論説する。

　さらに，内部監査の不正監査においては，繰り返しこのフレームワークに基づき内部監査がアシュアランスを行い，助言や提案等のコンサルティングをしていると，業務執行部署も，このフレームワークに基づいて，あるいはこのフレームワークのポイントを押さえて態勢を構築するようになる。また，業務執行部署と内部監査部門がともに同じフレームワークに基づいて話し合うなら，両者間のコミュニケーションもより効果的・効率的になる。

たとえば，業務執行部署が発生した不正に対する報告と是正策を発表したときに，内部監査が不正のトライアングルに基づいて，今回の不正の「動機」,「正当化」,「機会」について尋ね，さらに示された是正策はこれらの不正の要素と照らし合わせて十分か等について繰り返し質問していくと，業務執行部署も内部監査からのそれらの質問に答える必要があり，徐々にこれらの諸点を押さえた対応を行うようになっていく。内部監査は監査や会議での質問等により，業務執行部署による是正措置が不正の根本的原因を探求していない表面的な対応で終わることのないように，協議していくべきである。

② 青森県住宅供給公社における横領事件

　青森県住宅供給公社における横領事件とは，同公社に「総務部総括主査等として勤務していた行為者が，1994年10月から2001年10月までの約7年間に，公社理事長名義の複数の預金口座間の資金移動をするように偽って，公社のために業務上保管していた預金の中から，前後165回に渡って，合計14億4,616万4,488円にも上る公金を払い戻して横領した」(12)事件である。また横領した金銭の大半をスナックで知り合ったチリの女性に贈っていたことと，金額の大きさと不正期間の長さから社会的注目を浴びた事案であり，行為者がこの女性宛てに多額の海外送金を繰り返していることに不審を抱いた国税局の調査ではじめて発見された事件である。

　このような事件がなぜ発生したのか，またなぜ国税局の調査まで発見されなかったのか，その原因を前述の「不正防止態勢のフレームワーク」を用いて，判決文から筆者なりに分析してみたのが**図表6-6**である。まず「不正のトライアングル」の観点であるが，自分への待遇に不満を持っていた行為者は，不満解消のための遊興からの借金があったという動機があり，「愛や友情を手に入れるためには金や物が必要という」(13)正当化を行い，脆弱な内部統制の下，実質的に経理を任されていた行為者は横領を行える機会は多数あったといえる。

　次に行為者に多数の横領の機会を提供してしまった内部統制については，「リスク評価」,「統制環境」,「統制活動」,「情報と伝達」,「モニタリング活動」のすべての項目において，重要な不備が多数識別された。詳細は**図表6-6**のとおりである。公社全体として不正リスクに対する感覚が鈍い環境の中，理事会や

経営陣は内部統制の構築について関心が薄く，行為者が従事する会計業務において，業務に精通しているのは行為者のみで実質1人で業務を背負い，上司は知識不足等から確認業務をほとんど行っておらず，監査も形式的な面が強く実効性に乏しいという状況であった。とりわけ横領のために主に利用した口座振替は，行為者が単独で処理できる業務であり，長年の勤務から行為者が監査の範囲や方法も知っていたのなら，**FYI6-2**で述べた「行為者の視座」からみて会計業務は絶好の不正の舞台であった可能性が高い。

　次に**図表6-7**は「不正防止態勢のフレームワーク」を用いて筆者が考えた本事件の再発防止策である。この中で，公社の社会的使命に誇りを持った倫理重視の風土醸成や人材育成は時間がかかるため，まずは方針・規程等や組織・体制の整備，人材の育成や教育の計画策定を行い，これらを適切に継続的に運用していくことをとおして，役職員の意識を改革し，公社にとってあるべき組織風土の醸成，人材の育成・確保を行っていくことが考えられる。

　不正防止策は，すぐに是正すべきことと抜本的改善のために時間をかけて対応していくべきことから構成される。また時間がかかる対応策の中でも比較的短時間で対応できることと，継続的な取組みの中で時間をかけてあるべき姿が醸成されていくことがあり，抜本的改善策の策定においても時間軸の要素を組み入れていくことが必要である。

For **Y**our **I**nfomation 6-5

不正発覚のルート　内部通報が一番

　ACFEで公表している"Report to the Nations on 2018 Occupational Fraud and Abuse"（「2018年度版職業上の不正と濫用に関する国民への報告書」）によると不正の発見手段として一番多かったのが内部通報で全体の40％，以下，内部監査15％，マネジメントレビュー13％と続く。「2010年以降の各報告書でもこれら3つの発見手段が上位3位を占めて」[14]いる。一方，外部監査による発見の割合は4％である。また通報者の構成をみると，従業員が53％，続いて顧客21％，匿名14％，業者8％となっている。

　このデータから読み取れることは，不正は行為者のそばにいる人が一番発見しやすいということである。

図表6-6　青森住宅供給公社における横領事件発生原因の分析

3要素	具体的事項	背景
動機 （プレッシャー）	・待遇への不満 ・巨額の借金 ・無断欠勤	・幹部は自治体等からの出向者で，行為者等プロパー職員の幹部への昇進は困難 ・待遇への不満から毎晩のようにスナック等で遊興 ・高利貸しからの借金返済のために副業（建設作業員）
正当化	・自分勝手な解釈	「金や物を出さずに，どうすれば愛や友情を手に入れられるのか，私にはわかりません。」の供述
機会	・事実上，自分1人に任されていた経理業務	・経理業務に精通しているのは行為者のみ ・上司の管理責任未履行 ・口座振替は行為者単独での処理可能 ・公印（銀行取引印を兼ねる）は勤務時間中は机上等 ・監査も形式的

構成要素	具体的事項
リスク評価	○業務ルール無視に関して希薄な関心 　・業務ルール無視が引き起こすリスクに関する感覚が鈍い可能性 ○人的リスクに対して鈍感，過小評価 　・行為者は，無断欠勤，借金，暴力団関係者との接触があり ○会計リスクに対して鈍感，過小評価 　・同一人物1人が長期間担当。規程違反も是正未実施。 ○公印の悪用リスクを軽視 　・公印は銀行取引印を兼ねる点が他の公社との相違点
統制環境	○理事会の機能不全 　・例年，決算と予算承認の年2回の開催のみ ○経営陣が「腰掛け」の状態 　・経営陣は自治体出身で在任期間は数年。 　・公社の理念や使命等についての周知が不足していた可能性 ○内部統制未整備 　・統制活動の未整備事項多数 ○収支均衡至上主義 　・収支均衡のための独特の決算操作と，実質上の利益を把握するシステムなし
統制活動	○人事管理が杜撰 　・縁故採用（県庁に努めていた父親の紹介） 　・無断欠勤，借金，暴力団関係者との接触あるも，顛末書提出，厳重口頭注意にとどめる 　・同一業務（経理）を約20年担当。企画課へ移動後も経理業務に従事 　・後継者等，同一業務を行える人材の育成不十分 　・部下3名を週2，3回食事に連れて行くなどの行為者の金回りのよさに対する関心希薄。 ○会計管理が杜撰 　・仕訳日計表作成が1ヵ月，2ヵ月遅延が常態化，最長半年間放置 　・上司による金銭出納帳未確認（上司はコンピュータへのアクセス不可の状況であり，金銭出納帳は年に数回しか印刷処理されず） 　・合計残高試算表の作成遅延。理事長まで提出の規程ながら理事長へは未提出 　・借入金台帳，ほぼ未整備 　・銀行取引印を兼ねる行員が勤務時間内は総務部長の机上またはその側のキャビネット上に放置 　・口座振替事務は実質的には行為者単独での処理可能，上司による事後確認も未実施
情報と伝達	○ネガティブ情報の未伝達 　・行為者の無断欠勤，借金，暴力団関係者との接触ある旨を専務理事は理事長に未報告 　・1億円超の財産処分（理事長決裁）に係る修正伺を専務理事が決裁 　・行為者の派手な生活ぶりに係る情報がどこまで伝達されていたか不明
モニタリング活動	○経理部門内のほぼ未点検，未確認 　・他の経理職員との相互点検未実施 　・上司による金銭出納帳等の確認はほとんどなし ○内部監査，監事監査，県監査委員監査不十分（本件不正を発見できず） 　・青森県監査委員，内部監査は口座振替の支払伝票に対する入金伝票の確認すら未実施。 　・監事は県職員による監査補助に依存しながら，監査補助の監査は1日。

図表6-7　青森住宅供給公社における横領事件再発防止策（案）

3要素	提案事項
動機 （プレッシャー）	・役職員の状況に互いに関心を持つ風通しのよい職場環境の醸成 ・役職員の悩み等相談窓口の設置（組織体内部，外部）
正当化	・公社の使命等の継続的周知，よいことをしようとの風土醸成 ・継続的な倫理教育，コンプライアンス教育
機会	・内部統制の構築

構成要素	提案事項
リスク評価	○ルール感度の向上 ○リスクの識別，分析，評価
統制環境	○理事会の機能発揮 ・公社の使命の再明確化，倫理規範の制定，内部統制の整備，内部統制についての各理事への啓発，教育 ○職務権限規程，職務分掌の見直しと明確化 ○経営陣による内部統制の推進 ・公社の使命，倫理等の継続的周知 ・内部統制の適正な運用と継続的改善
統制活動	○コンプライアンスの徹底 ・倫理，コンプライアンス教育の継続的実施（コンプライアンス・プログラムの推進） ・職務権限規程，職務分掌の遵守（報告義務の適切な遂行を含む） ・業務規程，マニュアル等の再整備と遵守（適切な職責分離，印章の管理を含む） ○人事管理の改善 ・公平な採用基準に基づく職員採用 ・人事評価の適切な実施とフィードバックの実施 ・計画的な人材育成（教育，業務ローテーションを含む） ・適時適切な人事ローテーションの実施 ・賞罰規程の整備と適正な運用 ○会計管理の改善 ・会計業務への適材配置と計画的人材育成 ・会計業務プロセスに係る規程，マニュアル等の再整備と遵守（権限に合致した業務遂行，作成や報告等の期限の遵守を含み，手続きの「見える化」） ・業務プロセスに適切な職責分離，点検業務の整備と運用（日常的監視活動） ・上司の権限に基づく，定期的な点検活動の整備と運用（定期的監視活動）
情報と伝達	○コミュニケーションの改善 ・理事会，経営陣からの公社使命，倫理，コンプライアンス等に係る継続的なメッセージ発信 ・報告責任の明確化と遂行の徹底 ・現場管理者による部下との日常的コミュニケーション推進 （インフォーマルな情報収集） ・取引先や職員の声を吸い上げる仕組み構築 （Voice of Customers，Voice of Employeesの仕組み設置等） ・内部通報制度の整備と運用
モニタリング活動	○現場（経理部門内）での相互点検の仕組みの整備と運用 ・他の経理職員との相互点検実施 ・上司による日常的および定期的確認業務の再整備と運用 ○内部監査，監事監査の充実（実効性ある監査の実施） ・監査の使命と責任の再認識，リスク評価に基づく監査の実施と理事会宛報告ライン確保。 （○県監査委員監査の実効性向上のための改善：県への要望事項）

③ 経営陣による不正を発見した場合

　本項の最後に，取締役や経営陣による不正や不正の兆候・可能性を内部監査人が発見した場合に，内部監査部門はどのような対応をすべきかについて論説する。IIAの「国際基準」2060（最高経営者および取締役会への報告）や「国際基準」2600（リスク受容についての伝達）を踏まえれば，社長等の代表取締役が不正に関係する場合は取締役会に，それ以外の場合は代表取締役（社長等）と取締役会に報告し，指示を仰ぐことになる。たとえ取締役や経営陣からのさまざまな圧力があったとしても，内部監査部門長が自らの倫理観に従って取締役会に報告を行い，適切な対応を行うべきであり，それが内部監査の使命である。

　とはいえ，組織体内の力学上，内部監査が取締役会に報告し，対応していくことに対して有言・無言の圧力があり，対応に困難を感じるケースもあり得る。このような場合に適切に対応していくためには，監査役等，会計監査人との連携，いわゆる三様監査が必要となる。**図表6-8**は，監査役等（監査役，監査委員，監査等委員）や，会計監査人が不正等を発見した時に誰に報告する必要があるかの会社法（382条，399条の4，406条）の内容を示している。会計監査人は監査役等に，監査役等は取締役会に報告する必要がある。内部監査は法的監査ではないので，会社法での規定はないが，三様監査における連携の中で，内部監査が発見した不正等（特に経営陣に係る不正等）を監査役等に報告することは自然の流れである。内部監査から不正に関する報告を聴いた監査役は，

図表6-8　不正に係る監査役等,会計監査人の報告事由と報告先についての会社法の規定

報告者	報告事由	報告先
監査役（382条） 監査等委員 （399条の4） 監査委員（406条）	取締役[*1]が不正の行為をし，若しくは当該行為をするおそれがあると認めるとき，又は法令若しくは定款に違反する事実若しくは著しく不当な事実があると認めるとき	取締役会
会計監査人（397条）	取締役の職務の執行に関し不正の行為又は法令若しくは定款に違反する重大な事実があることを発見したとき	監査役[*2]

（＊1）指名委員会等設置会社の場合は，取締役または執行役
（＊2）監査役会設置会社においては監査役会，監査等委員会設置会社においては監査等委員会が選定した監査等委員，指名委員会等設置会社においては監査委員会が選定した監査委員会の委員

自らその情報を確認したうえで，その事実を認めた場合は会社法の規定に基づき取締役会に報告しなければならない。監査役，会計監査人との連携は内部監査にとって，効果的に取締役会へ報告するルートとしても活用できる。

　また，監査役等や，会計監査人との連携に加えて，非業務執行役員である社外取締役との連携も重要になってきている。コーポレートガバナンス・コードは，取締役や監査役が，その役割・責務を実効的に果たすために，「上場会社は，…（中略）…内部監査部門と取締役・監査役との連携を確保」（補充原則4－13③）することを求めている。なお，取締役や経営陣による不正等が発見されたような非常時に内部監査と監査役等，会計監査人，社外取締役との連携が効果的・効率的に機能するためには，平時から定期的にまた必要に応じて互いに情報交換等の連携を行い，信頼関係を構築しておくことも重要である。これらの連携については**第1章8.（2）**も参照されたい。

4. 不正調査

(1)　不正調査全体を通じての重要事項

　不正調査は，内部通報や内部監査などのモニタリング活動等により識別された不正の兆候や懸念をきっかけとして実施される。不正調査の実施者は，あらかじめ組織体の規程等で定まっている場合もあれば，事案ごとに取締役会や経営者が実施者を指名することもあり，内部監査部門に対して不正調査の実施を指示することもある。不正調査は，一般的な内部監査に比べて特に注意すべき点があり，また不正調査独特の能力やノウハウが要求される。本節はそれらの点を示しながら，不正調査の方法について論説する。

　不正調査のプロセスは大きくいう「不正の懸念の把握」，調査の「計画」，「実施」，「報告」に分けられる。この各プロセスについては後述するが，各プロセスをとおして筆者は①客観性と専門職としての懐疑心，②正当な注意，③秘密，

情報の保持，④証拠の保全，⑤意見の不表明の5点が特に重要であると考えている。

①　客観性と専門職としての懐疑心

　客観性と懐疑心は両立するのか，疑う心と中立であるという客観性は相容れない概念ではないかという意見がある。しかしながら，特定のものだけを疑うのではなく，可能性をすべて疑って確認すること（懐疑心の発揮）によりはじめて，何事にも偏らない公平な評価（客観性の実現）ができると筆者は考えている。個人の「客観性」とは「内部監査人が，その業務の結果について真の確信を有し，かつ業務の品質を歪めるほどの著しい妥協がない方法でその業務を遂行する偏見のない精神的態度」(15)であり，専門職としての懐疑心は「内部監査人の，見聞きしたものに常に疑問を持ち，監査証拠を批判的に評価する，何事も当然のこととして受け取ることがないという精神状態」(16)である。何事も徹底して確認し批判的に検証した証拠に基づいてこそ，客観的な評価が可能なのである。

　不正調査は，何らかの不正の兆候や懸念から調査を開始するので，はじめから不正を立証しようと前のめりになりすぎると，客観的な評価の妨げになる可能性がある。逆に，公平に調査しようと，調査の順番も考えずに網羅的に調査しようとすると，ほかのところを調査している時に調査に気づいた行為者が不正の証拠を抹消してしまう可能性がある。また，不正調査は，不正を発見するまでに骨の折れる調査が必要であり，全件検査が必要な場合もある。そういった場合にでも途中で注意散漫にならないように，公正不偏な仕方で専門職としての懐疑心を持ち続け，正当な注意を払って調査を進める必要がある。

②　正当な注意

　もちろん専門職としての懐疑心により調査することも正当な注意を払っていることの1つであるが，特に次の事項に正当な注意を払う必要がある。1つは調査の計画策定である。調査の順序や範囲を間違えると，証拠を隠滅されたり不正を見逃してしまう可能性がある。不正の懸念を把握して調査の開始に当たり調査対象者の周辺の人からヒアリングを開始したところ，その1人が共犯者

である場合も起こり得る。上司に調査協力を求めたところ，その上司が管理責任を問われることをおそれて不正をもみ消す可能性もある。調査の計画時には，証拠保全，情報保全，時間的制約の有無等の観点から正当な注意を払って計画する必要がある。

また，正当な注意の実践として，情報の保全にも特に注意を払うべきである。組織体に重要な影響を与える可能性のある情報や個人の名誉やプライバシーに係る情報を取り扱うケースもあるので注意を払う必要がある。

③ 秘密，情報の保持

秘密や情報が漏えいした場合は前述のとおり組織体や個人に多大な影響を与える可能性があるので，情報管理は慎重に行う必要がある。情報の保持は通報者の保護の観点からも重要である。また調査途中で情報が漏えいすると，行為者等が証拠隠滅を図るかもしれないし，懲戒を逃れるために不正が明確になる前に退職等の行動に出る可能性もある。また，調査終了後の資料の管理にも注意する必要がある。調査報告終了後も資料保存期間中に情報が漏えいしてしまうことのないように，情報の保存場所，アクセス管理や廃棄時等に注意を払うべきである。

④ 証拠の保全

調査の順序が不適切だったり，誤って共犯者に協力を求めたり，情報が漏えいしたりすると，証拠が隠滅されたり，偽造されたりしてしまう可能性がある。あるいはヒアリング時に証言した内容を証言者は後日に否定する可能性もある。このような事態を避けるためにその都度証言者から証言内容が事実であることを認める署名を徴収することも必要である。またDXの進展により電磁データの増加が予想されるが，コンピュータ上の電磁データは業務の処理が進むにつれて変化していくという特色があるし，記憶媒体の揮発性についても注意を払う必要がある。場合によっては電磁データの証明力を維持するためにデジタル・フォレンジック調査の実施を検討する必要がある。また違法でない方法で証拠を収集し調査を終了する前には，事実を認定するための証拠について，適切性（証拠の質）と十分性（証拠の量）を満たしているかについて確認する必要が

ある。

　なお，これら①～④の４つの要素は互いに影響し合っていることにも留意すべきである。

⑤　意見の不表明

　内部監査人は，不正についての評価や意見の表明をしてはならない。不正についての事実認定と，評価や意見の表明は別のものである。事実認定とは証拠によって導かれる事実を示すことである。一方，評価や意見は，事実に基づいて事案の重要性や深刻度について評価を行ったり，不正との判断を下すことである。これは，組織体内では賞罰委員会や第三者委員会等の責務であり，内部監査人は評価や意見を表明すべきではない。

　ACFEのCFE倫理規程やCFE職業基準では，不正検査においては，個人または団体の罪状について意見を述べてはならないことになっている（CFE倫理規程Ⅴ.，CFE職業基準　ⅴ.報告基準２.）。またIIAの「国際基準」は監査報告には適切な結論は含まねばならないが，意見は必ずしも述べる必要はなく，適切な場合には意見が提供されるべきとなっている（「国際基準」2410.A1）。

(2)　不正調査の各プロセスにおいての重要事項

①　不正の懸念，兆候の把握段階

　内部監査活動等，公式なモニタリング活動を通じて不正の懸念，兆候を把握した場合は，そのまま調査の方針を決定することになるが，内部通報により不正の懸念，兆候を把握した場合は，その通報が信頼性に足るものかの仮調査を行う必要がある。特定の人に対する妬みや恨み等からの虚偽の内部通報であったり，面白半分からの内部通報等であったりする可能性があるからである（ただし，そのような虚偽の内部通報があったときに，なぜそのような通報がなされたかを調べると，組織として対応すべき隠れた不備が発見される場合がある）。

　不正の懸念について調査する必要があると判断されると，まず調査を誰にあるいはどの部署に依頼するか，あるいはどんな調査チームの構成にするかの決定がなされる。事前に調査するプロセスが組織体で決められている場合はその

ルールに従うし，社長等経営上層部に関わる事案の場合は，調査実施者を取締役会等，公平な意志決定が期待される機関で決定すべきであるが，その他の事案についてはその内容に基づいて経営者が調査者を選ぶことが多い。具体的には，法的に刑事上，あるいは民事上の問題に発展する可能性があるか，組織体内部で処理できる事案か，あるいは監督官庁への報告や組織体外部への連絡や公表等が必要な事案か，会計やIT等どの程度の専門性が要求される内容なのか等，事案の重要性，規模，難易度，複雑性，専門性等の要素と，どの範囲でどの程度の期間で調査を完了させるべきかの地理的，時間的要素等から調査者（チーム）を決定することになる。なお，調査チームの責任者は，原則，調査対象者より組織上の上位者とし，責任者も含め調査メンバーは，調査対象者と直接的利害関係のない人物を選ぶ必要がある。

② 計画段階

調査計画策定において，次の基本的事項を決めなければならない。

　ⅰ．調査の目標と方法

　ⅱ．監査スケジュール

　ⅲ．必要とされる能力

　ⅳ．調査の分担

　ⅴ．調査者間のコミュニケーションの方法

　ⅵ．注意すべき点

ⅰ．調査の目標と方法の目標

　不正が懸念される業務やプロセスの全体像（職場環境，組織構造，人員配置，業務内容と処理のプロセス，人間関係等）を把握する予備調査の目的と，事実の認定を行う本調査の目的を達成するためにいくつかの目標を設定するものである。この目標を達成するための方法は，現場検証，インタビュー，文書閲覧，実査，観察，確認，再計算，再実施，分析的手続き等がある。なお，不正調査は不正の懸念がすでに生じていることの調査であるので分析的手続きは不要な場合もあるが，ほかにも不正を懸念すべき事項がないかを調べる際に，分析的手続きを行うこともある。また，インタビュー対象者の選定やインタビューを

行う順番の決定については注意が必要である。職場環境等，調査対象者周辺の状況把握のためにインタビューした人が，実は共犯者であって，不正調査の実施が調査対象者に漏れてしまったというような事態が発生しないために，さまざまな可能性を想定してインタビューの対象者や順番を決める必要がある。

ⅱ．監査スケジュール

調査報告の期限を踏まえて作成するが，調査の途中で追加調査をすべき事項が出てくることがあるので，報告期限より前倒しのスケジュールを組んでおくことが望ましい。また，最終報告の前に中間報告が求められるケースもあるので，中間報告の報告事項を想定して，スケジュールを作成することも重要である。とりわけ，外部への公表が想定される事案の中間報告においては，公表の迅速性と内容の具体性，正確性がどの程度求められているかを踏まえてスケジュールを立てることが重要である。

ⅲ．必要とされる能力

調査のためにはどのような能力をどの程度保有している人が何人必要かをできる限り見極めることが重要である。なお，必要性が予想される場合は，弁護士，公認会計士，ITの精通者等，組織体内外の専門家の支援を依頼することも計画する。

ⅳ．調査の分担

上記「ⅲ．必要とされる能力」で計画した調査メンバーに対して調査目標を達成するための各調査の担当割り当てを，各メンバーの能力に応じて行うことである。

ⅴ．調査者間のコミュニケーション

調査を効果的・効率的に進めるために，特に調査メンバーが多い場合に重要である。調査を開始すると各メンバーは担当する調査で多忙になり，自分以外の調査の状況の把握が後回しになることがある。そのために，調査のダブりが生じたり，ある情報を持っていたら質問したであろう質問を行わなかったり，

各調査の進捗具合の差からある調査が終了するまで，他の調査は先に進めないといった状態が生じたりする。調査者間の指示，報告，情報共有，協議のための方法を決め，定期的に情報や意見の交換を行うことが重要である。

vi．注意すべき点

　調査の遂行上の注意事項（たとえば証拠の保全方法，プライバシーの侵害等法令上の注意点）等を明確にして調査メンバーに周知徹底する必要がある。証拠については管理番号を付けておくことが調査報告等の伝達の際も便利である。

③　実施段階

　調査の実施においてインタビューと文書閲覧において留意すべき点について論説する。

　効果的・効率的なインタビューの実施方法は，**第4章3．**のとおりである。なお，不正調査のために行う質問を小川真人氏は『企業不正対応の実務Q&A』で，「導入段階での質問」，「情報収集のための質問」，「査定質問」，「締めくくりの質問」，「自白を促すための質問」の5つに分けている[17]。「査定質問」とは，インタビュー対象者が虚偽の話をしていると調査者が合理的に感じるときに行う質問であり，裏付けを持っている内容についての質問や話のつじつまの合わない点に関する質問を行い，場合によっては，事実に反する質問や応対者の反発を誘う質問等を行い，対象者のジェスチャー等非言語的な動作も含めた反応から，対象者の話の真偽を査定するために行う質問である。

　また，インタビューの内容は文書に残し，対象者から文書上に内容確認の署名を徴求しておくことが必要である。

　次に文書閲覧に関する留意事項であるが，できるだけ原本を入手すべきである。書類の授受に際しては記録をつけ，書類の名称や内容，受領時期，受領元を明確にしておく必要がある。なお，電子データを監査証拠として取扱う場合の注意点については，日本公認会計士協会IT委員会研究報告第43号「電子的監査証拠 〜入手・利用・保存等に係る現状の留意点と展望〜」等が参考になる[18]。

　またこうした電子データを電磁記録媒体に保存した場合には，信頼性の高いツールにより同媒体を保全し，電磁記録に係る調査作業内容を記録しておくこ

とが必要である。

　組織体の活動においてますますITの活用が増加していく中で，電子データの取り扱いについて，内部監査人は正当な注意を払うべきである。

　なお，インタビューと文書閲覧以外の不正調査方法としては，周辺情報収集，現場検証，現物確認（抜き打ち検査を含む），観察（移動監視，固定監視），再実施・再計算，データ分析，鑑定，フォレンジック調査等がある。

For Your Infomation 6-6

監査証拠の証明力

　日本公認会計士協会の監査基準委員会報告書500「監査証拠」にて監査証拠の証明力について以下の説明をしている。

　「監査証拠の証明力は，例外はあるものの，一般的には以下のとおりである。

・監査証拠の証明力は，企業から独立した情報源から入手した場合には，より強くなる。

・企業内部で作成される監査証拠の証明力は，情報の作成と管理に関する内部統制等，関連する内部統制が有効な場合には，より強くなる。

・監査人が直接入手した監査証拠（例えば，内部統制の運用について観察により入手した監査証拠）は，間接的に又は推論に基づいて入手する監査証拠（例えば，内部統制の運用について質問により入手した証拠）よりも，証明力が強い。

・監査証拠は，紙媒体，電子媒体又はその他の媒体にかかわらず，文書化されたものの方が，口頭で得たものよりも，証明力が強い（例えば，議事録は，会議の後の口頭による議事説明よりも証明力が強い）。

・原本によって提供された監査証拠は，コピーやファックス，フィルム化，デジタル化その他の方法で電子媒体に変換された文書によって提供された監査証拠よりも，証明力が強い。

・原本以外の文書の信頼性は，その作成と管理に関する内部統制に依存することがある。」[19]。

第6章

不正に係る内部監査

④ 報告段階

　不正調査の依頼人（取締役会や経営者等）は調査報告書に基づき，判断や対応を行うことになるので，調査報告書は，正確性に加えて依頼人が内容を誤解することのないように，明瞭に記載することが重要である。

　なお，前述のように調査報告書は認定した事実を記載し，調査者が事実認定に基づく評価や意見を表明することは避けなければならない。

　また，各認定事実については，その裏付けとなる監査証拠を明記する必要が

図表6-9　不正調査プロセスの全体像

不正調査のプロセス

不正の懸念，兆候の把握
- ・不正調査の必要性判断
- ・調査者の選任

不正調査の計画
- ・目標と方法
- ・スケジュール
- ・必要とされる能力
- ・調査の分担
- ・調査者間のコミュニケーションの方法
- ・注意すべき点

不正調査の実施
- ・インタビュー
- ・文書閲覧
- ・その他
　（周辺情報収集，現場検証，現物確認（抜打検査を含む），観察（移動監視，固定監視），再実施・再計算，データ分析，鑑定，フォレンジック調査，等）
- ・証拠保全

不正調査の報告
- ・認定した事実を記載
- ・監査人の意見は記載不可
- ・資料の保管

不正調査上の注意事項

ⅰ 客観性と専門職としての懐疑心

ⅱ 正当な注意

ⅲ 秘密，情報の保持

ⅳ 証拠の保全

ⅴ 意見の未表明

ある。各監査証拠に管理番号を付与し，調査報告書上に管理番号を記載すると，調査依頼人も各事実を裏付けている監査証拠を特定しやすい。

なお，調査報告者は，説明責任の観点からは不正の懸念や不正に対して組織体が適切に対応したことを示す証拠になる文書であり，また万が一にも調査報告書の内容が漏えいすると，組織体に対しても関係する個人に対しても深刻な影響を与える可能性があるので，保存期限を設定して適切に保存し，保存期限が到来すると適切に廃棄されるべきである。

今まで論説してきた不正調査プロセスの全体像は**図表6-9**のとおりである。

まとめ

本章では不正に関して論説してきた。不正は，価値の増大，創造等といった組織体の目的達成を阻害する要因になるばかりでなく，組織体に対しても個人に対しても深刻な影響を与える可能性もある。また昨今のDXの流れの中で，不正の機会は増大してきている。

組織体は不正を発生させない態勢づくりを行い，万が一，不正が発生した場合にはできるだけ早期に発見できる仕組みを構築することが必要である。また，不正の再発防止の抜本的対策の実施により態勢の継続的改善を図っていくことも重要である。内部監査はアシュアランス活動およびコンサルティング活動をとおして，不正防止態勢の継続的改善に貢献していくべきである。

不正調査の結果や内容は，組織体や関係する個人に大きな影響を与える。不正調査を内部監査人が行う際には，不正調査特有の注意点に関心を払って調査を行う必要がある。

⑴　八田ほか（2017，1頁）。

⑵　日本公認不正検査士協会（2009，45頁）より筆者抜粋。

⑶　当てはまらない例としては，自社の機密情報に基づき役職員が行ったインサイダー取引はどの類型に該当するのかなど。

⑷　Albrecht et al.（1984, pp.5-8）.

⑸　日本公認不正検査士協会（2009，8頁）。

⑹　八田（2009，4頁）。

⑺　八田（2009，14頁）。

⑻　エドウィン・H・サザランドは「誠実性について良好な風土（climate）を創造している会社は犯罪を減少させることができる。」（Albrecht, et al., 1984, p.5）と主張している。

⑼　「IT統制」という用語は，ITを活用した統制を指す場合と，ITに係る（ITに対する）統制を指す場合がある。

⑽　鳥羽（2007，155-157頁）。

⑾　八田ほか（2017，6頁）。

⑿　青森地方裁判所平成14年12月12日判決。

⒀　青森地方裁判所平成14年12月12日判決。

⒁　日本公認不正検査士協会（2018，16頁）。

⒂　日本内部監査協会（2009，200頁）。

⒃　日本内部監査協会（2009，239頁）。

⒄　八田（2011，138-140頁）。

⒅　日本公認会計士協会（2013，2, 6-7頁）。

⒆　日本公認会計士協会（2011，A31）。

第 **7** 章

AIの活用とDX推進に係る内部監査

本章の構成

1. DXの推進を支援する内部監査のあり方
2. AI活用のあり方
3. 内部監査業務におけるDX推進

　昨今のビッグデータやAIの活用を含むITの進化や浸透は社会をDXの時代に導き，COVID-19の流行によるリモート業務の増加は，この流れを後押ししている。

　本章では，組織体におけるDXの推進を支援する内部監査のあり方，内部監査業務自体におけるDXの推進と，両者に関係するAIの活用のあり方について論説する。

　まず，1. でDXの推進のあり方とそれを支援する内部監査のあり方を論説する。

　2. で全社的なDX推進においても内部監査業務におけるDX推進においても重要で，かつ社会的にも高い関心事項となっているAIの活用について述べる。

　その後で3. でAIの活用も踏まえて内部監査業務におけるDX推進について論説する構成になっている。

1. DXの推進を支援する内部監査のあり方

(1) DXとは

　経済産業省の「デジタルトランスフォーメーションを推進するためのガイドライン」（以下，「DX推進ガイドライン」）はDXを「企業がビジネス環境の激しい変化に対応し，データとデジタル技術を活用して，顧客や社会のニーズを基に，製品やサービス，ビジネスモデルを変革するとともに，業務そのものや，組織，プロセス，企業文化・風土を変革し，競争上の優位性を確立すること。」[1] と定義している。この定義から筆者なりにDXのキー・ワードを抜き出すと，「データとデジタル技術の活用」，「製品やサービス，ビジネスモデル，業務そのものや，組織，プロセス，企業文化・風土の変革」，「競争上の優位性を確立」することとなる。これらのキー・ワードを踏まえて，以下で，DXの特色はどこにあるのかについて検討していく。

(2) DXにおけるデータとデジタル技術

　「データとデジタル技術の活用」に関して，筆者は，従来のIT活用との比較において，DXの特色は①データ処理の量，②データ処理の質，③データ移送の量と速度，④データ処理ツール間の相互連携の4点にあると考えている。
　まず，4つの特色とは，①データ処理の量については，人間の「脳」力では処理，分析できなかった多量・多種・多形態のビッグデータをAIの開発により処理可能になっていること，次に②データ処理の質については，AIの自己学習能力により，人間が考えつかなかった方法でデータ分析・解析が可能になったこと，③データ移送の量と速度については，いわゆる5G時代の到来により，ビッグデータを構成する多種，多形態のデータを多量に移送できること，そして④データ処理ツール間の相互連携については，いわゆるIoTにより，社会，

組織体，家庭内のさまざまなシステム，ツールが相互連携しデータを受発信することにより，多量・多種・多形態のビッグデータを継続的に統合することが可能になっていることである。DX推進とは，これらのDXの特色を活用して，新ビジネスの創造，業務の有効性・効率性向上を図ろうとする活動である。

　さらに，COVID-19の流行による人の移動制限はリモート処理のニーズを高め，距離の壁を打破する観点からもDX推進のニーズが高まっている。

(3)　DX推進により価値の創造, 増加が期待される領域

　「DX推進ガイドライン」のいう「変革」する「製品やサービス，ビジネスモデル」や「業務そのものや，組織，プロセス，企業文化・風土」とは，①新ビジネス，新商品，新サービスの創出，②組織活動の有効性向上，③組織活動の効率性向上，④新たな企業文化，風土の醸成の4点に整理できると筆者は考えている。

①　新ビジネス, 新商品, 新サービスの創出
　DXの推進により，従来にはなかった，あるいは不可能であった新しいタイプのビジネスや新商品，新サービスが創出される領域である。たとえば医療分野ではビッグデータを活用した診断の高度化，オンライン診療の普及等がいわれているし，金融業界ではフィンテックを活用したビジネスの創出がいわれている。一方，新しいビジネスモデルが達成される反面，衰退していく既存のビジネスも出てくると予想される。組織体は，単にDXを推進するのではなく，社会，組織体，家庭等におけるDX推進に伴う社会やビジネス環境の変化を踏まえて，自らはどのようにDXを進めるべきかを検討する必要がある。

②　組織活動の有効性向上
　組織体の目的や目標をDXの推進によりいっそう効果的に達成する領域である。ビッグデータのAIを活用した分析による，より効果的なマーケティングの実施や不正発生のメカニズムに関する新たな発見，不正の防止や発見への貢献等が期待されている。ビッグデータは5G等やIoTを活用したITツールの連

携によるさまざまなデータソースからの多種多様，多量なものとなっていく。分析・解析もAIにより，人間の分析よりもより広く，よく深く分析され，分析結果の有用性も飛躍的に高くなっていく。

③　組織活動の効率性向上

　DXの推進により業務プロセスの自動処理が進み，業務のより迅速かつ正確な処理が期待される領域である。たとえば生産プロセスのAIによる管理と全自動化により生産効率を上げ，不良率を引き下げることが期待されている。効率性の向上については従来からITの活用がいわれてきたが，各種データの連携とビッグデータの利用，AIによる分析等により，効率性の非連続的な向上（飛躍的向上）が期待される。

　また，ブロックチェーンによる改ざんができない形での記録の保存は，記録の信憑性を効果的・効率的に確保しており，②の有効性向上と③の効率性向上の両方において利点がある。

④　新たな企業文化，風土の醸成

　組織体の「競争上の優位性を確立」するためにDXを積極的に推進していこうという文化，風土を醸成していくことであるが，これは一番時間がかかる困難な事項である。組織の文化や風土はなかなか変えられるものではなく，組織体のさまざまなところで変革に対する抵抗や反対が発生することがあるので，DX推進の特に初期は，取締役会や経営陣による粘り強い激励や指導が必要である。しかしながらDX推進による成功事例が生まれると，組織体のさまざまなところからDXによるさまざまな新ビジネスモデル，業務の改革等の提案が自発的に生まれてくる。そしてこれらの提案の中から採用するものを取締役会や経営者が選択するような流れが出てくると，DX推進により変革志向の風土が醸成されてきている状態といえる。

(4)　DXの推進方法

　DX推進の方法として，前述の「DX推進ガイドライン」は，「DX推進のた

めの経営のあり方，仕組み」を**図表7-1**のように示し，①経営戦略・ビジョンの掲示，②経営トップのコミットメント，③DX推進のための体制整備，④投資等の意思決定のあり方，⑤DXにより実現すべきもの：スピーディーな変化への対応力」[(2)]の観点からの推進を提案している。DX推進の方法について，この枠組みに沿って筆者の考えを述べていきたい。

① 経営戦略・ビジョンの掲示

まず経営戦略・ビジョンの掲示について，「DX推進ガイドライン」は「想定されるディスラプション（「非連続的（破壊的）イノベーション」）を念頭に，データとデジタル技術の活用によって，どの事業分野でどのような新たな価値（新ビジネス 創出，即時性，コスト削減等）を生み出すことを目指すか，そのために，どのようなビジネスモデルを構築すべきかについての経営戦略やビジョンが提示できているか。」[(3)]と説明している。

まず，DXの推進により新ビジネスモデルを構築し，競争優位に立つという使命と方向性を示すビジョン，さらには新ビジネスモデルの基本的設計思想の提示は，取締役会や経営陣の責務である。

図表7-1　DX推進ガイドラインのDXの定義とDX推進のための経営のあり方，仕組み

DXの定義：

企業がビジネス環境の激しい変化に対応し，
データとデジタル技術を活用して，
顧客や社会のニーズを基に，
製品やサービスビジネスモデルを変革する
とともに，
業務そのものや，
組織，プロセス，企業文化・風土を変革し，
競争上の優位性を確立すること。

(1) DX推進のための経営のあり方、仕組み

1. 経営戦略・ビジョンの提示
2. 経営トップのコミットメント
3. DX推進のための体制整備
4. 投資等の意思決定のあり方
5. DXにより実現すべきもの：
   スピーディーな変化への対応力

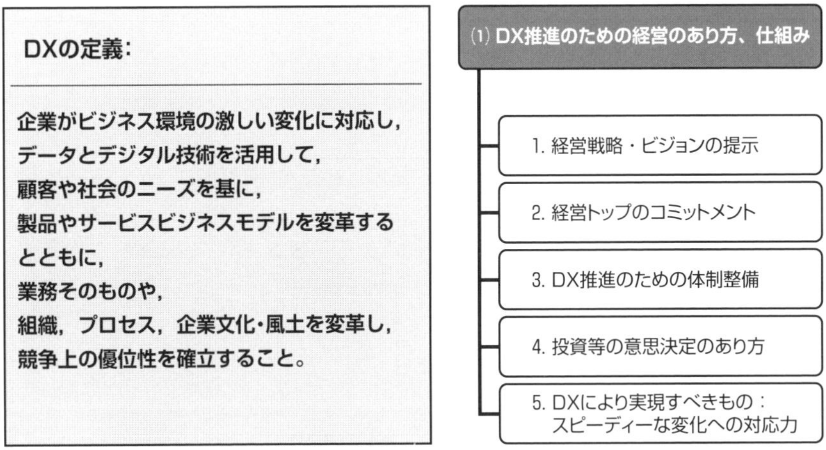

出所：経済産業省（2018, pp.2-3）より筆者抜粋。

一方，経営戦略とビジネスモデルの関係について「DX推進ガイドライン」は，経営戦略がビジネスモデルに先立つとしているが，この点については必ずしもそうとはいえないと筆者は考えている。確かに，前述の組織活動の有効性向上や組織活動の効率性向上については，経営戦略のもとで実施するのが効果的で効率的であり，成功率も高くなるであろう。

　しかしながら新ビジネスモデルが先か経営戦略が先かについては，ケースにより異なってくるように筆者は考える。「DX推進ガイドライン」があげる「ビジネスモデル」の概念，ビジネスモデルの構築というときの「構築」の概念，「経営戦略」のレベル感が不明であるが，従来とは違う，非連続的な革新的なビジネスプランが構築される場合には，はじめにビジネスモデルの設計思想や案があって，それを生かすような経営戦略が立案されることもあり得る。もちろん，経営戦略に沿ってビジネスモデルが考え出されるケースもあり，そのほうが成功率は高いかもしれないが，非連続的な革新的なビジネスプランの創出は，従来の枠組みにとらわれないところから出発するので，まずビジネスモデルの設計思想や案が先につくられる場合もあり得ると考える。

For Your Infomation 7-1

ビジネスモデル，戦略

　根来龍之氏は，「ビジネスモデルは事業活動の構造の設計図，ビジネスシステムは結果として形成される事業活動全体のことである。」[(4)]としたうえで，「この理論（資源ベース戦略論）は確かに資源の有無によるビジネスモデルの違い，あるいは似通ったビジネスシステムを持つ企業の業績格差を説明する。」[(5)]（カッコ内は筆者）といわれている。ここでは戦略により採用するビジネスモデルの差が生じ，ビジネスモデルを活用する戦略の差からビジネスシステムの優劣が決まるといわれているように考える。

　國領二郎氏は，「生産地から遠くの消費地へ製品を運ぶ，…（中略）…安定的で広域で販売し続けるモデルが必要になっていたのだ。」[(6)]とビジネスモデルの紹介をされた後，このビジネスモデルのボトルネックの1つが信頼（遠くから運ばれてきたものに信頼が置けない）であり，このボトルネックを解消したのがブランド戦略だと説明されている。

　また加護野忠男氏，山田幸三氏は，ビジネスシステムを支える設計思想の重要

性を主張され，設計思想として従来から「規模の経済」に加えて，「速度の経済」，「組み合わせの経済」，「外部化」の３つを加えた４つの設計思想を説明している[7]。

　また，カサデサス＝マサネルとリカートは，「戦略からビジネスモデルへ，そして戦術へ」の中で，「戦略はどのビジネスモデルを使うかに関する行為の条件

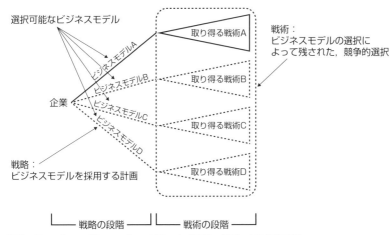

出所：Casadesus-Masanell and Ricart（2010, p.204）より筆者引用。

適合計画（contingent plan）である。戦略のために会社が利用可能な行為は，ビジネスモデルの原案（raw material）を構成する要素の選択である。」[8]と説明したうえで，下の図表のように戦略はどのビジネスモデルを採用するかの計画としている。この説明によると，いくつかのビジネスモデル原案（raw material）があって，その原案のうちどれを採用するか，あるいは，原案を構成する個々の要素をどう組み合わせるかを計画するのが戦略ということになる。

　以上を踏まえて，筆者は，設計思想に基づきビジネスモデル原案がいくつか考えられていて，その中から組織体が実施しようとしている戦略に相応しいビジネスモデル原案が選択されて，戦略と戦術の遂行によりその原案が具現し，定着していった場合に，それをビジネスモデル（あるいはビジネスシステム）という場合が多いのではないかと考えている。

②　経営トップのコミットメント

　「DXを推進するに当たっては，ビジネスや仕事の仕方，組織・人事の仕組み，企業文化・風土そのものの変革が不可欠となる中，経営トップ自らがこれら

の変革に強いコミットメントを持って取り組んでいる」[(9)] ことが必要である。これらの変革推進に対しては組織体内の抵抗が予想されるので，企画部署やIT部署に任せるだけでは成功はおぼつかない。

③ DX推進のための体制整備

　次にDX推進のための体制整備である。戦略に基づき，DX推進を経営トップがコミットメントを表明しても，体制が整備されないと前進しない。「DX推進ガイドライン」はⅰ．マインドセット，ⅱ．推進・サポート体制の整備，ⅲ．適材の配置の３点を体制整備の重要事項として挙げている。

　上記の３点について筆者は次のように考えている。

ⅰ．マインドセット

　会社全体，各事業部門においてビジネスモデルの創出や，業務の有効性・効率性の大幅な向上等をDXの推進によって継続的に挑戦していくマインドが醸成されていくことが，DXの成功のためには必要である。新たな挑戦というものは必ずしも成功するものではないので，仮説と検証の繰り返しが重要であり，失敗した時には失敗の原因を検証し，悪かった点を是正し成功するまで挑戦を続ける組織風土が重要である。なお，DX推進により小さいことでも実際に成果が上げるとDXの推進が加速化していくと推測される。

ⅱ．推進・サポート体制の整備

　ⅲ．適材の配置とともに，DXの推進に係るインフラ整備上の重要要素となる。DXの推進体制には，経営・企画（戦略，業務，教育，モニタリング等），AI・IT関連，分析・解析等のデータ・サイエンス，DXの現場推進（現場でのリード役，教育実施，ヘルプ・デスク機能等），法令・規制関連等の機能が必要である。

　また，体制については，取締役会や経営陣の指示の下での体制とすることが重要であるが，体制の形は，DX推進を担う専門部署を設置する形，組織横断的な全社的委員会やプロジェクトチームを設けて，そのリーダーシップの下でDX推進を行う形，特段の体制は設けず，既存の組織体制の中で各々の分掌，

役割分担，権限，責任に従いDXを推進する形などが考えられる。

　どんな機能を必要として，どのような形の体制にするかは，どのようなDXを実現しようとしているかによって異なっていく[(10)]が，DXの推進は組織文化や仕事のやり方の抜本的改革を伴うことが多いので，取締役会や経営陣のリーダーシップの発揮，DX推進のための機能の充足，DX推進の現場で各役職員にとってオペレーションがしやすく，支援を受けられやすい（ユーザー・フレンドリー）体制の構築の3点が体制として特に重要である。

ⅲ．適材の配置

　適材の配置は，ⅱ．推進・サポート体制の整備とともに，DXの推進に係るインフラ整備上の重要要素となる。いくらいい体制を整備しても適材が配置されなければ体制は機能しないし，いくら有能な人物がいても体制が不適切であると，その人物は能力を十分に発揮できない。適切な体制整備と適材配置が両輪で重要である。求められる適材とは，上記のⅱ．推進・サポート体制の整備で述べた体制が発揮すべき機能を担える人材となるが，加えてビジネス・センス，リーダーシップ，コミュニケーション力や連携力といった組織や人を動かす能力のある人の配置も必須である。

④　投資等の意思決定のあり方

　「DX推進ガイドライン」は，「①コストのみでなくビジネスに与えるプラスのインパクトを勘案して判断しているか。②他方，定量的なリターンやその確度を求めすぎて挑戦を阻害していないか。③投資をせず，DXが実現できないことにより，デジタル化するマーケットから排除されるリスクを勘案しているか」[(11)]の3点を投資等の意思決定のあり方の要点として挙げている。

　まず，「DX推進ガイドライン」は確度も考慮した形での定量的なROI（Return On Investment：投資収益率）の考え方だけではなく，DX推進に係る投資は，その他の投資判断基準の採用も必要と主張している。

　筆者は，バランスト・スコアカードのフレームワーク（Balanced Score Card: BSC）のフレームワークに沿って挙げるのも1つの方法だと考えている。IT投資に係る判断で，その投資がもたらす将来にかけての金額的リターン（達

成確率考慮後）と投資額の単純比較では現在価値（NPV）がプラスにならないが，BSCに基づきIT投資がもたらすリターンやメリットをより幅広く勘案することによりIT投資の価値が認められる場合がある。BSCは財務の視点だけでなく，学習・成長，業務プロセス，顧客満足の視点を含めて総合的に評価を行うので，より広い観点から判断を行うことができる。

また，③の「投資をせず，DXが実現できないことにより，デジタル化するマーケットから排除されるリスクを勘案しているか」については，マーケティングの5Cのフレームワークから検討するのが1つの方策であると筆者は考えている。5Cとは，Company（自社），Customer（顧客），Competitor（競業者），Cooperator（協力者），Community（社会）を指し，この5つの視点からマーケティング戦略を考えていくフレームワークである[12]。このフレームワークを活用するなら，自社の都合だけでなく，DXの普及の中で変わり行く社会，顧客，競業者についても検討していくことになる。もちろんBSCや5Cに囚われる必要はないが，何か適切なフレームワークに従って判断するのが効果的・効率的である。

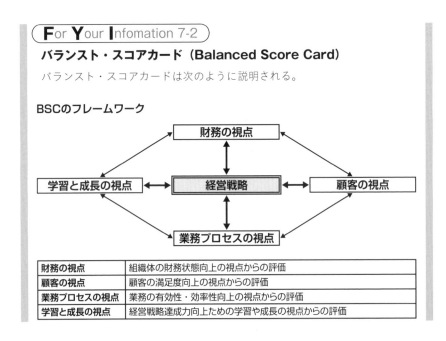

For Your Infomation 7-2

バランスト・スコアカード（Balanced Score Card）

バランスト・スコアカードは次のように説明される。

BSCのフレームワーク

財務の視点	組織体の財務状態向上の視点からの評価
顧客の視点	顧客の満足度向上の視点からの評価
業務プロセスの視点	業務の有効性・効率性向上の視点からの評価
学習と成長の視点	経営戦略達成力向上ための学習や成長の視点からの評価

「バランスト・スコアカードとは，戦略を遂行するための具体的な計画を設定し，統制するための経営管理システムである。」(13)

「バランスト・スコアカードには，戦略を具体的な行動に置き換えて表現するための視点として，財務の視点，顧客の視点，業務プロセスの視点，および学習・成長の視点という4つが提示される。予算に代表される従来の経営管理システムが財務的な視点のみを注目していたのに対して，バランスト・スコアカードは非財務的な視点を補完している。そしてこれら4つの視点は，独立的ではなく，因果関係のある連鎖の中でとらえられていることも特徴である。」(14)

　筆者はBSCのこのような特徴から，定量的なROIの観点だけでなく，より広い観点から投資効果を判断する場合には有益なツールだと考えている。

　たとえば『デジタル時代の経営戦略』(15)は第10章で「戦略論としてのバランスト・スコアカード」を取り扱っている。

⑤　DXにより実現すべきもの：スピーディーな変化への対応力

　「DX推進ガイドライン」は「ビジネスモデルの変革が，経営方針転換やグローバル展開等へのスピーディーな対応を可能とするものになっているか。」(16)とビジネスモデルの変革についての意思決定と実行の迅速性を求めている。

　実行の部分は，適切な体制整備，適材配置を行い，それらをどのように機能させていくかのリーダーシップを含めた組織力の問題であり，従来からの組織運営に係る課題であるが，DXの推進のむずかしさの1つに意思決定がある。

　DXは，ある種「未知との遭遇」であり，あるべき姿はDXの推進を進めつつ具体化していく部分があり，かつその推進方法もある程度手探りとなる。そのような場合に意思決定の判断基準をどのように考えればよいかの課題がある。このような場合に，「満足基準」が1つの判断基準になると筆者は考えている。

　組織論では，「最適化の基準」に代えて「満足基準」の適用がいわれることがある。「最適化の基準」を適用化するためには，その基準を探求する必要があるが，その探求活動は複雑で高コストが掛かり，かつ時間を要する。探求に時間がかかるため，仮に探求開始時の最適化の基準を特定しても，その時には状況が変化しており，「最適化の基準」が変化している可能性もある。そこで現実的には，「満足基準」によって，意思決定がなされるというのである。「満足基準」による意思決定とは，ある代替案が最適かどうかは不明だが，それか

ら得られると予想される効用が，満足できる水準ならば，その代替案を採用するというものである。「満足基準」の詳細は**FYI7-3**を参照されたい。

　以上，経済産業省の「DX推進ガイドライン」に沿ってDXの推進について論説してきた。「DX推進ガイドライン」は，DX推進の枠組みは提供してくれるが，それを具体的にどのように取り組んでいくかは各組織体で検討していかねばならない。その際の参考になるように，本節では適用できる可能性のあるフレームワークや考え方などについて論説した。なお，「DX推進ガイドライン」は「DX推進のための経営のあり方，仕組み」と併せて**図表7-2**のように「DXを実現する上で基礎となるITシステムの構築」[19]についてもガイダンスを提

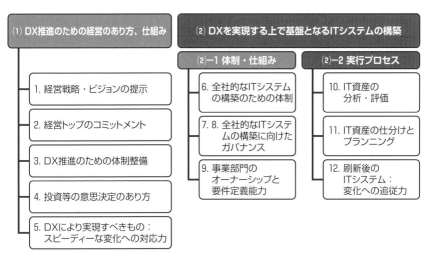

図表7-2　DX推進ガイドラインの構成

(1) DX推進のための経営のあり方、仕組み	(2) DXを実現する上で基盤となるITシステムの構築	
	(2)-1 体制・仕組み	(2)-2 実行プロセス
1. 経営戦略・ビジョンの提示	6. 全社的なITシステムの構築のための体制	10. IT資産の分析・評価
2. 経営トップのコミットメント	7. 8. 全社的なITシステムの構築に向けたガバナンス	11. IT資産の仕分けとプランニング
3. DX推進のための体制整備	9. 事業部門のオーナーシップと要件定義能力	12. 刷新後のITシステム：変化への追従力
4. 投資等の意思決定のあり方		
5. DXにより実現すべきもの：スピーディーな変化への対応力		

出所：経済産業省（2018, p.3）。

供しているが，本書では論説を省略する。

For Your Infomation 7-4

ITの進化と金融サービスの進歩

　下表「ITの進化と金融サービスの進歩」をみていただければ，ITの進化と金融機関の提供するサービスの進歩に親和性が高いことがわかる。古代の紙の発明や中世のアラビア数字や印刷機の発明も，ITを情報の伝達・保存手段と考えれば，中世の両替商の活躍以降金融はITの発達によって進歩して来たといえる[20]。

　日本銀行は，近年のフィンテックのグローバルな普及の背景の1つに次の基盤技術があると述べている。①スマートフォン，②人工知能（AI）・ビッグデータ分析，③ブロックチェーン・分散型台帳技術（DLT）である[21]。

　金融に限らず，ITの適切な活用は新ビジネスモデルの創出に有益である。

ITの進化と金融サービスの進歩

IT（情報伝達・保存手段）の発達		金融の発達	
年代	事項	年代	事項
BC200年 12世紀 13世紀	文字の発明 紙の発明（中国） ヨーロッパ初の製紙工場（スペイン） アラビア数字発明 印刷機発明 複式簿記の発明	11～13世紀 13～14世紀 14世紀初頭	ジェノバ，ベネチアの両替商の活躍（両替商の使った台は「バンコ」と呼ばれた） ベネチア人による為替状（為替手形の原型）の利用開始 ベネチアのバンキ・デ・スクリッタ（帳簿銀行）による預金の振替決済サービス開始 一時的資金の供与（当座貸越の原型）も開始
1820年～ 1830年～ 1840年～	英国で鉄道網が発達 英国で電報利用開始 英国で郵便制度改革（全国均一の郵便料金制度）	1640年頃 17世紀後半 1900年頃～ 1830年 1846年 1853年	英国で貴金属の預かり証としての紙幣（goldsmith note）の流通開始 英国で振替指示としての小切手の利用開始 英国で銀行支店数の急増（1行当りの支店数：1850年　5.8→1900年　50.7） 米国北東部の都市で小切手の普及開始 NY，PL間の株式取引に電報利用開始 NYに手形交換所設立（1890年に，取引金額の90％が小切手決済となる）
1876年 1960年 1969年 1980年～ 1988年	電話が発明 メインフレームコンピュータ利用の本格化 インターネット誕生 ＰＣの普及から全盛期へ 商用インターネット開始	1878年 1960年～	NY証券取引所で電話による取引開始（注文伝達速度が15分から60秒に短縮） オンライン取引の本格化
2007年 2008年 2010年 2012年	スマートフォンの出現（電話機能付きPDA端末は1996年） ブロックチェーンの発明 英国エコノミスト誌が「ビッグデータ」の用語提唱 Google Brainにより，ディープラーニングの有用性が認められる	1995年 2003年 2012年 2016年	米銀がインターネットによる預金サービス開始 米国でインターネット専門銀行が設立される アメリカン・バンカー誌が「Fintech 100」を発表 欧州中央銀行が仮想通貨（暗号資産：cryptocurrency）の定義付けを行う 世界的にブロックチェーンに係る業務提携，実験が開始される

出所：野村総合研究所（2002）に基づき筆者作成。

(5) DX推進に係る管理態勢

　前節で，DXの推進について論説したが，DX推進にはリスクも伴う。リスク管理も含めDX推進に係る管理態勢はどうあるべきかを考えるときに，やはり有益な方法はフレームワークの活用である。**第1章**でも紹介した「COSO ERM（2004年版）」に基づく管理態勢のあり方（フレームワーク）を**図表7-3**で紹介する。

　図表7-3のフレームワークの構成要素は，「統制環境」，「目的の設定」，「事象の識別」，「リスク評価」，「リスクへの対応」，「統制活動」，「情報と伝達」，「モニタリング活動」，そして「継続的改善」となる。

　取締役会や経営陣がDX推進に係る基本方針やビジョンを策定，明確化し，経営者がDX推進にコミットしている統制環境において，DX推進の目的（ビジネスモデルの場合は設計思想）や目標が設定されていることが必要である。

　次にその目的を達成しようとするときに，組織体にはどんな事業機会がありその事業機会を活用してどんな戦略が立案できるか，さらにその戦略実行に伴いどんなリスクがあるかの事象を識別し，リスクの評価を行うことになる。そのリスク評価に基づき組織体としてのリスクへの対応を決める。リスクが組織体にとって許容範囲内に収まっている場合には，その戦略をそのまま受容して実行してよいが，許容範囲を超過している場合は，リスクを減らす策を取るか，リスクを回避して戦略の不採用を決定する。リスクを減らす策としては，自らだけでリスク低減を行うか，第三者とリスクを共有（第三者へのリスクの移転を含む）する方法がある。リスクを低減あるいは第三者と共有する対応を選択した場合は，低減あるいは共有のための統制活動を適切に行う必要がある。

　なお，DX推進に係る組織体内外の環境変化に伴うリスクは絶えず変化していくので，リスクの受容や回避を選んだ場合もリスクの変化については継続的にモニタリングしていく必要がある。

　以上の統制環境，目的の設定，事象の識別，リスク評価，リスクへの対応，統制活動が適切に行われるためには，組織体内外の有益な情報が意思決定権限者まで適時適切に伝えられる必要があるし，意思決定された事項が適時適切に

図表7-3 COSO ERMに基づくDX推進管理態勢

1. 統制環境（内部環境）
(1) 取締役会や経営陣のDX推進に対するコミット（ビジョン、基本方針の決定と遂行状況の監視・監督）
(2) DXを推進し、監視、監督する基本的な仕組みの整備（組織・体制の整備、人員の配置、測定尺度の設定等）

2. 目的の設定
(1) DX推進の具体的目的・目標との設定

3. 事象の識別
(1) 目的・目標達成に係る事業機会とリスクの識別（戦略、計画立案）

4. リスク評価
(1) リスク評価（ビジネスモデル失敗、有効性・効率性の目標未達、情報漏洩等）

5. リスクへの対応
(1) リスク評価に基づく対応方針決定（リスクの受容、共有、低減を選択するなら、具体的戦略・戦術、計画の実施）（リスクの回避を選択するなら、その分野で事業についてはDX推進を断念）

6. 統制活動
(1) 目的達成のための、達成目標とリスク許容限度の適切な設定
(2) 組織的コントロール：組織・体制、人員配置、規程・マニュアル等
(3) 人的コントロール：啓発、周知徹底、教育、訓練、人事管理、等
(4) 技術的コントロール：ITによる管理
(5) 物理的コントロール：ITを使用しやすい建物の設計、IT機器・媒体等管理　等

PDCAの回転（継続的改善）

7. 情報と伝達
(1) PESTLEに係る情報（特にAI、IT、データ・サイエンス、法令、規制等）
(2) 取締役会、経営陣の決定事項、方針、規程、手続等の周知徹底
(3) 教育・訓練の徹底（対象に社外の人々を含む場合もある）
(4) モニタリングの結果
(5) 現場での情報、評判（社内、社外の情報）
(6) 自社、他社での苦情、事故等
(7) 事故、不祥事等発生時の情報開示の仕組み

8. モニタリング活動
（3つの防御ライン）
(1) 推進部署、活用部署による現場監督
(2) コンプライアンス部署、リスク管理部署等による監視活動
(3) 内部監査
(4) 取締役会　経営者による監督・監視、監査、監督、監査役監査

実施部署，実施者に伝えられる必要がある。さらに今まで述べてきた構成要素が適切に実施されているかをモニタリングしていく必要がある。モニタリング活動により，現状を把握して継続的に改善，是正していくことが可能となる。ビジネスモデルの創出，確立のためには仮説と検証が必要であるが，適時適切な検証のためには適切な継続的モニタリング活動が不可欠である。

(6) DX推進を支援する内部監査のあり方

　監査は一般的には監査対象「あるべき姿」や「基準」等の規範と現状を比較検証し，評価していくが，DX推進においてはその規範が必ずしも明確でない。DX推進では，「あるべき姿」や「満足できる姿」を手探りで探求することもあり得る。「満足できる姿」とは，前述の組織体にとって満足できる基準，「満足基準」を満たす姿や状況のことである。したがって，内部監査が監査を行うに当たっては，アシュアランス活動であれ，コンサルティング活動であれ，監査開始に当たってはまず被監査部署とよく話し合い，「あるべき姿」あるいは「満足できる姿」をともに探求し，共有する必要がある。

　筆者は，このような話し合いにおいて有益なのが**第2章FYI2-3**で紹介したトゥールミン・モデルである。たとえば内部監査人が根拠・データに基づき，論拠を示し論理を展開し，結論を主張するが，被監査部署から反論されたり，例外を示されたりする。反論に対してはさらに調査して根拠を補強する。例外にたいしては，内部監査人の結論が成立する条件を明示する。逆に，被監査部署が根拠・データに基づき，論理展開し，結論を主張する場合には内部監査人が反論等を行う。このようなトゥールミン・モデルの枠組みで話し合い，検討を進めていくことは，「あるべき姿」や「満足できる姿」をともに探求する場合の効果的・効率的な方法の1つである。

　内部監査人はトゥールミン・モデルの枠組み等を用いて，**図表7-3：**DX推進に係る管理態勢のフレームワークに沿って「あるべき姿」や「満足できる姿」を被監査部署と共有できたら，それと現状を比較検証していくのが効果的・効率的であり，具体的な検証の要点の例は**図表7-4**のとおりである。

図表7-4　DX推進に係る管理態勢の検証事項

1．統制環境（適切な意思決定と監督）
(1) 取締役会や経営陣は，DXの推進についてコミットしているか？
・取締役会はDX推進ビジョン，基本方針を決議し，組織体のDXの推進状況を監視・監督しているか？ ・経営陣はDX推進の戦略や計画の意思決定を行っているか？ ・経営陣はDX推進を牽引し，またその推進状況を監視しているか？
(2) 取締役会や経営陣は，DX推進のための組織・体制を適切に構築し，適切に人員配置を行っているか？
・経営陣は，全社としてのDX推進統括部署（責任者）を明確にしているか？ ・DX推進を行う部署とリスクを管理しようとする部署が適切に協議して取り組める体制となっているか？ ・組織体の各部署のDX推進に対し指導・監督する部署，業務委託先管理を行う部署は明確か？ ・全社的なDX推進と管理のための人員配置は適切か？ ・全社的DXの推進状況，構築した組織・体制の有効性についてガバナンスとして定期的および必要に応じて検証する仕組みは構築されているか？
(3) 取締役会や経営陣は，事業目的の達成具合やリスク・エクスポージャーの状況等を適切にモニタリングしているか？
・全社的なDX推進による組織体への効果やリスク・エクスポージャー等について把握できる仕組みは構築されているか？ ・全社的なDX推進状況，DX推進による組織体への効果やリスク・エクスポージャー等について，測定尺度（KGI，KPI）はガバナンスの観点から適切に設定されているか？ ・全社的なDX推進による組織体への効果やリスク・エクスポージャー等について把握できる仕組みや，全社的なDXの推進状況，DX推進による組織体への効果やリスク・エクスポージャー等の測定尺度（KGI，KPI）を定期的および必要に応じて見直す仕組みは構築されているか？
2．目的の設定（より詳細な全社的目的・目標の設定，各部署の目的・目標の設定）
(1) 経営陣は，DX推進に伴う可能性（効果，便益等）について適切に検討しているか？
・経営陣は，DX推進について総合的なビジョンや経営計画の中で検討しているか？ ・DX推進について，PESTLEの観点からの情報，DX推進の好事例等の適切かつ十分な情報を踏まえて，検討しているか？ ・ある分野でDX推進を行わないことを決定した場合でもその検討プロセスに係る情報を適切に保存しているか？（DX推進を不採用とする判断とDX推進を無視することは別）
(2) 経営陣および各部署の管理者は，DX推進の可能性に基づき，推進の目的・目標を適切に設定しているか？
・経営陣は，ビジョンや基本方針に基づいて，DX推進についてのより詳細な全社的な目的や目標を業務執行の立場から適切に設定しているか？ ・全社的な目的・目標達成のためのDX推進戦略は適切かつ十分な情報に基づき立案されているか？ ・各部署の管理者は，DX推進についての全社的な目的や目標に基づき，各部署の目的や目標を適切に設定しているか？ ・各部署の目的・目標達成のためのDX推進戦略は適切かつ十分な情報に基づき立案されているか？ ・経営陣や管理者は，DX推進のためのITの選択を適切に決定しているか？ ・経営陣および管理者は，DX推進の目的や目標の達成具合を評価するための，業務執行の観点からのより詳細な測定尺度（KGI，KPI）を適切に設定しているか？
3．事象の識別（全社的な機会とリスクの識別，各部署の機会とリスク識別）
(1) 経営陣および各部署の管理者は，DXを推進した場合の事業機会とリスクについて適切に検討しているか？
・DX推進戦略実施に伴う事業機会について適切に識別しているか？（全社的レベルおよび各業務プロセス，各部署等においての活用の可能性，他社での好事例を参考，等） ・DX推進戦略実施に伴うリスクについて適切に識別しているか？（ニュービジネスの失敗，効果不十分，効率性未達，情報セキュリティリスク，等） ・事業機会やリスク評価を行うために適切な測定尺度を設定しているか？
4．リスクの評価（全社的なリスクと各部署のリスクの分析・評価）
(1) 経営陣および各部署の管理者は，事業機会とリスクの識別に基づいて，DX推進戦略実施に伴うリスクを適切に評価しているか？
・ソーシャルメディア活用に係るリスクの分析および評価の指標は適切か？ ・リスクの評価は，定期的および必要に応じて適時に見直されているか？ ・リスク評価の指標やプロセスは，定期的および必要に応じて見直され，継続的に改善が図られているか？

5．リスクへの対応（リスクの評価に基づくリスクへの対応方針の決定）	
(1) 経営陣および各部署の管理者は，各々，DX推進戦略実施に伴う事業機会とリスク評価を踏まえて，リスクへの対応について適切に意思決定しているか？	
・意思決定のための情報にはDX推進戦略実施に係る事業機会の可能性とリスク評価が適切に含まれているか？	
・経営陣や各部署等のDX推進戦略実施に係るリスクへの対応に関する意思決定は合理的か？（リスクは受容するのか，回避するのか，共有するのか，低減するのか？）	
・経営陣や管理者は，リスクへの対応についての意思決定の合理性について，自らの説明責任を果たせるか？	
6．統制活動（適切な管理活動の実施）	
(1) DX推進戦略は適切に遂行されているか？	
・DX推進の状況は測定尺度に基づき適正に管理されているか？	
・目的や目標の達成が不十分な場合は適切に是正措置がなされているか？	
(2) リスク許容限度が適切に設定され，リスクは許容限度内に収まっているか？	
・リスク許容度は測定尺度に基づき適切に設定されているか？	
・リスク量は測定尺度に基づき適切に評価され，全社としてまた各関連部署が許容限度内に収まるように管理しているか？	
(3) リスク管理のための組織的コントロールは適切か？	
・リスク管理のための組織・体制は機能しているか？ （既往のコンプライアンスやリスク管理の組織・体制との整合性や連携・調整） （IT，データ・サイエンス，法令・規制等の制改廃の動向，DXの動向，評判や事故等をフォローする仕組み） ・リスク管理のため規程や手順・マニュアル等は適切でかつ定期的および必要に応じて見直されているか？ （既往のコンプライアンスやリスク管理の規程等との整合性や連携・調整） （IT，データ・サイエンス，法令・規制等の制改廃の動向，DXの動向，評判や事故等に対応した適時適切な規程等の見直し） ・DXに係る問題やレピュテーショナル・リスクが発生した場合の対応手続は適切に決められ，適時に見直されているか？	
(4) リスク管理のための人的コントロールは適切か？	
・DX推進の統括管理部署は各プロセスや各部署のDX推進状況に対し，十分に監視しているか？ （活動の実態と動向，管理状況，評判，事故の有無等） ・各部署のDX推進委員に対する教育・訓練は適切か？ ・DX推進に係る業務委託先に対する管理は適切か？ ・DX推進・管理に係る規程等の社内役職員への周知徹底と教育・訓練は適切か？ ・推進するDXが社外の人々との協働が必要な場合，社外の人々に対するコミュニケーションや周知徹底は適切か？ ・DX推進に係る問題やレピュテーショナル・リスクが発生した場合の対応手続は役職員に適切に周知徹底されているか？	
(5) リスク管理のための技術的コントロールは適切か？	
・推進しているDXは利活用者や役職員からみて，使いやすいものとなっているか？ ・DX推進に係る情報セキュリティは適切か？	
(6) リスク管理のための物理的コントロールは適切か？	
・DX推進のために利活用する機器の維持，保管や管理は適切か？	
7．情報と伝達（情報の品質と適時適切な伝達，組織体内の上下・水平，組織体内外の伝達）	
(1) DX推進に係る外部環境の変化を適時適切に入手し，伝達する仕組みは適切に整備・運用されているか？	
・DX推進に係る最新の情報を適時適切に入手し，社内の適切な場所に伝達される仕組みが適切に整備・運用されているか？（PESTLEの観点からの情報等）	
(2) 経営陣等から現場や社外への伝達は適切に行われているか	
・DX推進に係る取締役会や経営陣の意思決定が適時適切に伝達されているか？ ・DX推進に係る基本方針，規程，手続や業務連絡等が適切に伝達され周知徹底が図られているか？ ・DX推進・管理・利活用に関する教育・訓練が社内に役職員に対して適切に行われているか？ ・必要に応じてDX利活用に係るルールや手続きの遵守事項や要請事項を社外の人々に適切に伝えているか？	
(3) 現場や社外からの情報は適切に報告されているか？	

255

	・DX推進に係る現場での評判，苦情，ヒヤリハットが社内の適切な部署に報告され，対応がなされているか？
	・DX推進に係る自社，他社の事故や不祥事故等が社内の適切な部署に報告され，対応がなされているか？
(4) DX推進に係る事故，不祥事等発生時の情報開示の仕組みは適切か？	
	・当局等に報告すべき事項は明確であり，報告の仕組みは整備されているか？
	・外部等への情報開示の判断権限者は明確であり，情報開示の仕組み，手順等が整備されているか？
8．モニタリング活動（3ラインの有機的な組み合わせ）	
(1) ソーシャルメディアの統括管理部署の管理，および活用する各部署の現場管理・監督は適切か？	
	・DX推進統括管理部署および活用部署の各々が管理や監督すべき事項は明確か？
	・測定尺度による管理を含め監督が適切に行われており，その結果は適切に記録され，保存されているか？
	・管理・監督により指摘された点は適切に改善・是正がされているか？
(2) コンプライアンス部署，リスク管理部署等による監視活動は適切か？	
	・コンプライアンスやリスクの管理部署によって，DX推進の統括管理部署や各活用部署の現場管理・監督の妥当性，有効性について，適切に監視されているか？（測定尺度による改善状況の監視を含む）
	・監視活動により発見された脆弱性，不備は適切に報告され，統括管理部署や各活用部署で対応されているか？
	・監視活動の結果については適時適切に経営陣に報告されているか？
(3) DX推進に係る内部監査は適切に行われているか？	
	・内部監査は現場の管理・監督およびコンプライアンス，リスクの管理部署等の管理状況を適切に検証・評価しているか？
	・内部監査は，DX推進のモニタリングにおいて，組織体の他のモニタリング機能と適切に連携しているか？
	・内部監査の結果については，適時適切に経営陣や取締役会等に報告されているか？
(4) 取締役会，経営陣，監査役による監視・監督／監査は適切に行われているか？	
	・経営陣は，適切にDXを推進していくために，DX推進状況を適切に把握しているか？　また把握したDX推進状況やその他DXに関する情報を取締役会に適切に報告しているか？
	・取締役会は，DX推進に係る意思決定や指示を適切に行うための情報を定期的に入手しているか？
	・監査役は，DX推進に係る組織体の状況，取締役や経営陣の職務の遂行状況を適切に監査しているか？
9．継続的改善	
(1) PDCAは適切に回転しているか？	
	・監視活動により発見や指摘された対応すべき事項は適時適切に改善・是正がなされているか？
	・事業機会の活用具合とリスクの管理状況についての測定尺度の数字は適時に見直され，適切に改善されているか？
	・取締役会や経営陣は継続的改善の状況に対して適切に監視し，対応しているか？

2. AI活用のあり方

　前節でDX推進に係りマクロ的視点からみたが，本節ではDX推進の中心的な課題の1つとなるAI活用について論説する。AI活用は，もたらす便益は非連続的に大きい反面，倫理的問題も含めて検討すべき課題も多い。

(1)　AI, 機械学習, ディープ・ラーニングの特徴

　AIの定義はさまざまであるが，人工的につくられた人間の脳のような知的な判断や作業を行うシステムと定義して論説していく。また，AIはその発展段階で能力に差があるが，本書では，ビッグデータといわれる多量のデータを処理できて，かつ機械学習技術やディープ・ラーニング（深層学習）等の自己学習技術を保有するAIを前提にして論説を進めていく。

　なお，機械学習とはAI（機械）に学習させることを指し，ディープ・ラーニングも機械学習の1つであるが（**図表7-5**参照），説明を簡潔に行うために，機械学習はディープ・ラーニング以外の機械学習を意味することとして論説していく。

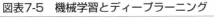

図表7-5　機械学習とディープラーニング

出所：情報処理推進機構AI白書編集委員会編（2020, 47頁）。

①　機械学習とディープ・ラーニングの共通事項

　機械学習やディープ・ラーニングを行うAIの基本的な活用目的は分析・検証に基づく「識別」，「予測」，「実行」の3点である。

　識別は，データを判断，分類，検索する機能であり，実務上は画像や音声の認証，異常検知，条件に合致するものの検索等で使用されている。

　予測は，分析による因果関係から予測を行うもので，需要・売上予測，倒産率等の与信判定，個人の嗜好，興味の推測等で使用されている。

　実行は，実際の動作を行う人間や機械等に指示を出して行為を行うことであり，自動車の自動運転，翻訳，ゲーム・プレイ等で使用されている。

　次に，AIが上記のように活用されるためにはそれらの機能を発揮するため

の学習が必要であり，その学習は「情報科学（アルゴリズム）」，「インフラストラクチャ」と「データ」の3要素から検討される必要がある。

　まず，データ処理の方法となる「アルゴリズム」にはさまざまなものがあるが，AIの利用目的に合致したアルゴリズムでないと，期待する結果は得られない。代表的なアリゴリズムとしては，線形回帰，ベイズ線形回帰，ロジスティック回帰分析，K近傍法，ディシジョン・ツリー，主成分分析やディープ・ラーニングのアルゴリズムである多層ニューラルネットワーク等がある。

　次にインフラストラクチャであるが，機械学習では大量の演算が必要となるため大規模なコンピュータ等ハードウェアの容量が必要である。かつては自前の大規模なハードウェアの容量を準備する必要があったが，2015年ごろ以降，クラウドベンダーがアルゴリズムとセットになったサービスを開始している。ただし，クラウドベンダーごとに採用しているアルゴリズムの種類に差があり，採択時には注意が必要である。

　最後に「データ」の問題は，提供されるデータの種類・精度・量で，その結果は異なってくる。基本的には，より多種類多量のデータが提供されれば出力精度は向上するが，データの質も関係する。不備のあるデータや誤データの混入がないかの注意が必要である。データの種類としては，表（テーブル）上に一定のルール（形式）で記述されたデータである構造化データ，文字や数式等のデータ，画像や動画や風景等の自然データ等の非構造化データがある。IoTの浸透により，さまざまなところの多種多様な情報がセンサー等によって取り込まれ，データとしてAIに提供されることが可能となっている。

②　機械学習とディープ・ラーニングの相違点
　機械学習とディープ・ラーニングの相違点の概観は**図表7-6**のとおりであるが，主な違いについて論説していく。

　機械学習の場合，まずは人間が与えるデータの前処理を行い，データに含まれるいくつかの特徴とその特徴が示す事柄（答え）を示したうえで，そのデータをAIに与えることで，AIはこの特徴があるものは何であるか（答え）を学習していく。この訓練により，与えられたデータからAIは答えを導き出せるようになる。

　一方，ディープ・ラーニングでは，前処理なしのデータを大量に与えて，そ

図表7-6　機械学習とディープラーニングの比較

項目	機械学習	ディープラーニング
必要とされるハードウェアの容量	中，大（分析目的による）	大（ビッグデータの処理が可能）
教育に必要なデータ量	少，中，多（分析目的による）	多（ビッグデータによる自己学習）
データの性格	特徴を示しやすいデータが好ましい	特徴を定義しにくいデータも可
分析プロセスへの人間の裁量	可（データの特徴の示し方）	不可
使用者の分析に係る専門的知識	要	不要
アルゴリズム（分類器）の数	中	不明
学習環境	テスト環境での学習可能	本番同様の学習環境に設定必要
学習の方向性の統制	ある程度可	不可
学習に要する時間	短	長
判別基準	ほぼ明確	不明（ブラックボックス化）
デバッグ [*] の可否	可	事実上，おそらく不可

（*)デバッグ：コンピュータプログラム中のバグや欠陥を発見・修正し，動作をあるべきとおりにする作業。

れぞれのデータの特徴，全体の傾向やルールを学習させていった結果，AIはデータを自ら識別した特徴などによってグループ分けし，新しく与えられたデータがどのグループに属するかを判別していく。

　たとえば，AIに色を識別させる場合，機械学習では人間が「色」に着目するように指示を行うが，ディープ・ラーニングではその必要がなく，AI自身がデータの特徴を自動的に学習し，特徴の違い（色の違いとは限らない）を識別するための方法を探し出して，その方法で識別した特徴により各データをどのグループに分類するか等の識別を行うことになる。

　したがって，ディープ・ラーニングを行うAIがデータの特徴をより精密に把握できるようになるためには，学習のために大量のデータが必要となる。また，機械学習がデータに関して人間が把握した特徴の範囲内での分析であるのに対して，ディープ・ラーニングは人間が把握していなかった新たな特徴を見出すこともあり得る。これを特徴抽出の自動化という。

　また，機械学習の場合は人間が特徴として何に注目すべき点を教えているので，学習のアルゴリズムを数式で表すことができ，どのようなロジックでその結果が導き出されたかが明確である。一方，ディープ・ラーニングの場合は，AIがデータの特徴を自動的に学習するので，基本的にAIがどのようにしてそ

第7章
AIの活用とDX推進に係る内部監査

の結論を導いたかはブラックボックス化する。

　結論はわかってもなぜその結論になったのかがわからないと，説得力がなかったり，実務上対応に困るケースもあるので，ブラックボックス化した部分を示せる「説明できるAI（Explainable AI）」の必要性も生じている。

　さらに，ディープ・ラーニングの場合，アルゴリズムを多層化したニューラルネットワークによる学習手法であるので把握する特徴が複数になりやすい。また，ディープ・ラーニングは，識別する特徴を人間が指示しないので，言葉等での特徴の定義がむずかしい場合に高い効果を発揮する傾向がある。たとえば，書籍や衣服等の興味や嗜好などは言語での細かい表現がむずかしいが，AIは顧客がどの商品を購入したかというデータを元に，顧客の興味や嗜好などを独自に識別し，合致しそうな商品の購買提案をすることができる。

　機械学習とディープ・ラーニングの選択においては，このような両者の特徴の違いを理解したうえで，データの量や質，使用するハードウェアの性能，活用する目的等を踏まえて選択する必要がある。

　活用分野としては，機械学習は人間の指示に従い，何かを判断するために使われる傾向がある。クレジットカードの不正利用検知，カメラでの生体認証，スパムメール検知（**第3章，3．（3）**参照）等が活用例である。一方，ディープ・ラーニングは人間が指示しないことや把握困難なことの識別，判断のために使用される傾向がある。自動運転における標識・信号の認識や障害物の検知，製品や商品の外観検査，インフラ施設や設備等の劣化診断，がん細胞等病気の検出等が活用例である。

　さらに，ディープ・ラーニングに対しては学習の方向性を指導することができない。機械学習の場合は，提供するデータへの工夫や分析のロジックをアルゴリズムに組み込むことができるので，AIの判断は人間が予測する範囲内であると考えられるし，AIの判断が異常な場合はアルゴリズムやプログラムの修正も可能である。一方，ディープ・ラーニングの場合は，生データを提供し，データ処理もディープ・ラーニングが自己学習した方法で行うために，どのような結果が出てくるかを人間が予測するのがむずかしい。そこから，ディープ・ラーニングによる新発見が起こるが，人間とは違った価値判断，判断基準により非倫理的な判断を下すこともあり得る。ディープ・ラーニングを使用する場

合は，特に倫理面の管理が重要である。

For Your Infomation 7-5

囲碁AI

　Nature誌（volume550）に掲載された論文「Mastering the Game of Go without Human Knowledge」によると，囲碁の世界トップクラスの棋士を破った囲碁ソフト・アルファ碁を，後発のアルファ碁ゼロが110勝0敗のスコアで破ったとのことである。アルファ碁とアルファ碁ゼロの違いは，ともに囲碁のルールを教えられた後，アルファ碁が人間のプロ棋士の棋譜と自己対局から（by supervised learning from human expert moves, and by reinforcement learning from selfplay）ディープ・ラーニングで学習していったのに対して，アルファ碁ゼロは自己対局からだけでディープ・ラーニングによって学習していったという違いである[22]。

　また，日本棋院の林子淵八段の話によると，囲碁AIの特徴として次のようなことがいえる。

① 　AIは囲碁のルールを覚えた後は，AI同士が対戦し人間では到底不可能な膨大な回数の囲碁を打って，自己学習で囲碁の勝ち方を学んできている。

② 　AIの評価によって，今までの定石が見直されてきている。

　　その結果，新しい定石が生まれたり，プロ棋士に打たれなくなった定石も出てきている。

③ 　AIの示す最善手（評価値の高い手）と人間の示す最善手は必ずしも一致しない。理由としては次のi．からiv．の4つの理由が考えられる。

i ．　その理由の1つは，最善と評価する基準がAIと人間では異なるからかもしれない。

　　人間にとっての最善手とは一番勝ちにつながると信じる手，あるいは負けないと信じる手であるのに対して，AIにとっての最善手とは確率計算に基づく最も勝つ確率が高い手（大差で勝たなくとも確実に勝てる手）であると思われる。

ii ．　次の理由としては，人間は一局の碁を打ってきた流れの中で，次の手を考えていくが，AIは流れの中で考えるというより，次の手を打つ局面，局面で，最善手を考える点である。

iii ．　AIの最善手と人間の最善手が違う場合があるもう1つの理由は，AIと人間では，読むことのできる範囲も深さも手数も違うからである。AIは人間よりもはるかに広く深く，かつ先まで読むことができる。AIが最善手（評

第7章

AIの活用とDX推進に係る内部監査

価値の最も高い手）として示した手がなぜ最善手なのか，プロの棋士がみ
　　　てもすぐにはわからないこともある。

　iv．人間が最善手を効率的にみつけるために，今まで培ってきた経験知と読
　　　みに基づき，最善手の候補をみつけて，その候補手を順番に読んでいくが，
　　　その経験知が逆に働いて，読みを入れる対象となる最善手の候補から真の
　　　最善手を除いてしまうことがある。AIは，一手，一手，すべての手を読ん
　　　でいくので，読みの対象から最善手が外れることがない。

④　AIの中でもAIの種類によって，最善手や形成判断が異なることがある。
　　ただし，AIも自己学習が進み，AIごとの手の評価値や形勢判断の差が減少し
　　てきている。

⑤　AIは疲れないので，疲労により間違うことがない。

⑥　上記のように，読む範囲に限界があり，疲労もする人間の勝つ方法（戦法）
　　とAIの勝つ方法（戦法）は　違うかもしれない。
　　また，AIは対局相手によって戦法を変えることはないと思われるが，人間
　　は対局相手の棋風や特徴により，戦法を変えることがある。

⑦　AIはなぜか石の死活や劫の判断に弱い面があり，間違えることもある。
　　ただし，これはプログラムのバグの修正などにより改善されてきている[23]。

　このアルファ碁ゼロの対局成績と林八段の話は，人間がAIを活用していく上
での多くの示唆を与えてくれている。

　囲碁対局のような勝利の方法を見出すために何回も試行錯誤できる場合のAIの
自己学習能力の高さを示している。AIの視界の広さや分析の深度は人間のそれを
遙かにしのいでいると思われる。一方，不正の検知のように実社会において試験
を行うことが制約されるような場合には，AIは過去の不正の事例（保管されてい
る情報の認知粒度と質・量）から検知方法を見出す以外に方法はないかもしれない。

　またAIが最善手（評価値の最も高い手）として示した手がなぜ最善手なのか，
プロの棋士がみてもすぐにはわからないこともあるという事実から，分析の範囲
や深度が違うAIと人間が共同で何かを進める場合に，お互いの考えていること
が十分に理解し合え，円滑に共同作業を進められるか，またAIの開発した分析
手法を人間が使用する場合，その分析手法を適切に使いこなせるか，さらにはAI
の開発した分析手法や結論の正しさを人間は判断し得るか等の懸念が生じている。

　さらに，人間は一局の碁を打ってきた流れの中で次の手を考えていくのに対し
て，AIは，流れの中ではなくその局面，局面とで最善手を考える点を勘案すると，
実世界の判断において，事象や取引等の経緯を踏めて判断する傾向のある人間の
感情が，その時点・その場での最適の基準だけで判断するAIの結論を納得感を

もって受け入れることができるかの懸念も生じる。

　一方，囲碁界ではAIの評価によって，定石が見直されてきて，その結果，新しい定石が生まれたり，プロ棋士に打たれなくなった定石も出てきているということは，AIを上手に活用することによって囲碁の対局において人間が今まで見えていなかったものが見えるようになったり，新発見をしたりしているということであり，人間が囲碁の進歩にAIを上手に活用している例といえる。囲碁の世界だけでなく，その他の組織体においてもAIと人間が適切に連携すれば，新たな価値創造につながる新発見が出てくるものと期待される。

(2)　AI活用上の留意点と要点

①　AI活用上の留意点

　前項でみたAIの特徴を踏まえて，本項ではAIの活用上の留意点と管理上の要点について論説する。ツールとしてのAIを導入しただけで，AIが効果を発揮するわけでない。AIが十分な効果を発揮するためには，活用上の留意点に対応した，AI活用に相応しい仕組みが構築されている必要がある。

　AI活用上，次のような留意すべき点がある。

　ⅰ．活用目的に相応しいAIを選択しているか

　ⅱ．AIを活用するに相応しいインフラストラクチャが整備されているか

　ⅲ．適切なデータがAIに適切に提供されているか

　ⅳ．AIの提供した分析結果を理解して，業務に活用することができるか

　ⅴ．業務遂行へのAIの貢献度等を評価して継続的改善を図っているか

　ⅵ．AIの提供した分析結果が倫理や世界の幸福に反していないか

　上記のⅰ．とⅱ．については，前節の機械学習とディープ・ラーニングの相違点で論説したが，インフラストラクチャとAIの整備には，ITの専門家，データ・サイエンティストと結果を活用する部署の協働が必要である。

　ⅲ．適切なデータが適切にAIに提供されているかについては，本番でのデータ提供時にもAIに学習をさせる場合にも注意が必要である。

　データの質については，ア．データを正しく理解するためのデータの定義資料があるか，イ．データのアノテーション作業できているか（たとえば入力画

像（データ）の示す状態が正常／異常か等のレベル付け），ウ．適切に構造化されているか，エ．データが適切にクレンジングされているか（誤謬，欠損，平仄の不整合がないか），オ．データの鮮度に問題がないか等が重要となる。たとえば，ある航空会社は，「数十年前の登場データを基に作成された顧客の搭乗傾向に基づくプライシングモデルを利用し続けていたことで，年間10億ドルの機会損失が発生していた」[24]とのことである。データを適切に準備してAIに提供するには，データ・サイエンスの専門家が必要である。

　次にAIに提供するデータの種類である。提供するデータは分析の目的や期待される信頼度等によって異なってくる。たとえば，会計不正を検知するような目的でAIを活用する際には，AIに提供するデータは財務情報だけでよいのか，非財務情報も提供する必要があるのか，非財務情報を提供するとしたらどのような非財務情報を提供すべき等について検討する必要がある。

　それからデータの提供の仕方であるが，ア．提供するデータに偏りがないか，イ．提供するデータの量は適切か等が重要になる。人材採用のAIシステムにおいて「パターン学習させた履歴書のほとんどが男性であったことより，AIは男性を採用することが望ましいと判定することが発覚」[25]した例がある。また，提供する情報量について，機械学習の場合は，問題の難度にもよるが，データ量が数千を超えるあたりからモデルの鮮度が頭打ちになるのに対して，ディープ・ラーニングでは，データを増やせば増やしただけ，鮮度が改善される[26]といわれている。したがって，AIの種類により，提供するデータ量についても注意する必要がある。

　次にⅳ．AIの提供した分析結果を適切に理解して，業務に活用することができるかについて，AIの分析結果の正確な読解は困難なときがあり，特にディープ・ラーニングでは，各特徴量（特徴が数値化されたもの）の詳細な関係性はブラックボックス化されている。そのためにデータ・サイエンスの専門家や対象とした業務に熟知した業務の専門家が必要である。なお，近年ではLIME，Grad-CAM等の人間にとって理解可能なアウトプットを提示してくれる「説明できるAI」**(本章２．（１）②参照)** も発表されてきている。

　ⅴ．業務遂行へのAIの貢献度等を適切に評価して継続的改善を図っているかについて，誰がAIの貢献度等評価の最終責任者になるかはAIの使われ方によるが，ビジネスモデルへの適用や，組織体にとって重要な事項に対してAI

が使用されている場合には，担当の経営者が評価を行い，取締役会に報告することもあり得る。重要なのはこの貢献度や課題等を評価するKGIやKPIを何にしてどのように測定するかである。

vi．AIの提供した分析結果が倫理や世界の幸福に反していないかは根本的な課題である。かつてTwitterにより自然言語を機械学習させていたAI "Tay"が非常に攻撃的なツイートの投稿をはじめ，さらには人種差別主義の発言をするようになり，学習を停止させることになった。また，顧客との長期的関係性維持と短期的な収益増加のどちらを優先すべきかという価値観が伴う意思決定や，業務改革等において関係者の感情や納得感等にも配慮する必要がある意思決定等をどこまでAIに任せるかについても検討していく必要がある。事象や取引等の経緯，過去のいきさつを踏まえて判断する傾向のある人間が，その時点・その場での最適の基準で判断するAIの結論を納得して受け入れることができるかの懸念も生じる。収益追求に加えて社会貢献，社会的責任の遂行といった倫理観や価値観を踏まえた意思決定をAIが適切に行うためには，そういった観点に配慮した学習をさせることが重要となる。

AIに倫理的な学習をどのようにさせるか，あるいはAIが非倫理的な判断を行わないようにどのように管理していくかが今後の課題となっている。

②　留意点への対応—人間中心のAI社会原則

AIに係る倫理に関して，AIがどれだけ多大な貢献をするにしても，AIが活用される究極的目的は人間の幸福，社会の持続的成長のためであり，かつAI活用の最終責任は人間にあるという基本的原則は重要である。AIが倫理に反する判断をした場合は人間によってそのような判断は取り消される必要があるし，AIがしたことだから私には責任がないというような言い訳は，AI活用・管理の責任者やその組織体には許されない。

そのような観点から内閣府の統合イノベーション戦略推進会議は，「各ステークホルダーが留意すべき基本原則を定めることが重要」[27]と，「人間中心の AI 社会原則」を公表している。その社会原則とは，**図表7-7** [28]のとおり（1）人間中心の原則，（2）教育・リテラシーの原則，（3）プライバシー確保の原則，（4）セキュリティ確保の原則，（5）公正競争確保の原則，（6）公平性，説明責任及び透明性の原則，

出所：新田（2019, p.17）。

図表7-8　連邦エンタープライズ・アーキテクチャ（FEA)の統合参照モデル

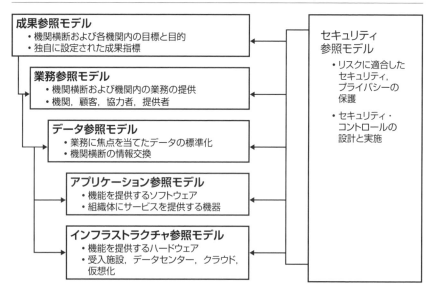

出所：The United States Office of Management and Budget（2013).

（7）イノベーションの原則の7つである。この7つの原則は，AIの活用を推進していく上で，社会や個人に対しての悪影響を避けながらAI活用による便益を享受していくために，社会全体が理解し適合していかねばならない基本原則である。

　各組織体においても，この原則の趣旨を踏まえて，各組織体としてのAI活用のために基本原則を定め，適合していく必要がある。AIが適切に活用された場合は多大な効果を組織体にもたらすが，リスクが顕在化した場合には組織体や社会に計り知れない被害をもたらす可能性があるからである。

③ 留意点への対応―FEAの統合参照モデル

　AI活用の基本原則に則り組織体がAIを活用していくためには，相応しい仕組みが構築されている必要があり，筆者は，その仕組み構築の際に，**図表7-8**の連邦エンタープライズ・アーキテクチャ（FEA）の統合参照モデル（以下，FAEフレームワーク）が参考になると考えている。

　図表7-8は，米国の各連邦機関が投資について計画し意思決定する際の共通の方法としての役割を果たすもので，連邦機関間でのIT利用の共有化が進む中，各連邦機関が共通の方法で投資について記述し分析することにより，連邦機関での二重投資や無駄を削減，ITサービス享受の共有，成果のばらつき縮小，政府，産業，市民間の役割遂行の促進等を期待している[(29)]。

　このフレームワークは，大きくは戦略的成果を評価する「成果参照」と，「業務参照」，「データ参照」，「アプリケーション参照」，「インフラストラクチャ参照」の構成要素から成り立っている。なお，FAEフレームワークは，AI活用だけでなく，DX推進のためのIT投資全般に活用できるフレームワークであるが，本節ではAI活用に絞って，このフレームワークを論説する。

　AIを活用する場合，まず「成果参照」としてビジネスや業務の目的は何か，その達成状況をどのように評価するかを定めたうえで，「業務参照」として，業務上AIをどこでどのように活用するかを決定する。

　次に「データ参照」としてAIにどのデータを提供するか，あるいは提供可能かを確認する。

　それからそのAI活用のためのITの整備を決定するが，「アプリケーション参照」としてはどのAIツールを活用するかを決定し，さらに「インフラストラク

チャ参照モデル」としてAIツールをその基板上で稼働されるハードウェア（コンピュータやネットワーク等）の整備をどうするかを決定することになる。

　最後に，上記の構成要素に共通して適用されなければならない「セキュリティ参照」がある。各構成要素の領域での目的や目標の達成阻害要因であるリスクを識別し，適切な統制を整備し，運用していくことが重要である。システムダウンは業務の達成に深刻な影響を与える。またAI活用の性格上，個人情報を含む機密情報を取り扱う可能性や，AI分析の結果である成果物は組織体にとって知的財産に値するインテリジェンス[30]である可能性もあるので，機密性は特に重要である。

　以上，FEAフレームワークを「成果参照」から順に「インフラストラクチャ参照」まで説明したが，実務上の検討に当たっては必ずしもこの順番で検討していくとは限らない。なぜなら，各要素は相互に影響しているからである。たとえば，どの程度の正確性でどのような分析を要求するかはAIツールの決定に影響するが，選択するAIツールによって要求される必要なデータの量や質が変わってくる。また既存のハードウェア上でAIツールを実装する場合，ハードウェアの容量等がAIツールの選択に制限を与える。したがって，この5つの構成要素は統合的に検討される必要がある。

　さらに，このフレームワークが適切に運用されていくためには適切な体制，人員配置が必要であり，上述のような人材がそろっていることが必要である。AI活用もDX推進の1つであり，体制整備，人材配置を含め，1.（4）DX推進に係る管理態勢で述べた仕組みに適合しているべきである。

3. 内部監査業務におけるDX推進

　今まで述べてきた，DX推進，AI活用を踏まえて内部監査業務自体におけるDXの推進について論説する。

　内部監査業務のIT化については，取り扱う情報や資料の電子化も進み，CAATTsの使用等も行われている。しかしながら内部監査業務のDX推進がいわれる背景には，進化したAIの活用により非連続的に効果的・効率的な内

部監査の実施ができないかという期待がある。内部監査業務のDX推進には，従来からのIT活用のいっそうの推進という連続的な進歩とAIを活用した非連続的な進歩の両面があり，本章では後者についてより詳しく論説していく。

(1) CAATTsの活用

CAATTsは内部監査の計画，実施，報告の各プロセスで活用可能であり，たとえば実施プロセスでは**FYI7-6**のように活用されてきた。統制の不備抽出，リスク管理の検証，経費管理の検証，プロジェクトの検証，不正の兆候検知，継続的モニタリング等といった，分析・検証・検知（識別）の領域と継続的モニタリングの領域でとりわけ便益を提供してきている。

CAATTsを分析・検証・検知するための主な作業手順は次のとおりである。

① 分析の要件定義（分析の目的，範囲，方法等が定義される）
② ㋐分析に必要なデータを抽出しダウンロード
   または，㋑システム上のデータ処理プロセスに直接アクセス
③ ㋐の場合は，データを編集してCAATTsに取り込み
   ㋑の場合は，システム上からデータを取り込み
④ CAATTsが分析，検証，検知

この後で，CAATTsが抽出した疑わしき取引，検出事項について，さらに詳細調査が行われることになる。

ただし，CAATTsには次のような課題もあり，注意を要する。

① 分析の要件定義は使用者の知識や経験により行われるものもあり，分析に恣意性が入る可能性がある。
② データ量が多すぎて抽出不能，もしくはデータの抽出作業に時間が掛かりすぎる場合がある。
③ データを分析可能な形式に編集する技術やツールが必要。
④ データが大容量の場合，データを収納し高速に処理するシステムが必要。
⑤ 検出されたサンプルが多いと，詳細調査に時間が掛かる。
   （安全性を重視して広めに検出するとサンプルが多くなるし，検出条件を

狭めると検出漏れが生じる可能性が高まる)

これらのCAATTsの課題克服の点からも AIに対する期待が高まっている。

CAATTs の活用例

CAATTs は次のような活用がなされている。

①統制の不備抽出		
	ⅰ 名 寄 せ：	・顧客マスタファイル(顧客リスト)にある顧客をあいうえお順等へ並び替えて,「株式会社」と「(株)」,「フォ」と「ホ」といった入力の違いから別人と認識されているデータを抽出。 →別人と認識されている場合,反社会的勢力のチェック漏れ,該当顧客の与信限度オーバー発生の可能性
	ⅱ 権限管理：	・役職員ファイルの役職員とID,パスワード,権限設定の突合せ。 →退職者のID,パスワードから退職者や第三者による不正アクセスの可能性や,権限設定不備からの権限をオーバーライドした取引発生の可能性。
②リスク管理の検証		
	ⅰ 在庫評価：	・製品ごとの回転期間と滞留期間の関係を可視化。 →回転期間が長く,滞留期間も長い製品は,不良在庫になる可能性が高い。 →回転期間は短いが,滞留期間は長い製品は,不良在庫になっている可能性。
	ⅱ 権限管理：	・与信限度オーバーの取引抽出。
③経費管理の検証		
	ⅰ 経費評価：	・細分化した経費の拠点比較,月次比較等から経費高となっている事項を抽出。 →経費削減の余地を見出せる可能性。
④プロジェクトの検証		
	ⅰ 予算管理：	・プロジェクト毎の予算費消率を縦軸にプロジェクトの進捗状況を横軸に可視化。 →予算オーバーの可能性があるプロジェクト抽出。
⑤不正の兆候検知		
	ⅰ 売 上：	・インボイス,販売先名,住所,販売コード,金額の突合せ,支払日等の突合せ。 ・顧客マスタファイルの名寄せ確認。 →二重売上,架空売上の可能性を抽出。
	ⅱ 購 買：	・部署別購買リストからベンフォードの法則により,購入金額の最初の桁の値が1が少なく9が多い部署を抽出。 →上位者決裁を逃れるため,分散購入した取引がある可能性。 ・購入先リスト上の購入先名寄せ,購入者先承認リストと購入先リストの突合せ。 →架空または未承認の購入先の有無を確認。
	ⅲ 経 費：	・同一の請求者で同一の支払先,金額で支払日が異なる経費支出の抽出。 →請求者が二重請求している可能性。 　(たとえば領収書とクレジットカードの明細書に基づく二重請求)
⑥継続的モニタリング		
	ⅰ 与信限度超過取引	・条件式(与信限度超過)のCAATTSへの入力により,該当する取引を自動抽出。 →全取引のチェックがリアルタイムで可能。
	ⅱ 疑わしい取引	・マネーロンダリング検出ツールによる疑わしき取引検出。 →全取引のチェックが可能。

⑵ 分析・検証, 検知, 予測におけるAIの活用

　AIは, 内部監査の計画, 実施, 報告, フォローアップの各プロセスに活用できるが, 会計監査への具体的な活用の観点からは, 日本公認会計士協会IT委員会研究報告第52号「次世代の監査への展望と課題」[31] が参考になる。

　とはいえAI活用による便益の大きい領域はやはり「分析・検証, 検知（識別）, 予測」と「継続的モニタリング」である。この両者は相互に影響する関係にあるが, まず分析・検証, 検知, 予測から論説していく。

　分析・検証, 検知, 予測は, 人間の考えに基づきクレンジングされたデータを用いて人間が考えるシナリオや条件に基づいて分析あるいは検知する従来のCAATTsと, 機械学習を行うAIとでは, 分析・検証, 検知, 判断, 予測の能力が非連続に違ってくる可能性のある領域である。

　分析結果は提供されたデータの量・質と分析方法に依存する。まずデータに関して, 従来のCAATTsでもビッグデータといわれる大量のデータ処理は可能であるが, AIはより多種多様なデータを取り扱うことができ, ディープ・ラーニングはより多量のデータが与えられるほど分析能力が向上することに特徴がある（**本章2.⑵①注25**参照のこと）。CAATTsが取り扱うデータは人間の思考範囲内で構造化されたデータであったが, AIは画像, 音声, 自然現象等の構造化されていないデータの取り扱いも可能である。たとえばAIは, 工場内で, 室温, 湿気等の変化, 機械の稼働状況の動画, 稼働する機械の音や温度等をセンサー等から継続的に入手し, これらの要素と不良率の関係性を見出せるかもしれない。これにより内部監査人は製造プロセスの問題点や改善案を提起することができるかもしれない。

　一方, AIに分析・検証をさせるに当たっては, AIにどのデータを提供するか, センサーの設置等AIがデータを収集する環境をどのように整備するか等の検討が必要になる。また, ビッグデータを取り扱う環境の整備となると, 内部監査部門独自で構築するのか, モニタリング機能のある部門が協働して整備するのか, さらには, 業務執行部署も巻き込んで組織体全体としてのツールとしてAI活用の環境を整備するのかの検討が必要となる。

次に分析方法であるが，AIの場合，分析方法の学習プロセスが重要になってくる。従来型の機械学習の場合，学習のために提供するデータの特徴付けをどうするか，分析目的に応じてどのアルゴリズムを使用するかが要点となる。一方，ディープ・ラーニングの場合は，学習データの特徴付けやアルゴリズムの使用の問題は生じないが，**本章2.(2)①注25，注26**で述べたように提供するデータの鮮度，中立性（偏りがないこと），倫理面からの適切性等を保全する必要がある。たとえば，ディープ・ラーニングに不正の兆候を検知させるためにディープ・ラーニングのAIに過去数十年にわたる不正の事例を提供したが，社会や雇用関係，業務プロセスの変化やITの進化等により以前と現在とでは組織体内外の環境が異なっているため，古いデータも提供して導出されるAIの検出精度は期待に沿わないものになる可能性もある。

　一方，学習のために提供するデータ量については，機械学習の場合はデータ量が数千を超えるあたりからモデルの鮮度が頭打ちになるのに対して，ディープ・ラーニングでは，データを増やせば増やしただけ，精度が改善されるのは前述のとおりである。

　提供するデータ，学習方法に留意してAIを活用すれば，分析内容や分析に基づく検知の精度が格段に向上していくが，ディープ・ラーニングの場合，その結果を読み解く必要があることにも留意しておく必要がある。現状のディープ・ラーニングは分析や予測の結果は提供するが，なぜその結果になったのかの説明はしてくれない。将来的には説明できるAIの出現が期待される領域でもあるが，内部監査部門として，監査対象の業務プロセスに熟知した人，データ・サイエンティスト等の人材を確保する必要がある。

　内部監査部門がAIを活用していく場合には，比較的簡単にAIを活用できるところから始めてAIに係る知見を深めていくのが現実的対応であろう。一方で今まで述べてきた観点から内部監査におけるDX推進の全体像や総合設計を描くことも必要である。知見の蓄積と総合設計は相互に影響を与えつつ進歩していくものである。

⑶　継続的なモニタリングにおけるAIの活用

　継続的なモニタリングについては，その利点も含めて第1章で論説したので，本章では，継続的なモニタリングに特にAIを活用した場合の利点と，AIを活用してもなお残る課題に絞って論説する。

　AIを継続的なモニタリングに活用する利点は次のとおりである。

① 　提供するデータの種類について，画像等の構造化されていないデータも提供可能であることが挙げられる。またディープ・ラーニングの場合は，データ量が多ければ多い程モデルの精度が向上し，かつデータに工夫する必要がない。多様なソースからの継続的収集によりデータが多種多量になっても処理が可能である点が利点の1つである。

② 　さらに，多種多量のデータの処理が可能なことにより，従来の分析では発見できなかった原因と結果の関係性が発見される可能性がある。後から人間が専門的能力に基づきデータを抽出して提供する場合に比べて継続的モニタリングで提供された生のデータをAIに提供することにより，従来では見えていなかった原因，あるいは結果に影響を与える各要素と結果の間の新たな関係性をAIは見出すことがあり得る（ディープ・ラーニング使用の場合は，ディープ・ラーニングが認識した関係性を人間は読み解くことが困難な場合もあり得る）。

③ 　その結果，AIが提供する予測の精度が格段に向上し，組織体は，環境変化，リスクや不正等に対して事前により効果的・効率的に対応することが可能になる。たとえば工場の製造プロセスにおいて，内部監査がAIを活用して分析した結果，未認識であった各要素の関係性を新たに発見して，業務執行部署に対して不良品発生防止等のためにこの関係性に基づいた管理を提案するようなこともあり得る。ただし，このようなケースは，執行部署を啓発して，AIを用いた分析により管理水準を向上させてもらい，内部監査はその分析や管理が適切かを検証するほうが望ましい。

　GTAG3は，「いくつかのケースにおいては，内部監査人は戦略的に，リスク管理と統制プロセスの構築を助けることにより，リスクと統制を所有し管理す

る職能（ディフェンスの第1ライン）とリスクや統制を監督する職能（ディフェンスの第2ライン）を支援することがある。継続的アシュアランスは，継続的監査の技術とその技術を有効にする技法が，第1と第2のディフェンスの継続的モニタリングの尽力のために導入され，この尽力に信頼性があり，リスクに対応しているときに最適化される。」[(32)] を述べている。

④　新しい発見から，監査プロセス上で新たな監査上の要点（アサーション）を追加する必要が生じるかもしれない。適切な監査上の要点の追加は監査の有効性の向上に役立つことになる。

(4)　AI活用に係る今後の課題

　内部監査におけるAI活用に関して，分析・検証・検知・予測の観点と継続的モニタリングの観点から論説してきた。最後にAI監査において今後も取り組んでいくべき課題について論説する。

①　組織体の業務プロセスや情報システムは，業務の拡大化とともに複雑になっていることが多く，この場合，業務プロセスや情報システムのどこに，継続的モニタリングのためのアクセスを行うか。

②　上記①と関連して，どのプロセスのどの情報やデータをモニタリングしていくか。

③　上記①と②に関連して，適切に選択したプロセスの適切なデータを入手するために，データ入手手段をどのように確保するか，データ取得のために現場のどのツールとAIを連携させるか。

④　AIが判断するために評価基準をどのように設定するか（囲碁なら勝ち負けが明確な判断基準となるが，不正の兆候の抽出のために判定基準は人間が設定する必要があるかもしれない。またある事象が不正である確率をAIは示すことができるが，制約なく多量のデータによる学習が困難な不正検知のような場合，その確率の信頼性も限定的である）。

⑤　AIによる（継続的）監査の保証レベルはどの程度高いか。継続的監査により全件検証したとしても，上記のように評価基準の問題が存在する。

またディープ・ラーニング等の場合，分析プロセスがブラックボックス化しており，判断根拠を証拠に基づいて論理的に説明することが現状では困難で，監査の説明責任についての課題を残す。この場合に，内部監査人は，監査を合理的保証の提供といえるかの課題が生じる。

⑥　AIによる予測の高度化に基づき，将来の望ましくない事態発生の可能性について，内部監査人が組織体に対しては注意や警告等を発する場合に，客観性の問題や「オオカミ少年」になってよいかの問題が生じる可能性がある。監査は，明確なあるべき姿と現状のギャップ分析を行い，内部監査としての結論を下す。その場合に，注意勧告や改善提案を行うことがあるが，適切に検証した結果の発見事項に基づく論理的帰結が合理的であるならば，内部監査の結論は客観的と判断されるし，注意勧告や改善提案はIIAの「国際基準」にも適合しているといえる。いわゆるフォワード・ルッキングな観点（IIAの「基本原則」でいえば，「洞察力に優れ，先見性があり，未来志向であること。組織体の改善を促進すること」[33]）からは好ましいことかもしれない。一方，たとえば有価証券投資・保有（ポートフォリオ）のあるべき姿を必ずしも明確には決められない中，内部監査人が使用するAIが金融市場における有価証券の暴落を予測した場合に，内部監査人は保有する有価証券の売却を組織体に対して勧告するべきであろうか？　組織体に深刻な損害を与えるかもしれない，以前のリーマン・ショックのような事態の到来をAIが予測したが，組織体にとっての有価証券ポートフォリオのあるべき姿の決定は困難で，かつAIの予測の信頼性が不明確で，場合によっては予測のロジックも人間には不明な時に，内部監査が有価証券売却のような勧告をしてもよいかという問題である。考えられる対応として，内部監査としての提案は行わず，AIの分析結果（どの程度の確率でどの程度の暴落が起こり得るか）だけを取締役会や経営陣に報告するとか，あるいは内部監査は第2ラインを指導し，彼らにAIを活用した予測を行ってもらうなどが考えられる。この問題は，内部監査の客観性の維持と組織体の目標達成への貢献を両立させる観点からの検討をすべきである。

このように継続的モニタリングにはまだ検討をしていかなければならない課題は残っているものの，すでに継続的モニタリングは実務において実施され効果を上げている。継続的モニタリングは監査の着眼点や方法を広げることで，内部監査をより効果的で効率的なものとできる可能性がある。

▶ まとめ

　以上，本章では，組織体におけるDXの推進を支援する内部監査のあり方と，内部監査業務自体におけるDXの推進，それにその両者に関係するAIの活用のあり方について論説してきた。DXの推進を支援する内部監査のあり方と内部監査業務自体におけるDXの推進は互いに影響し合うものである。内部監査業務のDX推進は組織体全体のDX推進の中で行われるものであるし，内部監査業務のDX推進において学習した知見は組織体全体のDX推進に係る内部監査において活用できるものである。

　DXの推進は，組織体の文化や仕事のやり方の変化が伴うものであるので，組織体内の抵抗も大きくなる可能性がある。DXの推進には強い意思，推進に係る戦略的な知恵，多大な継続的努力が必要となるが，組織体の価値創造，増加のために，内部監査が組織体のDX推進を支援し，かつ自らのDXも推進していくことが期待される。

　また，内部監査業務におけるAIを活用したDXの推進については，比較的簡単にAIを活用できるところから開始してAIに係る知見を深めていくことと，上記のような観点を踏まえて内部監査業務におけるAIを活用したDX推進の総合設計を描くことの両者が必要である。AIを活用したDXの推進に係る知見の蓄積と総合設計は相互に影響を与えつつ進歩していくものである。

For Your Infomation 7-7

AIの内部監査への利用─1988年からのメッセージ

1988年に内部監査におけるAIの利用について講演した人物がいた。

浅輪壽男氏は1988年に開催された，日本内部監査協会主催第22回内部監査推進全国大会で「人工知能（A.I.）によるエキスパート・システムと内部監査への利用の可能性」という題目で講演した。『月刊監査研究』（1989年1月号）[34]に講演内容が掲載されており，エキスパート・システムの各機能を説明されたうえで，内部監査業務への活用について述べている。同氏の昭和40年代のほとんどを内部監査で過ごした知見と講演時に勤務先の情報システム部長としての知見に基づき講演している。紙面の関係上，講演内容を詳しく紹介することはできないが，筆者の心に残った文言を紹介したい。

「部長さん，監査室長さんなどは，どうやって人を育てるか，どうやって早くベテランにするかという点で悩んでおられると思います。それを解決するのが将来のエキスパート・システムと考えています。」

「内部監査では何をしなければならないのかということを考えて，すでに作られているエキスパート・システムをモデルとしてうまく使うのはいい方法です。」

「AIでもっともむずかしいことが人工知能システムに学習能力をつけることにあるのです。」

「エキスパート・システムの利用を含めて自動化をうまくしていくことによって，監査人は飛躍的に品質の良い監査ができる。その結果は経営者に喜ばれる方向に行くだろう。それは夢ではなく実際の問題である」

先輩の先見性と慧眼に感服。私たちも内部監査の前進のためにそれぞれの立場で日々尽力していきたい。

注

(1) 経済産業省（2018，2頁）。なお，「DX推進ガイドライン」は2022年9月に「デジタルガバナンス・コード2.0」に統合されたが，DXの定義は変更されずそのまま用いられている。

(2) 経済産業省（2018，3頁）。

(3) 経済産業省（2018，5頁）。

(4) 根来（2005，12頁）。

(5) 根来（2005，12頁）。

(6) 國領ほか（2017，48頁）。

(7) 加護野・山田（2016，8-10頁）。

(8)　Casadesus-Masanel and Ricart（2010, p.204）.

(9)　経済産業省（2018，5頁）。

(10)　経営史学者アルフレッド・チャンドラーは，「経営戦略と組織」において「組織は戦略に従ってつくられる」（三菱経済研究所，1967，30頁）との命題を示し，ピーター・F・ドラッカーも「マネジメント」の中で「構造は戦略に従う」（上田，2010，181頁）とこの命題を肯定している。また「COSO ERM（2017年版）」も原則2で「組織は，戦略と事業目標を達成するために，事業構造を確立する。」（日本内部監査協会，2018，85頁）としている。

(11)　経済産業省（2018，6頁）。

(12)　Communityの代わりにContextとされる場合もあるが基本的な概念はほぼ同一。

(13)　伊藤ほか（2002，16頁）。

(14)　伊藤ほか（2002，20頁）。

(15)　根来（2005）。

(16)　経済産業省（2018，6頁）。

(17)　占部（1976，166-167頁）。

(18)　土屋（1978，141頁）。

(19)　経済産業省（2018，3頁）。

(20)　野村総合研究所（2002，35-86頁）。

(21)　日本銀行決済機構局（2018，1-3頁）。

(22)　Silver et al.（2017）.

(23)　日本棋院棋士林子淵八段とは2020年11月25日東京でのインタビュー，その後の電話，eメール，Webで意見交換を実施した。

(24)　保科（2020，240頁）。

(25)　保科（2020，240頁）。

(26)　保科（2020，205-206頁）。

(27)　内閣府統合イノベーション戦略推進会議（2019，8頁）。

(28)　新田（2019，17頁）。

(29)　The United States Office of Management and Budget（2013, p.11）.

(30)　インテリジェンスは利用者のためにデータやインフォメーションを加工，分析して発見したり認識した意味のあるメッセージ。

(31)　日本公認会計士協会（2019a，26-29頁）。

(32)　IIA（2015, p.7）.

(33)　日本内部監査協会（2017）。

(34)　浅輪（1989，13-24頁）。

内部監査新時代の幕開け

　前章まででDX時代に相応しい内部監査のあり方について追求してきた。

　一方で，内部監査には，不変のこととして常にこれからもずっと保持されていかねばならないこと，監査対象や監査対象を巡る環境の変化に伴い変わっていかねばならないことの両方があると筆者は考えている。

　内部監査がこれからもずっと保持されていかねばならないこととは，内部監査が独立にして客観的な監査の提供を通して，組織体の価値創造や価値増加に寄与することにより，組織体の目標の達成を支援し，もってステークホルダーの期待に応えることである。この点は，IIAの「内部監査の定義」，あるいは「内部監査の使命」[1] に示されているとおりである。

　一方，内部監査が監査対象や監査対象を巡る環境の変化に伴い，上記の内部監査の使命を果たすために，監査のテーマや目的等を適合させていかねばならず，監査の範囲と方法を進歩させていく必要がある。

　内部監査がこれからも維持していかねばならない点，変わっていかねばならない点，これらの両方の観点に共通して重要なこととして筆者の経験からいえるのは，「あるべき姿」をしっかりと探求して，頭にたたき込むということである。「あるべき姿」が確実に脳裏に焼き付けられているなら，監査対象に接したときに何かおかしいといった気づきが生じる。感性が働くためには「あるべき姿」が内部監査人の脳裏に定着していることが必要である。ここから内部監査人は，専門職としての正当な懐疑心を働かしての監査が始まる。

　では，「あるべき姿」はどのようにして追求していくのであろうか？　監査の目的等により，「あるべき姿」は最適基準である場合もあれば満足基準による場合もあろう。また，既存の基準やフレームワーク等に基づく場合もあるであろう。しかしながら，いかなる場合であっても本書で論じたロジカル・シン

キングやコミュニケーション，連携力，あるいはAIも含めたITの活用は内部監査人が「あるべき姿」を追求するときに必要となる能力である。またこれらの能力が「あるべき姿」を追求するときに必要な能力ということは，「あるべき姿」との比較で「現状」を把握する際にも必要な能力であるということである。

そのような観点も踏まえつつ，本書では，内部監査業務におけるロジカル・シンキングやコミュニケーションのあり方の追求を通して，IIAの「内部監査の定義」にある規律ある姿勢と体系的な手法について論説させていただいた。また，組織体の価値の創造や増加，ステークホルダーの期待への対応を直接的に具現化した内部監査のテーマとして，AIの活用も含めDXに係る内部監査（攻めの内部監査）と不正に係る内部監査（守りの内部監査）についても論説させていただいた。

図表 - 終　国内外識者（120名）による社会変化予測

分類	キーワード	
社会像	デジタル資本主義／進歩資本主義／ステークホルダー資本主義／頭脳資本主義／非接触経済社会	
潮流	デジタルシフト	・コロナ禍による流れは**不可逆的，加速**
	グローバリゼーション	・**後退**という見方と，企業レベルではリスクヘッジのためますます**分散を図るという**見方
	政府の在り方	・危機下で**国家の役割が拡大**したが，**収束後も維持**（ベーシックインカム導入も）
	政治体制	・民主制かIT全体主義か
	世界秩序	・現状，無極化だが，**米国と**超大国として頭角を現し始めた**中国との対立激化**も
	国際情勢	・大恐慌後で**第2次大戦前の1930年代に類似**
社会の仕組み／産業構造	リモート化オンライン化	・あらゆる**コミュニケーションがオンライン化**（テレワーク，オンライン授業，遠隔診療，商談，娯楽など）。 ・人に会うのは本当に必要な一部分 ・直接会った時の**「ライブ感覚」の価値向上**
	分散化	・**居住と就業先が地理的に分散**。地方に広い家を持つ，一定期間を地方で働くなど
	産業構造	・**飲食業や観光業は産業規模としてかなり縮小** ・オンラインによる**新ビジネスが次々登場** ・リモート化，分散化など**新しいライフスタイルに伴う需要** ・3密対策を盛り込むなどこれまでにない市場セグメントが登場
	技術開発	・人間の行動変化が技術革新をリード（**人間中心**）。**倫理観**がより重要に
	企業行動	・利益追求だけではなく，**自然と共存する考え方**に。長期目線の経営に
	雇用	・AI活用加速により余剰労働力が増大。逆に言えば，**労働から解放された社会へ**
	個人間の関係	・**共助，利他性，互酬性**などが組み込まれた社会に
	監視社会	・ITにより，**人間の感情までリアルタイムで監視**することも可能に（バイオ監視社会）

注：2020年3月28日から5月11日に刊行された主要メディア（朝日新聞，産経新聞，日本経済新聞，毎日新聞，読売新聞，週刊エコノミスト，週刊ダイヤモンド，週刊東洋経済，日経ビジネス，文藝春秋）から識者の見解（インタビュー，寄稿等）を抽出し，重要キーワードを整理したもの。
出所：新エネルギー・産業技術総合開発機構技術戦略研究センター（2020, p.8）。

今，時代は大きく変わろうとしている。**図表-終**は，新エネルギー・産業技術総合開発機構技術戦略研究センターが2020年に発表したコロナ禍後の社会変化の予測である。一言でいうと社会は変化するということである。変化は価値の創造と増加の機会を生み出すと同時に新たなリスクをも生じさせる。

　一方，取締役会（ガバナンス）や経営陣（業務執行）は，ステークホルダーから一層強い達成責任や説明責任の履行が求められる社会になってきている。そういった社会変化の流れの中で，取締役会や経営陣が意思決定や対策を適切に行うための情報を適時・適切に提供する内部監査の機能，組織体にとって価値の創造や増加につながる提案や知見を提供する内部監査の機能，取締役会や経営陣が説明責任を果たすための資料や証拠を提供する内部監査の機能，さらには，外部のステークホルダーの観点からは，取締役会や経営陣を支援する内部監査の機能，そういった内部監査の機能がこれからの時代には求められているのではないだろうか。

　また，ガバナンス，リスク・マネジメント，内部統制の継続的改善のためにモニタリング機能が一段と重要になってきているが，内部監査が提供する情報は監査役等の監査，会計監査人の監査においてもますます有益なものになっている。

　組織体を取り巻く外部環境の複雑化や変化が加速化していく中，組織体においては業務の複雑化，高度化，専門化が進んでいる。組織体内外のこれらの環境変化の下，内部監査が担う範囲は，組織体の守りだけでなく攻めの領域にも広がり，内容もアシュアランス機能に留まらず，助言・提案機能にまで拡大している。

　社会や環境の変化の激しい時代，それは内部監査にとって進歩の機会でもある。本書で論説したロジカル・シンキングの手法や統計学，コミュニケーションの方法，不正の防止や調査に係るノウハウ，あるいはIT，AIやDXに係る知識や知見をどうか有効に活用してくださることを願うものである。

　内部監査人が監査に係るリスクを適切にコントロールしつつ，これからの時代においても組織体の価値の創造・増加に寄与する内部監査を提供すべく取り組みを開始しているなら，すでに「内部監査新時代」の幕が開いているといえる。

(1)　IIA（2017）より，「内部監査の使命：内部監査の使命は，リスク・ベースで客観的な，アシュアランス，助言および洞察を提供することにより，組織体の価値を高め，保全することである。」

参考文献

【IT, AI】

The United States Office of Management and Budget（OMB）(2013) Federal Enterprise Architecture Framework Version 2, p.11.

Silver, D.*, J. Schrittwieser*, K. Simonyan*, I. Antonoglou, A. Huang, A. Guez, T. Hubert, L. Baker, M. Lai, A. Bolton, Y. Chen, T. Lillicrap, F. Hui, L. Sifre, G. van den Driessche, T. Graepel, and D. Hassabis（2017）"Mastering the Game of Go without Human Knowledge" *Nature*, vol.550.

経済産業省（2018）「デジタルトランスフォーメーションを推進するためのガイドライン」，2頁。

情報処理推進機構　AI白書編集委員会編（2020）『AI白書2020』角川アスキー総合研究所，47頁。

内閣官房（2019）「人間中心のAI社会原則」(内閣府統合イノベーション戦略推進会議決定)。

新田隆夫（2019）「『人間中心のAI社会原則』について」『大学教育と情報』第2号，17頁。

日本銀行決済機構局（2018）「決済システムレポートフィンテック特集号―金融イノベーションとフィンテック―」，1-3頁。

日本内部監査協会編（2021）『内部監査人のためのIT監査とITガバナンス　補訂版』同文舘出版。

野村総合研究所（2002）「変貌する米銀―オープン・アーキテクチャ化のインパクト―」，35-86頁。

保科学世（2020）『AI時代の実践データ・アナリティクス』日経BPマーケティング，240頁。

【内部監査】

Cutler, S.F.（2011）*Delivering Audit Reports That Matter*, The IIA Research Foundation.

IIA（2013）IIA Position Paper, *The Three Lines of Defense in Effective Risk Management and Control.*

IIA（2014）*The IIA Global Internal Audit Competency Framework.*

IIA（2015）*Global Technology Audit Guide（GTAG）3 Continuous Auditing: Coordinating Continuous Auditing and Monitoring to Provide Continuous Assurance, 2nd Edition.*

Reding, K.F., P.J. Sobel, U.L. Anderson, M.J. Head, S. Ramamoorti, M. Salamasick, and C. Riddle（2009）*Internal Auditing: Assurance and Consulting Services Second Edition*, The IIA Research Foundation.

浅輪壽男（1989）「人工知能（A.I.）によるエキスパート・システムと内部監査への利用の可能性」『月刊監査研究』1月号，13-24頁。

小田誠（2013）「内部監査を効果的にするヒアリングの技術」『月刊監査研究』10月号。

北村秀二（2014）「事例から学ぶ監査報告書のスタンダード」日本内部監査協会第54回スキルアップ研修会講演資料。

堺咲子訳（2016）「『IIA内部監査の国際的能力 フレームワーク』について」『月刊監査研究』4月号。(IIA（2013）The IIA Global Internal Audit Competency Framework.)。

（社）日本内部監査協会（2009）「内部監査―アシュランス・サービスとコンサルティング・サービス―」。(Reding, K.F., P.J. Sobel, U.L. Anderson, M. Head, S. Ramamoorti, and M.

Salamasick（2007）Internal Auditing: Assurance and Consulting Services, The IIA Research Foundation.）

日本内部監査協会（2013）「専門職的実施の国際フレームワーク（2013年版）」。（IIA（2013）*International Professional Practices Framework, 2013 Edition.*）

日本内部監査協会訳（2017）「専門職的実施の国際フレームワーク（2017年度版）」。（IIA（2017）*International Professional Practices Framework.*）

日本内部監査協会事務局訳（2020）「IIAの3ラインモデル—3つのディフェンスラインの改訂—」。（IIA（2020）*THE IIA'S THREE LINES MODEL*, p.4.）

檜田信男監訳，斎藤隆則（1998）「内部監査の責任に関する意見書」。（IIA（1990）*Statement of the Responsibilities of the Internal Auditor.*）

吉武一（2010）「金融機関における，より効果的かつ効率的な内部監査を目指して」『月刊監査研究』11月号。

吉武一（2017）「『内部監査の専門職的実施の国際基準』の改訂について」『月刊監査研究』2月号。

リチャード・F・チャンバース著，堺咲子訳（2017）『信頼されるアドバイザー—優れた内部監査人の主な特徴—』日本内部監査協会，6頁～8頁。

ローレンス・B・ソイヤーほか著，日本内部監査協会翻訳・監修（2006）『ソイヤーの内部監査—現代内部監査の実践—』（第1分冊）日本内部監査協会。

ローレンス・B・ソイヤーほか著，日本内部監査協会翻訳・監修（2008）『ソイヤーの内部監査—現代内部監査の実践—』（第4分冊）日本内部監査協会。

【その他監査】

岸牧人（2010）「中位水準の保証とその考え方」『月刊監査研究』7月号。

瀧博編著（2020）『テクノロジーの進化と監査—AIとデジタル技術が拓く新たな監査の可能性—』同文舘出版，7頁。

日本公認会計士協会（2011）監査基準委員会報告書500「監査証拠」。

日本公認会計士協会（2013）IT委員会研究報告第43号「電子的監査証拠—入手・利用・保存等に係る現状の留意点と展望—」。

日本公認会計士協会（2019a）IT委員会研究報告第52号「次世代の監査への展望と課題」26-29頁。

日本公認会計士協会（2019b）「監査基準委員会報告書450」。

日本公認会計士協会（2019c）監査基準委員会報告書610「内部監査人の作業の利用」。

堀江正之（2006）「4・3 情報の信頼性保証とシステムの信頼性保証」『IT保証の概念フレームワーク』森山書店。

【ガバナンス】

東京証券取引所（2021）「コーポレートガバナンス・コード」。

日本ITガバナンス協会訳（2012）「COBIT 5：事業体のITガバナンスとITマネジメントのためのビジネスフレームワーク」（ISACA（2012）*COBIT5: A Business Framework for the Governance and Management of Enterprise IT.*）

【リスク・マネジメント】

日本内部監査協会，八田進二，堀江正之，神林比洋雄監訳（2018）『COSO全社的リスクマネジメント—戦略およびパフォーマンスとの統合—』同文舘出版。（COSO（2017）*Enterprise Risk Management Integrating with Strategy and Performance.*）

八田進二監訳，中央青山監査法人訳（2006）『全社的リスクマネジメント』東洋経済新報社。（COSO（2004）*Enterprise Risk Management – Integrated Framework.*）

【内部統制】

佐藤隆文編（2007）『バーゼルⅡと銀行監督』東洋経済新報社。

鳥羽至英・八田進二・高田敏文訳（1996）『内部統制の統合的枠組み』白桃書房。（The Committee of Sponsoring Organizations of the Treadway Commission（1992）*Internal Control – Integrated Framework.*）

日本ITガバナンス協会訳（2008）「COBIT フレームワーク（「ITプロセスの管理とコントロールに関する成熟度モデル」）」。（IT Governance Institute（2007）*Control Objectives for Information and related Technology*（COBIT）*4.1.*）

吉武一（2016）「第7章　企業集団における内部監査機能の実態と課題」弥永真生編『企業集団における内部統制』同文舘出版。

ラリー・E・リッテンバーグ（2008）「ガバナンス，リスク，コントロール」『月刊監査研究』6月号。

【不正】

Albrecht, W.S., K.R. Howe, and M.B. Romney（1984）*Deterring Fraud: The Internal Auditor's Perspective*, The IIA Research Foundation

Mclean, B. and P. Elkind（2004）*The Smartest Guys in the Room updated paperback edition*, Fortune, a division of Time Inc.

青森地方裁判所平成14年12月12日判決

青森地方裁判所平成18年2月28日判決

日本公認不正検査士協会（2009）「職業上の不正と濫用　不正の体系図」『企業不正対策ハンドブック―防止と発見―（第2版）』。（Association of Certified Fraud Examiners（2007）*Corporate Fraud Handbook: Prevention and Detention 2nd Edition.*）

日本公認不正検査士協会（2011）「不正検査士マニュアル2005-2006（日本版）改訂版Ver.1.01」。

日本公認不正検査士協会訳（2018）「職業上の不正と濫用に関する国民への報告書」。（Association of Certified Fraud Examiners（2018）*Report to the Nations on Occupational Fraud and Abuse.*）

八田進二監修，㈱ディー・クエスト，日本公認不正監査士協会編（2011a）『【事例でみる】企業不正の理論と対応』同文舘出版。

八田進二監修，日本公認不正検査士協会編（2011b）『企業不正対応の実務Q&A』同文舘出版。

八田進二，神林比洋雄，橋本尚監訳（2017）『決定版COSO不正リスク管理ガイド』。（COSO and ACFE（2016）*Fraud Risk Management Guide.*）

不正リスク管理実務ガイド検討委員会編（2009）『企業不正防止対策ガイド』日本公認会計士協会出版局。

【ロジカル・シンキング】

Joseph, L.,（1982）*The Johari Window:A Graphic Model of Awareness in Interpersonal Relations*, p1, NTL Institute.

永田豊志（2008）『知的生産力が劇的に高まる最強フレームワーク100』ソフトバンククリエイティブ。

香西秀信（2009）『「反論力」養成ノート』亜紀書房。

小宮一慶（2008）『ビジネスマンのための「解決力」養成講座』ディスカヴァー・トゥエンティワン。

船川淳志（2002）『ビジネススクールで身につける　思考力と対人力』日本経済新聞出版社。

日沖健（2008）『実践ロジカルシンキング』産業能率大学出版部。

野口吉昭編，HRインスティチュート著（2008）『ロジカルシンキングのノウハウ・ドゥハウ』PHP研究所。

齋藤嘉則（2010）『問題解決プロフェッショナル』ダイヤモンド社。

吉武一（2011）「内部監査業務とロジカル・シンキング」『月刊監査研究』9月号。

【論理学】

Facione, P.A. and D. Scherer（1984）*Logic and Logical Thinking*, Ox Bow Press.

Toulmi, S.E.（2003）*The Uses of Argument updated edition*, Cambridge Press.

氏川雅典（2007）「トゥールミンの議論モデルの変容―批判から寛容へ―」『ソシオロゴス』第31号。

武市健人編，武市健人・清水正徳・田口寛治著（1974）『論理学概論』青春出版社。

三浦俊彦（2008）『論理学入門』日本放送出版協会。

【コミュニケーション】

Dodd, C.H.（1987）*Dynamics of Intercultural Communication*, Wm. C. Brown Company Publishers.

Fisher, G.（1980）*International Negotiation: A Cross-Cultural Perspective*, Intercultural Press, Inc.

Hall, E.T（1969）*The Hidden Dimension*, Doubleday.

榎本博明，安藤寿康，堀毛一也（2009）『パーソナリティ心理学』有斐閣。

大澤真幸・吉見俊哉・鷲田清一編，見田宗介編集顧問（2012）『現代社会学事典』弘文堂。

倉島保美（2012）『論理が伝わる世界標準の「書く技術」』講談社。

桜井厚（2011）『インタビューの社会学―ライフストーリーの聞き方―』せりか書房。

末田清子，福田浩子（2010）『コミュニケーション学』松柏社。

永江朗（2002）『インタビュー術！』講談社。

日本認知心理学会編（2013）『認知心理学ハンドブック』有斐閣。

バーバラ・ミント著，グロービス・マネジメント・インスティテュート監修，山﨑康司訳（2007）『新版　考える技術・書く技術』ダイヤモンド社。

橋元良明（1998）『コミュニケーション学への招待』大修館書店。

濱嶋朗，竹内郁郎，石川晃弘編（2008年）『社会学小辞典（新版増補版）』有斐閣。

原正紀（2014）『インタビューの教科書』同友館。

藤沢晃治（2004）『「わかりやすい文章」の技術』講談社。

山鳥重（2011）『「わかる」とはどういうことか―認識の脳科学―』筑摩書房。

吉武一（2014）内部監査業務におけるコミュニケーションの方法（上）『月刊監査研究』9月号。

吉武一（2015）内部監査業務におけるコミュニケーションの方法（下）『月刊監査研究』5月号。

【経営学】

Casadesus-Masanel, R. and J.E.Ricart（2010）"From Strategy to Business and onto Tactics," *Long Range Planning*, vol.43, p.204, Elsevier Ltd.

Cateora, P.R.（1983）*International Marketing Fifth Edition*, Richard D. Irwin, Inc.

Chaffey, D. and F.E. Chadwick（2012）*Dagital Marketing Strategy, Implementation and*

Practice Fifth edition, p.124, Pearson Education Limited.

Clark, J.V.（1979）"Motivation in Work Group : A Tentative View" Edited by Kolb, D.A., I.M. Rubin, and J.M. McIntyre, *Organizational Psychology : A Book of Readings Third Edition*, Prentice-Hall, Inc.

Kahler, R.（1983）International Marketing Fifth Edition, South-Western Publishing Co.

伊藤嘉浩博，清水孝，長谷川惠一（2002）『バランスト・スコアカード―理論と導入―』ダイヤモンド社。

上田惇生編訳（2010）『【エッセンシャル版】マネジメント』181頁。（Drucker, P.F.（1973） *Management: Tasks, responsibilities, Practices*, Tuttle-Mori Agency,Inc.）

占部都美（1973）『経営学総論（第4版）』白桃書房。

占部都美（1974）『近代組織論（Ⅰ）』白桃書房。

加護野忠男，山田幸三編（2016）『日本のビジネスシステム』有斐閣。

木村達也訳（2015）『コトラーの戦略的マーケティング』ダイヤモンド社。（Kotler, P.（1999） *Kotler on Marketing*, The Free Press, Simon & Schuster Inc.）

経済産業省（2013）「2013年版ものづくり白書」。

國領二郎，三谷慶一郎，価値創造フォーラム21編（2017）『トップ企業が明かすデジタル時代の経営戦略』日経BPマーケティング

土屋守章訳（1978）『オーガニゼーションズ（第2版）』ダイヤモンド社。（March, J.G. and H.A. Simon（1958）*Organizations*, John Wiley & Sons, Inc.）

根来龍之監修，早稲田大学IT戦略研究所編（2005）『デジタル時代の経営戦略』メディアセレクト。

三菱経済研究所訳（1967）『経営戦略と組織』実業之日本社，30頁。（Chandler, Jr. A.D.（1962）*Strategy and Structure, Chapters in the History of the Industrial Enterprise*, The M.L.T.Press.）

【統計学】

アンソニー・スティール著,吉田忠、矢部浩祥監訳（1997）『ベイズ監査入門』ナカニシヤ出版

岡本和夫（2012）『新版確率統計』実教出版。

杉山髙一（2013）『統計学入門（改訂版）』絢文社。

鳥居泰彦（2013）『はじめての統計学』日本経済新聞出版社。

馬場敬之，久池井茂（2012）『統計学キャンパス・ゼミ』マセマ出版社。

松原望（2010）『ベイズ統計学概説―フィッシャーからベイズへ―』培風館。

松原望（2011）『よくわかる最新ベイズ統計の基本と仕組み』秀和システム。

宮川公男（1999）『基本統計学（第3版）』有斐閣。

吉武一（2013）「『内部監査の専門職的実施の国際基準』における『総合的意見』についての考察」『月刊監査研究』12月号。

吉武一（2014）「効果的かつ効率的な監査のためのベイズ統計活用例」『月刊監査研究』4月号。

涌井貞美（2013）『意味がわかる統計解析』ベレ出版。

涌井良幸，涌井貞美（2012）『これならわかる！　ベイズ統計学』ナツメ社。

【法学】

伊藤靖史,大杉謙一,田中亘,松井秀征（2015）『会社法（第3版）』有斐閣。

神田秀樹（2011）『会社法（第13版）』（法律学講座双書）弘文堂，208頁。

田中亘（2021）『会社法（第3版）』東京大学出版会。

藤木英雄，金子宏，新堂幸司代表編集（1980）『法律学小事典』有斐閣，184頁。

道垣内弘人（2017）『リーガルベイシス民法入門（第2版）』日本経済新聞出版社。

索 引

〈著者紹介〉

吉武 一（よしたけ・はじめ）

太陽誘電株式会社社常勤監査役，日本内部監査協会理事，IIA The International Internal Audit Standards Board Member，明治大学専門職大学院兼任講師，金融情報システム監査等協議会顧問（前会長）

公認内部監査人（CIA），公認金融監査人（CFSA），内部統制評価指導士（CCSA），公認リスク管理監査人（CRMA），公認情報システム監査人（CISA），公認IT ガバナンス専門家（CGEIT），公認不正検査士（CFE）

神戸大学経営学部卒業，American Graduate School of Internatio-nal Management 卒業（Master of International Management）。1979年㈱協和銀行（現株式会社りそな銀行）入行，業務監査部立ち上げに参画，日本ユニシス㈱ビジネス・イノベーション・オフィスシニアマネジャー，㈱りそなホールディングス執行役内部監査部長，㈱近畿大阪銀行社外取締役，㈱埼玉りそな銀行常勤監査役，IIA Advanced Technology Committee Member, Board of Directors Member（社外理事），Professional Responsibility and Ethics Com-mittee Member等を経て現在に至る。

〔著書〕
『ここから始めるIT監査』（共著）同文舘出版，2007年
『経営倫理用語辞典』（共著）白桃書房，2008年
『組織運営と内部監査』（共著）放送大学教育振興会，2009年
『IT監査とIT統制（改訂版）─基礎からネットワーク・クラウド・ビッグデータまで─』（共著）同文舘出版，2015年
『企業集団における内部統制』（共著）同文舘出版，2016年
『バリューアップ内部監査Q＆A』（共著）同文舘出版，2018年
『内部監査人のためのIT監査とIT ガバナンス（補訂版）』（共著）同文舘出版，2021年
「内部監査業務とロジカル・シンキング」『月刊監査研究』第37巻第10号，2011年（青木賞受賞）
ほか多数

2021年7月1日	初版発行	
2023年5月30日	初版2刷発行	略称：ロジカル監査

ロジカル内部監査

─DX時代に求められる内部監査の高度化を目指して─

著　者　Ⓒ吉　武　　一
発行者　　中　島　豊　彦

発行所　同 文 舘 出 版 株 式 会 社
東京都千代田区神田神保町1-41　　〒101-0051
営業(03)3294-1801　　編集(03)3294-1803
振替 00100-8-42935　　http://www.dobunkan.co.jp

Printed in Japan 2021

製版：一企画
印刷・製本：三美印刷

ISBN978-4-495-21028-1

本書と ともに

一般社団法人日本内部監査協会 編

内部監査人のための
IT監査と
ITガバナンス 補訂版

新型コロナ禍等によるリモートワークの浸透に伴い、
変容しつつある最新のセキュリティ対策にも対応！

加速度を増して進歩するIT環境のもと、起こりうる「未知との遭遇」においても、効果的・効率的な
内部監査を行えるよう、基本的な理論やフレームワークと実務上の重要ポイントを解説！
監査の現場における新しいトピックを追加！

ニューノーマルのIT環境に立ち向かう
内部監査人の羅針盤！

同文舘出版

**内部監査人のための
IT監査とITガバナンス（補訂版）**

一般社団法人日本内部監査協会　編

A5判　296頁
税込3,190円（本体2,900円）

同文舘出版株式会社